TRAITÉ
DE
LA SPHÈRE
ET
DU CALENDRIER,

Par M. RIVARD, Professeur de Philosophie en l'Université de Paris, au collége de Beauvais.

CINQUIÈME ÉDITION,

Revue et augmentée par JÉROME DE LALANDE, Directeur de l'Observatoire : &c.

A PARIS,

Chez GUILLAUME, Libraire, rue de l'Éperon, n°. 12.

AN VI.

TRAITÉ
DE
LA SPHÈRE
ET
DU CALENDRIER.

AVERTISSEMENT DE L'ÉDITEUR.

LE traité de la Sphère et du Calendrier que Rivard publia en 1743 et 1744, a été très-utile dans les colléges; il est recommandable par sa clarté, comme tous les ouvrages du même auteur; on le demande encore souvent, c'est ce qui m'a déterminé à me charger de cette cinquième édition. J'ai corrigé beaucoup de fautes dans la Table des villes: j'ai ajouté un article sur l'Équation du Tems, dont il me semble que le public a besoin; et quelques explications dans le Calendrier. Je m'en suis occupé d'autant plus volontiers, que je dois quelque chose à la mémoire de l'auteur, dont les Élémens de Mathématiques me furent d'un grand secours en 1748.

J'ai traité les mêmes matières dans mon *Astronomie* en 3 vol. in-4°. et même dans mon *Abrégé* in-8°., mais il y a bien des personnes à qui le livre de Rivard suffira, et c'étoit assez pour déterminer cette nouvelle édition.

Ce respectable professeur, Dominique-François Rivard, étoit né à Neufchâteau, en Lorraine, en 1697, il mourut à Paris, sur la Paroisse de Saint-Louis en l'Isle, le 8 avril 1778.

LALANDE.

PRÉFACE

De la troisième édition 1757, *et de la quatrième édition* 1768.

ENTRE les différentes Sciences auxquelles les hommes s'appliquent, il y en a quelques-unes plus utiles et plus nécessaires, parce qu'elles sont le fondement de plusieurs autres et qu'elles en contiennent les principes. Telle est la connoissance de la Sphère, qui est comme la clef de l'Astronomie, de la Gnomonique, de la Navigation et de la Géographie. On peut dire même qu'elle est d'une nécessité indispensable pour quiconque veut s'appliquer à quelques-unes de ces Sciences; mais l'étude de la Sphère n'est pas seulement recommandable, parce qu'elle sert à acquérir d'autres Sciences, elle est encore par elle-même des plus agréables et des plus utiles : en effet, y a-t-il quelque chose de plus capable de piquer la curiosité, que de savoir comment ces grands corps qu'on nomme PLANÈTES, roulent sur nos têtes, et de connoître comment le Soleil peut produire en même tems des apparences si diverses et même si contraires sur la surface de la Terre : les jours sont plus grands que les nuits dans certains lieux, tandis que dans d'autres les nuits sont plus longues : ici les chaleurs sont insupportables ; là on ne pourroit endurer le froid, si l'on n'avoit recours aux moyens que la Providence a établis pour s'en garantir. Le Soleil n'est-il donc pas à la même distance par rapport à tous les endroits de la Terre? N'est-il pas surprenant qu'il y ait une partie de la Terre sur laquelle les jours sont égaux aux nuits pendant toute l'année, et qu'il y en ait d'autres dans lesquelles un seul jour et une seule nuit occupent une grande partie de l'année, ou même l'année entière ? Dans un même pays les jours sont plus grands que les nuits dans une saison, après cela les nuits l'emportent sur les jours. Le Soleil iroit-il tantôt plus vîte, tantôt plus lentement, quand il est au-dessus ou au-dessous de l'horizon? Tout cela est capable d'embarrasser un esprit attentif à ces apparences. Bien des personnes qui ne manquent pas d'esprit sont dans l'étonnement quand elles apprennent que ceux qu'on appelle nos Antipodes, ne sont pas plus en danger de tomber que nous, et ont peine à croire ce qu'on leur dit de la mesure de la Terre, de sa grosseur ou de la grandeur de son diamètre, que l'on détermine, comme s'il y avoit un puits qui perçât la Terre de part en part, et dont on eût mesuré la profondeur. La connoissance de la Sphère délivre l'esprit de ces embarras, et le tire de cet étonnement. Ajoutons que par cette connoissance on peut résoudre plusieurs Problêmes curieux; trouver, par exemple, à quelle heure le Soleil se lève et se couche dans tous les lieux de la Terre dont on connoît la situation; à quelle hauteur le Soleil est élevé dans chaque moment du jour; où sont placés les lieux dans lesquels le plus grand jour de l'année est de 16 heures, de 20, de 24, &c. ou bien d'un mois entier, ou même de deux, de trois, de quatre, de cinq et de six mois.

Il seroit à souhaiter qu'on eût un Traité de la Sphère dont la bonté répondît à l'importance de la matière: en voici un que je présente au public. Je n'ai pas la témérité de penser qu'il ait cette perfection que l'on desireroit: mais j'ai tâché de le rendre le moins imparfait qu'il m'a été possible. Quoique j'aie fait entrer dans ce Traité ce que cette matière renferme de plus difficile, je crois que ceux qui voudront se donner la peine de le lire avec attention, pourront l'entendre aisément; j'ai tâché d'en applanir les difficultés: j'ai séparé du reste ce qui dépend de la Trigonométrie sphérique, et j'en ai fait le dernier Livre, de peur que les Lecteurs qui ne savent pas cette partie de la Géométrie ne fussent rebutés par les problèmes qui la supposent: cependant ceux même qui n'ont aucune connoissance de cette Trigonométrie pourront aisément entendre les pratiques de ces problêmes. En un mot, ayant eu dessein de faire ce petit ouvrage de manière qu'on pût le mettre entre les mains des jeunes Etudians de Philosophie, et que d'autres personnes plus avancées pussent le lire avec quelque utilité : j'ai tâché de répondre aux desirs de ceux-ci, sans néanmoins rebuter les premiers.

Voici une quatrième édition de ce Traité, dans laquelle on trouvera plusieurs additions dont la plus considérable est celle que l'on a placée à la fin du second Livre, sur le mouvement et les apparences de la Lune, sur les éclipses de cette planète et celles du Soleil, sur le mouvement des étoiles fixes. De plus, à la fin de ce traité, j'en ai ajouté un petit qui y a beaucoup de rapport, parce qu'il a pour fondement le mouvement du Soleil et celui de la Lune comparés ensemble : c'est un abrégé du Calendrier où j'ai expliqué avec le plus de clarté que j'ai pu, la nature et l'usage du Cycle solaire, du Cycle lunaire, des Lettres dominicales, des Nombres d'or et des Epactes que l'on a substituées à la place des Nombres d'or dans le nouveau Calendrier fait par les ordres de Grégoire XIII, en 1582; ouvrage immortel par son utilité et par l'heureuse invention des Epactes qui en étendront l'usage jusqu'aux siècles les plus reculés.

Les Logarithmes sont si utiles et abrègent si considérablement la peine dans les calculs, que nous avons cru devoir nous en servir pour la résolution de plusieurs problêmes, sur-tout de ceux du quatrième Livre. On en trouvera la nature et l'usage expliqués dans le discours qui précède les Tables des Sinus, des Tangentes, des Sécantes, de leurs Logarithmes et de ceux des nombres naturels que nous venons de faire imprimer très-correctement in-8°.

AVERTISSEMENT.

Les chiffres qu'on trouvera, dans ce Traité de la Sphère, entre deux parenthèses, sont des citations : lorsqu'on a cité des propositions du même Livre où se trouve la citation, on s'est contenté de mettre le *numero* de l'article en cette façon (8), c'est-à-dire, article 8 : mais quand on a cité une proposition d'un autre Livre du même Traité, on a de plus indiqué ce Livre en cette manière (Liv. II. art. 16). Les citations des *Elémens de Géométrie* sont conformes à la troisième édition et à l'Abrégé de ces *Elémens* (*). J'ai fait graver la Sphère armillaire sur la première planche : mais comme il est fort difficile de se la bien représenter avec ce secours seul ; c'est presque une nécessité d'en avoir une, pour l'étudier : il faut tâcher d'en faire une soi-même avec du carton, quand on n'a pas occasion d'en avoir autrement ; on peut aussi avoir un globe céleste, et c'est ce qu'il y a de plus commode.

(*) Chez la veuve Desaint, rue du Foin.

DE LA SPHÈRE.

NOTIONS PRÉLIMINAIRES.

LES Géomètres entendent par le terme de SPHÈRE un corps rond terminé par une surface, dont tous les points sont également éloignés d'un point qu'on nomme CENTRE. La Sphère, prise en ce sens, est la même chose qu'un Globe. Or, on distingue deux sortes de globes dans l'Astronomie, le globe céleste et le globe terrestre. Le globe céleste représente le ciel étoilé : le globe terrestre sert à représenter la surface de la terre, et la situation des différens lieux placés sur cette surface : mais on se sert ici du terme de Sphère pour signifier un assemblage de différens cercles, au centre desquels on place un petit globe, que l'on regarde comme la Terre : ces cercles ont été inventés pour représenter les mouvemens des Astres, et sur-tout du Soleil et de la Lune, selon le sentiment de Ptolemée, ancien astronome, qui vivoit l'an 140; il croyoit que tous les astres tournent tous les jours d'orient en occident : c'est pourquoi l'on a donné à cet assemblage de cercles, le nom de SPHÈRE DE PTOLEMÉE ; ART. I.

on l'appelle aussi SPHÈRE ARMILLAIRE. On peut concevoir que cette sphère n'est autre chose qu'une sphère ordinaire ou globe, dont on a retranché les parties solides qui séparoient les cercles qui composent la sphère armillaire. On ne sait pas bien quel en est l'auteur; les uns en attribuent l'invention à Thalès, d'autres à Anaximandre, et d'autres à Archimede. Quoi qu'il en soit, il est certain qu'elle est fort ancienne.

2. Voilà donc trois sortes de Sphères, dont deux sont connues sous le nom de Globes, le céleste et le terrestre. On en ajoute une quatrième, qu'on appelle SPHERE DE COPERNIC, qu'on a inventée pour expliquer le mouvement des Planètes, selon la pensée de ce célèbre astronome, reconnue actuellement pour certaine. Ces quatre sphères sont artificielles, et représentent plusieurs parties de la sphère naturelle, qui n'est autre chose que cet univers que nous habitons, c'est-à-dire, le Ciel avec ce qu'il renferme. Notre dessein est de traiter principalement de la Sphère armillaire. Nous allons d'abord donner quelques notions, et établir certains principes nécessaires pour la suite.

3. On peut distinguer, dans toutes sortes de Sphères, les grands et les petits cercles. Les grands cercles sont ceux qui passent par le centre de la sphère, et qui la partagent par conséquent en deux parties égales, que l'on appelle HEMISPHÈRES. Ainsi, un hémisphère n'est autre chose que la moitié d'une sphère ou d'un globe.

4. Les petits cercles sont ceux qui ne passent pas par le centre, et qui divisent la sphère en deux parties inégales.

5. Tous les grands cercles ont le même centre que la sphère, et par conséquent deux grands cercles se coupent toujours en parties égales, parce qu'ayant même centre que la sphère, leur commune intersection est un diamètre de la sphère qui sert aussi de diamètre à l'un et à l'autre cercle.

6. L'axe ou l'essieu d'une sphère est un de ses dia-

mètres autour duquel on conçoit qu'elle tourne. Les extrémités de l'axe, qui sont sur la surface de la sphère, sont appelées les poles de la sphère.

7. Les cercles de la sphère ont aussi leur axe et leurs poles. L'axe d'un cercle est une ligne perpendiculaire au plan du cercle, laquelle passe par le centre.

8. Chaque pole d'un cercle est également éloigné de tous les points de sa circonférence : car l'axe d'un cercle étant perpendiculaire à son plan, et, d'ailleurs, passant par le centre, il faut que chacun de ses points soit également éloigné de tous les points de la circonférence, aussi bien que celui qui est au centre.

9. Si de deux grands cercles de la sphère, l'un passe par un pole de l'autre, le premier sera perpendiculaire au second, et réciproquement. Car si le premier passe par un pole du second, il renfermera deux points de l'axe de ce second cercle, savoir, ce pole et le centre de la sphère, qui est commun à tous les grands cercles : et par conséquent, cet axe sera contenu tout entier dans le plan du premier cercle. Or, cette ligne est perpendiculaire au second cercle dont elle est l'axe (7). Donc le premier cercle est aussi perpendiculaire au second. Ainsi, dans la première figure, le cercle HZRN passant par le pôle Z de l'autre HORI, le premier est perpendiculaire au second, parce que, dans ce cas, le premier contient l'axe du second. Réciproquement, si le premier cercle est perpendiculaire au second, il faut qu'il passe par les poles du second, parce qu'ayant un point commun avec l'axe du second, savoir, le centre C, cet axe, qui est perpendiculaire au second cercle, de même que le premier, doit être tout entier dans le plan de ce premier cercle : ainsi ce premier cercle passe par les poles du second.

10. Quand un grand cercle passe par les poles d'un autre, l'arc du premier, compris entre un pole et la circonférence du second, est un quart de cercle : car ces deux grands cercles se coupent en deux parties égales (5) ; par

conséquent HZR est une demi-circonférence. D'ailleurs, le pole Z étant également éloigné de tous les points de la circonférence de son cercle (8), l'arc ZH est égal à l'autre ZR : par conséquent, l'un et l'autre sont des quarts de cercle.

Ces notions préliminaires étant supposées, nous partagerons ce Traité en quatre Livres : dans le premier, nous expliquerons d'abord la Sphère armillaire ; nous traiterons ensuite de différens cercles usités dans l'Astronomie, quoiqu'ils ne soient pas représentés dans cette sphère. Dans le second, nous transporterons, par la pensée, les cercles de la sphère armillaire sur la surface de la terre, qui, comme nous le prouverons, a la figure d'un globe, ou qui du moins en approche fort ; et nous expliquerons les principales apparences que l'on observe dans le ciel, sur les différentes parties de la surface de la terre. Dans le troisième Livre, nous donnerons plusieurs problêmes de la sphère, qui ne supposent que la Trigonométrie rectiligne ; et, enfin, dans le quatrième, nous donnerons ceux dont la solution dépend de la Trigonométrie sphérique.

LIVRE PREMIER.

De la Sphère armillaire, et des Cercles les plus usités dans l'Astronomie.

LORSQUE les Astronomes et les Géographes parlent de Sphère, sans spécifier laquelle, il faut entendre la Sphère armillaire. Nous nous conformerons dans la suite à cet usage : cependant, comme elle n'a été inventée que pour représenter le Monde ou la Sphère naturelle, ce que nous dirons dans ce livre convient plus particulièrement à cette Sphère, qu'à celle qu'on nomme armillaire. ART. I.

On distingue trois choses dans la Sphère, des points, des lignes et des cercles. On compte douze points principaux, dont la plupart sont des poles de cercles : les lignes sont l'axe de la Sphère, et les axes de plusieurs cercles. Enfin, il y a dix cercles, six grands et quatre petits : les six grands sont l'*Horizon*, le *Méridien*, l'*Equateur*, le *Zodiaque* qui renferme l'*Ecliptique*, et enfin les deux *Colures*. Les quatre petits cercles sont les deux *Tropiques* et les deux cercles *Polaires :* souvent on en ajoute un cinquième, que l'on appelle le cercle *Horaire*, dont nous parlerons sur la fin du second livre, en traitant du globe terrestre.

Communément, chez les Géographes et les astronomes le terme de *Cercle* se prend plutôt pour la circonférence que pour l'espace qu'elle renferme : nous suivrons dans la suite cet usage, quoique parmi les Géomètres le mot *cercle* signifie quelquefois la surface ou l'espace compris dans la circonférence.

2. Les dix cercles de la Sphère ont été inventés pour expliquer le mouvement des astres, ou pour déterminer leur situation : or, il y a plusieurs sortes d'astres, savoir, des étoiles fixes et des planètes.

Les étoiles fixes sont des astres qui paroissent garder toujours la même situation entre eux : c'est pour cela qu'on les appelle *fixes :* il y en a un très-grand nombre. Les planètes, au contraire, changent de situation les unes à l'égard des autres, et par rapport aux étoiles fixes : il y en a sept qui sont connues de tout le monde, le Soleil, la Lune, Mercure, Vénus, Mars, Jupiter et Saturne. Herschel en a découvert une huitième en 1781. On les appelle quelquefois *étoiles errantes*, pour les distinguer des étoiles fixes. On pourroit ajouter une troisième espèce d'astre, savoir, les Comètes, qui changent aussi de situation par rapport aux étoiles fixes, mais qui ne paroissent que pendant un certain tems, après lequel on les perd de vue pour long-tems.

3. On remarque dans tous ces astres, et sur-tout dans les planètes et les comètes, deux sortes de mouvement, dont le premier se fait d'orient en occident. On l'appelle *diurne* ou *journalier*, à cause qu'il s'achève dans l'espace de 24 heures ou d'un jour : on le nomme aussi le mouvement *commun*, parce qu'il est à-peu-près le même dans tous les astres. Le second mouvement est opposé au premier, et se fait, par conséquent, d'occident en orient : on l'appelle *périodique* et *propre :* quand il s'agit du Soleil, on le nomme encore *annuel*, parce qu'il se fait dans l'espace d'une année. Ce second mouvement est insensible dans les étoiles fixes, puisqu'il leur faut 72 ans pour changer d'un degré.

4. Pour concevoir comment ces deux mouvemens peuvent convenir aux mêmes corps, il faut imaginer une roue sur laquelle il y a une mouche, qui, tandis qu'elle marche vers un côté, est emportée de l'autre par le mouvement de la roue : en ce cas le mouvement communiqué à la mouche par la roue peut représenter le mouvement commun des astres vers l'occident, et le mouvement propre de la mouche représente leur mouvement périodique vers l'orient.

5. Le premier de ces mouvemens fait décrire à tous les astres des cercles parallèles, qui ont tous, par consé-

quent le même axe, que l'on appelle l'axe du monde, et dont les deux poles sont aussi les poles du monde; le pole qui est dans la partie du ciel, visible par rapport aux peuples de l'Europe, se nomme *septentrional*, *arctique* ou *boréal*, et le pole qui lui est opposé s'appelle *méridional*, *antarctique* ou *austral*. Nous allons traiter de chaque cercle de la Sphère en particulier.

De l'Horizon.

6. L'horizon est un grand cercle qui divise la Sphère ou le Monde en deux parties égales, dont l'une est exposée à nos yeux, et l'autre est cachée par rapport à nous. La première est appellée hémisphère supérieur; la seconde, hémisphère inférieur, parce que la première est au-dessus de la seconde. L'hémisphère supérieur est donc cette partie du ciel que nous voyons, et l'hémisphère inférieur est l'autre partie que nous ne pouvons appercevoir, à cause de la terre qui la dérobe à nos yeux; enfin, l'horizon est un cercle que l'on conçoit, dont le plan sépare ces deux parties. Dans la Sphère armillaire, l'horizon est le cercle posé sur quatre supports, qui sont attachés au pied de la Sphère.

7. L'axe de l'horizon est une ligne droite que l'on conçoit passer par le point du ciel qui est directement au-dessus de nous, et par celui qui lui est diamétralement opposé, lequel répond à nos pieds; le premier est appelé *zenit*, et le second *nadir*: ce sont deux termes qui nous viennent des Arabes. Cet axe passe aussi par le centre de la terre.

8. L'horizon sert à déterminer le lever et le coucher des astres: car lorsque le Soleil, par exemple, monte sur l'horizon, on dit qu'il se lève; il se couche quand il descend au-dessous. On distingue deux sortes d'horizons, le *rationel* et le *sensible*.

9. L'horizon rationel ou *mathématique*, est celui qui passe par le centre de la terre, et qui, par conséquent,

divisé la Sphère en deux parties, qui sont entièrement égales, en supposant que la terre est au centre du monde, comme les anciens le croyoient.

10. L'horizon sensible, que l'on appelle aussi *apparent*, est un plan que l'on suppose toucher la surface de la terre, et que l'on conçoit parallèle à l'horizon rationel. Les parties dans lesquelles cet horizon divise la Sphère naturelle sont inégales, en parlant à la rigueur : mais, cependant, on les peut considérer comme sensiblement égales : car, quoique le rayon ou le demi-diamètre de la terre, qui est la distance entre l'un et l'autre horizon, contienne environ 1432 $\frac{1}{2}$ lieues communes de France, de 2283 toises (ou de 25 au degré d'un des grands cercles de la terre), cependant il devient insensible, et peut être regardé comme un point, lorsqu'on le compare avec la distance immense de la terre aux astres, sur-tout s'il s'agit des étoiles fixes.

11. L'horizon, soit rationel, soit sensible, se partage en deux moitiés, dont l'une est appelée l'horizon *oriental*, et l'autre l'*occidental*, parce que le premier est à l'orient, et l'autre vers l'occident. Ces deux horizons sont séparés l'un de l'autre par le méridien, dont nous parlerons bientôt.

12. Il y a encore une autre espèce d'horizon, qu'on peut appeler *visible* : ce n'est autre chose que l'étendue de la terre ou de la mer, que chacun peut voir en regardant la surface de la terre autour de soi, autant que la vue peut s'étendre. La grandeur de cet horizon visible n'est pas toujours la même ; car il est évident que plus le Spectateur sera élevé, plus cet horizon sera grand. Si, par exemple, il est sur le sommet d'une haute montagne, il découvrira une plus grande étendue de pays que s'il étoit vers le pied. Lorsqu'on connoît la hauteur de l'œil de l'observateur, c'est-à-dire, la quantité dont il est élevé au-dessus de la surface de la terre, il est facile de déterminer la longueur du diamètre de l'horizon visible, pourvu que d'ailleurs

d'ailleurs on connoisse le demi-diamètre de la terre, qui est de $1432\frac{1}{2}$ lieues.

13. Pour concevoir comment on peut trouver ce diamètre : soit le cercle dont le rayon est CB, qui représente la terre ; AB, la montagne sur laquelle est le spectateur ; la ligne AD tangente au point D, désigne le rayon visuel qui termine d'un côté l'horizon visible, lequel a pour demi-diamètre l'arc BD, qui ne diffère pas sensiblement d'une ligne droite, à cause de la grosseur de la terre. Cela posé, il ne s'agit que de trouver la valeur de l'angle BCD, dont l'arc BD est la mesure. Or, on trouvera cet angle par le moyen du triangle ACD, qui est rectangle en D, parce que le rayon CD qui aboutit au point de contingence, doit être perpendiculaire à la tangente. (Géom. Liv. I. art. 115.) On connoît donc trois choses dans ce triangle ; savoir, l'angle D, qui est droit, et les deux côtés CA et CD, dont le premier est la somme du demi-diamètre de la terre CB, et de la hauteur AB, et le second est le demi-diamètre de la terre CD : ainsi on trouvera l'angle A (Trig. art. 48.) par cette proportion : *Le côté* CA *est au sinus total, comme le côté* CD *est au sinus de l'angle* A, dont le complément est l'angle C ; il a pour mesure BD, qui est un arc d'un grand cercle de la terre, dont chaque degré vaut environ 57070 toises, chaque minute 951 toises, et chaque seconde environ 15 toises 5 pieds. Si donc on suppose la hauteur AB jusqu'à l'œil du spectateur de 100 toises, on trouvera que le demi-diamètre BD de l'horizon visible, est de 27 min. qui font un peu plus de 11 lieues : ce qui montre qu'un homme, placé sur le sommet d'une montagne qui a 100 toises de hauteur, ne peut guère voir au-delà de 11 lieues, à moins que l'objet ne soit plus élevé que la surface de la terre, comme une tour, un clocher, ou quelqu'autre édifice. Fig. 2.

14. Tous les habitans de la terre n'ont pas le même horizon, mais chacun a son horizon différent de celui qu'a un autre homme placé sur une autre partie de la superficie

de la terre : et par conséquent un homme change d'horizon lorsqu'il passe d'un lieu dans un autre. Cela vient de la courbure de la terre ; comme il sera facile de le concevoir par la fig. 3, dans laquelle le cercle ODP représente le globe de la terre : car si quelqu'un est placé au point D, son horizon sera la tangente AB, c'est-à-dire, que cette ligne désigne la situation de l'horizon : s'il est placé au point O, son horizon sera EF ; et s'il est situé en P, l'horizon sera la tangente GH. Ces tangentes sont, comme on sait, perpendiculaires aux rayons CD, CO et CP.

Il nous reste à donner l'explication de plusieurs signes et de plusieurs noms qu'on écrit entre les circonférences concentriques marquées sur l'horizon des Sphères armillaires : nous en parlerons lorsqu'il s'agira du Zodiaque.

Du Méridien.

15. Le Méridien est un grand cercle de la Sphère qui passe par les deux poles du monde, de même que par le zenit et le nadir, et qui la divise en deux hémisphères, dont l'un est appelé *oriental*, et l'autre *occidental.* Il paroît, par cette définition, que le méridien est perpendiculaire à l'horizon, puisqu'il passe par le zenit et le nadir, qui sont les poles de ce cercle (art. 9 prélim.) On a inventé le méridien pour déterminer le milieu de la course des astres sur l'horizon. Or il est évident qu'il peut servir à cet usage, parce qu'il divise la Sphère en deux parties égales, dont l'une est orientale et l'autre occidentale. Ce cercle est nommé méridien, parce que quand le Soleil y est parvenu, il est midi pour tous ceux qui ont le même méridien, ou plutôt le même demi-méridien, car alors il est minuit pour ceux qui sont sous le demi-méridien opposé. Or il faut concevoir que ces deux demi-méridiens sont séparés l'un de l'autre par un grand cercle, au pole duquel se trouve le soleil, quand il répond au méridien ; et par conséquent ce grand cercle

est différent de l'horizon, à moins que le Soleil ne soit au zenit.

16. De ce que le méridien passe par les poles du monde, il suit qu'un homme qui va droit d'un pole de la terre à l'autre, repond toujours au même méridien : mais s'il avance selon toute autre direction, par exemple, de l'orient vers l'ocident, il change alors de méridien: il y a donc cette différence entre l'horizon et le méridien, qu'un homme change toujours d'horizon, lorsqu'il va, d'un endroit dans un autre éloigné du premier sensiblement, par exemple, d'une lieue : mais il ne change de méridien que quand il avance vers l'orient ou vers l'occident.

17. On voit donc qu'il y a des méridiens sans nombre, quoiqu'il y ait plus d'horizons que de méridiens; car deux villes, quoique très-éloignées, peuvent répondre au même méridien, c'est ce qui arrive quand elles sont situées sur une même ligne, qui va directement d'un pole de la terre vers l'autre : mais elles n'ont pas le même horizon. Or il faut remarquer que tous les méridiens se coupent aux poles du monde, et que par conséquent ils sont d'autant moins distans les uns des autres, qu'ils approchent plus près des poles. C'est ce que l'on peut observer dans les cartes géographiques qui représentent les méridiens terrestres, lesquels répondent aux méridiens célestes, comme nous le dirons.

18. Quoiqu'il y ait plusieurs méridiens, et même une infinité dans la Sphère naturelle, cependant il n'y en a qu'un pour chaque lieu : c'est celui qui passe par le zenit et par le nadir, et que l'on appelle pour cela le méridien du lieu, ou simplement le méridien.

19. On a coutume de marquer les degrés de la hauteur du pole et de la latitude terrestre, sur le méridien de la Sphère armillaire et du Globe terrestre. Or, la hauteur du pole est son élévation, ou la quantité dont il est élevé sur l'horizon : elle se mesure par l'arc du méridien compris

entre le pole et l'horizon : par exemple, la hauteur du pole au milieu de Paris est de 48^d $51'$, parce que la partie du méridien comprise entre l'horizon de Paris et le pole, est un arc de 48^d $51'$. Nous parlerons de la latitude terrestre dans le Liv. II, et nous ferons voir qu'elle est toujours égale à la hauteur du pole.

20. Les poles du méridien se nomment l'orient et l'occident vrais, c'est-à-dire, les points dans lesquels le Soleil se lève et se couche, dans le tems de l'équinoxe qui arrive quand le jour est égal à la nuit : or le jour est égal à la nuit, lorsque le Soleil, par son mouvement diurne ou journalier, paroît parcourir le cercle équinoxial ou l'équateur dont nous allons parler. Ces poles du méridien se trouvent dans le plan de l'horizon. Il y a deux autres points remarquables de l'horizon, qui sont déterminés par le méridien, ce sont ceux dans lesquels ces deux cercles se coupent ; celui qui est du côté du pole septentrional s'appelle le *nord* ou le *septentrion* ; on nomme l'autre le *sud* ou le *midi*.

De l'Equateur.

21. L'équateur ou l'équinoxial est un grand cercle qui a les mêmes poles et le même axe que la sphère, et qui la divise en deux hémisphères, dont l'un est nommé septentrional ou boreal, c'est celui qui contient le pole de même nom ; et l'autre est appelé méridional ou austral, à cause qu'il renferme le pole de ce nom. On appelle ce cercle équateur, parce que quand le Soleil paroît se mouvoir dans le plan de ce cercle, alors le jour est égal à la nuit : ce qui arrive deux fois l'année, savoir vers le 20 de Mars et le 22 de Septembre. Les points auxquels l'équateur coupe l'horizon, s'appellent l'*est* et l'*ouest*, ou l'orient et l'occident vrais : ces points ne sont pas différens des poles du méridien.

22. Il paroît, par la définition de l'équateur, qu'il n'y en a qu'un, et qu'il est coupé perpendiculairement par

tous les méridiens, puisque tous les méridiens passent par ses poles.

Du Zodiaque et de l'Ecliptique.

23. Le zodiaque est un grand cercle qui coupe obliquement l'équateur, en sorte que ces deux cercles font ensemble un angle de 23 degrés, et environ 28 minutes. On donne de largeur à ce cercle 16 à 18 degrés, pour renfermer toutes les planètes. Or, cette largeur est coupée en deux parties égales par l'écliptique, qui, par conséquent, fait aussi avec l'équateur le même angle que le zodiaque : l'écliptique représente la trace que le Soleil suit pendant l'année entière. Le Soleil ne s'écarte donc jamais du plan de l'écliptique : mais les autres planètes s'en éloignent tantôt vers un pole, tantôt vers l'autre, les unes plus, les autres moins ; et c'est pour cela que les astronomes ont formé le zodiaque, auquel ils ont donné une largeur assez considérable pour qu'elle contînt les orbites ou les circonférences que décrivent les planètes : ainsi le zodiaque est plutôt une bande circulaire qu'un cercle.

24. Le plan de l'écliptique faisant un angle de $23^d\ 28'$ avec l'équateur, il est nécessaire que les axes de ces deux cercles fassent aussi entr'eux un angle égal, et par conséquent les poles de l'écliptique ou du zodiaque sont éloignés de la même quantité des poles de l'équateur ou du monde, je veux dire, de $23^d\ 28'$.

25. L'angle que fait l'écliptique avec l'équateur n'est pas invariable ; il va en diminuant environ d'une demi-minute pendant un siècle.

26. On a coutume de partager le zodiaque en douze parties égales, qu'on appelle *signes*. D'où il suit que chaque signe contient 30^d, parce que 30 est la douzième partie du nombre de degrés que contient l'écliptique ou tout autre cercle, c'est-à-dire, la douzième partie de 360^d. Voici les noms de ces douze signes : le *Bélier*, le *Taureau*, les *Gemeaux*, le *Cancer*, le *Lion*, la *Vierge*, la *Balance*,

le *Scorpion*, le *Sagittaire*, le *Capricorne*, le *Verseau*, les *Poissons*. Tous ces noms, qui, pour la plupart, sont tirés des animaux, sont exprimés par ces deux vers latins fort connus,

Sunt Aries, Taurus, Gemini, Cancer, Leo, Virgo,
Libraque, Scorpius, Arcitenens, Caper, Amphora, Pisces.

Le bélier prend son commencement à une intersection de l'équateur et de l'écliptique, et le commencement de la balance est à l'autre intersection de ces deux cercles : les autres signes, savoir le taureau, les gemeaux, &c. sont disposés de façon que leur suite tend d'occident en orient. Or ces signes sont désignés par des marques ou caractères qui les distinguent les uns des autres : les voici placés chacun au-dessus des noms qu'on a donnés aux signes.

♈ ♉ ♊ ♋
Le Bélier, le Taureau, les Gemeaux, le Cancer,
♌ ♍ ♎ ♏
le Lion, la Vierge, la Balance, le Scorpion,
♐ ♑ ♒ ♓
le Sagittaire, le Capricorne, le Verseau, les Poissons.

27. Le Soleil paroît parcourir les trois premiers signes pendant le Printems, les trois suivans pendant l'Été, trois autres pendant l'Automne, et les trois derniers pendant l'Hiver : c'est pourquoi on divise les signes du zodiaque en ceux du printems, savoir, le bélier, le taureau et les gemeaux ; ceux de l'été, qui sont le cancer, le lion et la viege ; ceux de l'automne, la balance, le scorpion et le sagittaire ; et enfin ceux de l'hiver, le capricorne, le verseau et les poissons.

28. De plus les signes du zodiaque sont divisés par l'équateur en *septentrionaux* et en *méridionaux* : les septentrionaux, c'est-à-dire, ceux qui sont dans la partie septentrionale du monde, sont les six premiers, savoir

le bélier, le taureau, les gemeaux, le cancer, le lion et la vierge. Les six autres sont appelés méridionaux, parce qu'ils sont dans la partie méridionale. Le Soleil est plus long-tems à parcourir les signes septentrionaux que les méridionaux : c'est pourquoi le printèms et l'été pris ensemble, sont plus grands que l'automne et l'hiver : la différence est d'environ sept jours.

29. Enfin il y a six signes que l'on appelle *ascendans*, et six autres qu'on nomme *descendans*. Les signes ascendans sont ceux que le Soleil parcourt lorsqu'il monte ; c'est-à-dire, quand il s'approche tous les jours de plus en plus du zenit à midi : ce sont le capricorne, le verseau, les poissons, le bélier, le taureau et les gemeaux : les six autres signes sont nommés descendans, parce que le Soleil, à midi, est plus éloigné du zenit à un jour qu'à celui qui a précédé.

30. Ces trois divisions des signes sont déterminées par quatre points du zodiaque ou de l'écliptique, dont deux son appelés *équinoxiaux*, et les deux autres *solsticiaux :* les deux premiers, qui séparent les signes septentrionaux des méridionaux, sont les points d'intersection de l'écliptique et de l'équateur : on les appelle équinoxiaux, parce que le jour est égal à la nuit quand le Soleil répond à l'un ou à l'autre point. Les deux derniers qui séparent les signes ascendans d'avec les descendans, sont ceux qui sont les plus éloignés de l'équateur, l'un vers un des poles, l'autre vers l'autre pole. On les appelle solsticiaux, parce que quand le Soleil est arrivé à l'un ou à l'autre point, il paroît s'arrêter, c'est-à-dire, qu'il ne s'éloigne ni ne s'approche sensiblement de l'équateur pendant plusieurs jours. Enfin ces quatre points séparent les signes d'une saison de ceux d'une autre.

31. Ire REMARQUE. Lorsqu'une planète par son mouvement propre passe des premiers signes du zodiaque aux suivans, par exemple, du bélier au taureau, et du

taureau dans les gemeaux, on dit alors qu'elle va selon l'ordre des signes, ou qu'elle est *directe*, ce qui arrive quand elle se meut d'occident en orient : mais si elle paroît aller selon une direction opposée, on dit qu'elle est mue contre l'ordre des signes, ou qu'elle est *rétrograde*.

32. II^de^ REMARQUE. On distingue deux sortes de zodiaques, l'un qui est sensible ou visible, l'autre invisible. Le zodiaque visible est celui des étoiles fixes ; le second, qui est invisible, n'existe pas dans la nature, mais on l'imagine, et on lui attribue la même largeur. Ce qui a donné lieu d'admettre ce second zodiaque est le mouvement des étoiles, d'occident en orient selon des cercles parallèles à l'écliptique, ou bien autour de l'axe et des poles de ce cercle : car il arrive de-là que les étoiles qui répondoient autrefois à l'une ou à l'autre des intersections de l'équateur et de l'écliptique en sont présentement éloignées vers l'orient d'une certaine quantité : c'est pourquoi le commencement du signe du bélier pris dans le zodiaque sensible ne répond plus à la première intersection de l'équateur et de l'écliptique ; c'est à présent le commencement des poissons : cependant on dit toujours que le commencement du bélier ou d'*aries*, est à la première intersection de ces cercles, et que celui de *libra*, c'est-à-dire de la balance, est à la seconde ; mais il faut pour lors entendre les signes du zodiaque invisible et immobile. Ce n'est pas sans raison que les astronomes ont imaginé ce second zodiaque : car sans cela ils auroient été obligés de dire dans une année que le Soleil répond à un certain degré, et que dans une autre année il répond à un autre degré, quoique dans la même saison, par exemple au commencement du printems, et à la même distance des points équinoxiaux ou solsticiaux. Au reste ce mouvement des étoiles fixes est si lent, qu'elles ne font qu'un degré en 72 ans, et qu'elles n'acheveroient

n'acheveroient leur révolution qu'en 25800 ans. Aussi les anciens astronomes avant Hipparque, qui vivoit environ 150 ans avant l'ère vulgaire, ne connoissoient pas ce mouvement.

33. Le mouvement des étoiles fixes vers l'orient est la cause de ce que l'on appelle la *Précession* des équinoxes, qui vient de ce que le tems qui est entre deux équinoxes semblables, par exemple, du printems, est moindre que celui qu'employe le Soleil à parcourir l'écliptique entière par son mouvement propre, et à revenir à la même étoile. Supposons que le Soleil réponde à une étoile qui soit à la première intersection de l'écliptique et de l'équateur, ce sera le moment de l'équinoxe du printems : après cela le Soleil par son mouvement apparent vers l'orient, parcourra l'écliptique : mais comme les étoiles fixes ont aussi un mouvement propre vers l'orient, l'étoile qui étoit au point de la première intersection des deux cercles, sera, vers la fin de la révolution du Soleil, un peu plus avancée vers l'orient que ce point. Ainsi le Soleil arrivera plus tôt à ce point d'intersection qu'à l'étoile qui y répondoit auparavant. Par conséquent l'équinoxe précédera la fin de la révolution du Soleil par rapport à l'étoile. Il y aura donc précession de l'équinoxe. Ainsi la précession ou l'anticipation des équinoxes consiste en ce que le Soleil étant parti d'un point équinoxial, par exemple celui du printems, arrive à ce même point avant d'avoir fait dans le zodiaque ou dans l'écliptique son tour entier par rapport aux étoiles. Le tems que le Soleil emploie pour revenir au même point équinoxial d'où il étoit parti, s'appelle l'année *tropique* : c'est celle sur laquelle on règle les années civiles : sa durée est de 365 jours 5 heures 48 minutes et 48 secondes. Et le tems que le Soleil emploie à faire sa révolution entière dans le zodiaque, est appelée année *syderale* : celle-ci est plus grande que la première, de 20 minutes et 23 secondes.

Des Colures.

34. Les deux colures sont de grands cercles qui se coupent perpendiculairement aux poles de la sphère ou du monde, et dont l'un passe par les points équinoxiaux, l'autre par les points solstitiaux : ils divisent le zodiaque et l'équateur, chacun en quatre parties égales. Celui des deux colures qui passe par les points équinoxiaux, lesquels sont au commencement du bélier et de la balance, s'appelle le colure des équinoxes : et l'autre qui coupe le zodiaque aux points solsticiaux, lesquels sont au commencement du *cancer* et du capricorne, est nommé le colure des solstices : celui-ci est perpendiculaire à l'écliptique, et passe par conséquent par ses poles. Ces deux cercles sont de véritables méridiens, puisqu'ils passent par les poles du monde.

Des Tropiques.

35. Les tropiques sont deux petits cercles parallèles à l'équateur, qui touchent l'écliptique dans les deux points qui sont les plus éloignés de l'équateur, l'un dans la partie septentrionale, l'autre dans la partie méridionale. Or l'écliptique s'éloigne de part et d'autre de l'équateur de $23^{d}\ 28'$: ainsi les deux tropiques sont distans de l'équateur de la même quantité. Celui qui est dans la partie septentrionale s'appelle le tropique du *cancer* ou de l'écrevisse, à cause qu'il touche le zodiaque au premier degré de ce signe ; et le tropique qui se trouve dans la partie méridionale, est le tropique du capricorne, parce qu'il touche l'écliptique au commencement de ce signe.

36. Quand le Soleil est arrivé à sa plus grande distance de l'équateur, et qu'il a décrit l'un ou l'autre des deux tropiques, il retourne vers l'équateur ; et c'est de là que ces cercles ont pris leur nom de tropique qui vient du grec. Or le Soleil paroît décrire le tropique

du cancer par son mouvement diurne, vers le 21 de Juin, qui est le plus long de toute l'année par rapport aux peuples qui sont dans la partie septentrionale de la terre : mais il paroît décrire l'autre tropique vers le 21 de décembre, qui est le jour le plus court de l'année pour les mêmes peuples.

37. Les points d'horizon auxquels le Soleil se lève ou se couche quand il décrit le tropique le plus voisin du pole élevé, s'appellent *l'orient et l'occident d'été* : et ceux auxquels il se couche lorsqu'il parcourt le tropique le plus éloigné du même pole, sont nommés *orient et occident d'hiver.*

38. De ce que le Soleil ne passe pas au-delà des tropiques, il suit que dans la sphère droite, c'est-à-dire, celle où l'on a le zenit à l'équateur, le Soleil ne se lève ou ne se couche jamais à un point de l'horizon plus éloigné des points d'est et d'ouest (qui sont ceux auxquels l'équateur coupe l'horizon), que de 23^d $28'$, (nous négligeons les secondes) parce que l'horizon étant alors perpendiculaire à l'équateur et aux tropiques, on s'en sert pour mesurer la distance de l'équateur à l'un ou à l'autre tropique, laquelle est de 23^d $28'$: mais il n'en est pas de même dans la sphère oblique, c'est-à-dire, celle où le zenit répond entre l'équateur et les poles du monde, à cause que l'horizon y est oblique à l'équateur et aux tropiques : d'où il arrive que l'arc de l'horizon compris entre l'équateur et un des tropiques, est plus grand que 23^d $28'$. A Paris cet arc est d'environ 37^d.

39. On peut s'appercevoir aisément du mouvement du Soleil d'un tropique à l'autre, en observant l'endroit où le Soleil se lève chaque jour, ou celui où il se couche. Je suppose qu'on regarde le coucher du Soleil vers le commencement de juin, et qu'on remarque l'endroit où il se couche, en le comparant à un arbre ou à quelqu'autre objet sensible, on verra qu'il s'approche de jour en jour

du septentrion jusqu'au 17 ou 18, après quoi il paroît se coucher au même point de l'horizon environ pendant huit jours ; de là vient le solstice d'été : ensuite il paroît s'en retourner vers le midi, ce qui continue pendant environ six mois, jusqu'au 17 ou 18 décembre ; et pour lors il paroît encore s'arrêter, c'est-à-dire, se coucher au même point de l'horizon pendant sept ou huit jours ; c'est ce qui fait le solstice d'hiver : enfin il revient vers le septentrion, duquel il s'approche pendant six mois, jusqu'au solstice d'été, après lequel il s'en retourne vers le midi, et ainsi de suite ; il faut entendre la même chose du lever du Soleil.

40. Quoique le Soleil paroisse se lever ou se coucher au même endroit pendant sept ou huit jours, néanmoins on n'appelle proprement solstice que le jour auquel il décrit un des tropiques, qui est le jour qui fait le milieu du tems pendant lequel il paroît s'arrêter ; et même les astronomes ne comptent pour solstice, que le moment auquel le Soleil répond au tropique ; car quoiqu'on dise que le Soleil décrit tous les jours un cercle parallèle à l'équateur, cela n'est pas exact, puisqu'il faudroit pour cet effet, qu'il restât au même point de l'écliptique un jour entier ; et cependant il n'y peut être qu'un instant, à cause qu'il avance continuellement vers l'orient par son mouvement propre. Ainsi les révolutions journalières du Soleil ne sont pas des cercles ou des circonférences : mais plutôt des contours de spirale, semblables à ceux d'un tire-bourre ou du filet d'une vis.

Des Cercles polaires.

41. Les deux cercles polaires sont de petits cercles parallèles à l'équateur, qui sont éloignés des poles du monde ou de l'équateur de 23^{d} 28'. On conçoit qu'ils sont décrits par les poles du zodiaque, tandis que la sphère fait une révolution : et c'est pour cela que ces cercles sont éloignés des poles du monde de 23^{d} 28' : car l'écliptique

faisant, avec l'équateur, un angle de $23^{d}\ 28'$, il faut que les poles de ce premier cercle soient distans de ceux du second de la même quantité, et par conséquent les cercles polaires étant décrits par les poles de l'écliptique, sont aussi distans des poles de l'équateur de $23^{d}\ 28'$. L'un est appelé le cercle polaire arctique, parce qu'il est auprès du pole du même nom, et l'autre est nommé antarctique par une raison semblable.

De quelques cercles qui ne sont pas représentés dans la Sphère armillaire.

42. Outre les cercles dont nous avons donné la notion et expliqué l'usage, il y en a d'autres, soit grands, soit petits, dont la connoissance est nécessaire dans l'astronomie. Les grands sont des *verticaux*, des cercles *de déclinaison*, *de latitude* et des cercles *horaires*.

43. Les cercles verticaux, sont ceux qui passent par les points du zenit et du nadir, et qui par conséquent sont perpendiculaires à l'horizon. On peut en compter autant qu'il y a de points dans l'horizon ; c'est-à-dire, qu'il y en a une infinité par rapport au même horizon, qui se coupent tous au point du zenit et du nadir.

44. Il suit de cette définition, que le méridien d'un lieu est un des cercles verticaux, puisque le méridien passe par le zenit et le nadir. Il y a un autre cercle vertical remarquable, qu'on appelle le premier vertical : c'est celui qui passe par deux points de l'horizon qui sont à l'orient et à l'occident, ou les deux poles du méridien ; il est par conséquent perpendiculaire au méridien.

45. Nous avons déjà averti que les deux points dans lesquels le méridien coupe l'horison, sont le septentrion et le midi, ou le *nord* et le *sud :* le premier est du côté du pole septentrional, et le second vers le pole méridional : pour ce qui est du premier cercle vertical, il coupe l'horizon aux mêmes points que l'equateur, parce que l'un et l'autre étant perpendiculaires au méridien, ils

doivent tous les deux passer par les points de l'horizon qui sont les poles du méridien (art. 9 prélim.). Or ces deux points, comme nous l'avons dit, s'appellent le vrai orient et le vrai occident; ou autrement: l'*est* et l'*ouest*: ces quatre points sont appelés points *cardinaux*.

46. Les cercles verticaux servent à mesurer la hauteur d'un astre qui est élevé sur l'horizon: car la hauteur d'un astre se mesure par l'arc du cercle vertical compris entre l'astre et l'horizon. La hauteur d'un astre est appelée méridienne, quand cet astre se trouve dans le plan du méridien; et pour lors cette hauteur se mesure par l'arc du méridien, compris entre l'astre et l'horizon: par exemple, la hauteur méridienne du Soleil est l'arc du méridien contenu entre le centre du Soleil et l'horizon.

47. Les cercles de déclinaison sont ceux qui passent par les poles du monde ou de l'équateur, et qui coupent, par conséquent, ce cercle à angles droits. On les appelle cercles de déclinaison, parce qu'ils mesurent la déclinaison d'un astre ou d'un point du ciel. Or, la déclinaison d'un astre est sa distance à l'équateur, laquelle distance est mesurée par l'arc du cercle de déclinaison compris entre le centre de l'astre et l'équateur. Il est évident que les cercles de déclinaison sont autant de méridiens: c'est pourquoi dans une sphère artificielle le méridien tient lieu de tous ces cercles. Si donc on veut, par exemple, connoître la déclinaison de quelque point de l'écliptique, on place ce point sous le méridien, et on juge de sa déclinaison, qui est égale à l'arc du méridien contenu entre ce point et l'équateur.

48. Les cercles de latitude sont de grands cercles qui passent par le pole de l'écliptique ou du zodiaque, et qui par conséquent coupent à angles droits le zodiaque même et tous les cercles qui lui sont parallèles; ils servent à mesurer la latitude des astres. Or, la latitude céleste, c'est-à-dire, des astres ou de quelque point du ciel, est la distance de ce point à l'écliptique, laquelle se mesure par

l'arc d'un cercle de latitude compris entre ce point et l'écliptique. On emploie aussi ces cercles pour déterminer les longitudes des astres, que nous expliquerons dans la suite : car le cercle de latitude qui passe par le centre d'un astre, montre le lieu auquel il répond dans l'écliptique, puisque ce lieu est le point d'intersection de ce cercle de latitude avec l'écliptique. Or, ce point est le terme de la longitude de l'astre, qui se prend sur l'écliptique.

49. Les cercles horaires sont de grands cercles qui passent par le pole du monde, et qui, par conséquent, sont perpendiculaires à l'équateur. On voit par-là que ces cercles ne sont pas différens des méridiens et des cercles de déclinaison. Le Soleil achevant sa révolution en 24 heures autour de l'équateur, ou d'un parallèle à ce cercle, il s'ensuit que dans une heure il parcourt la 24me partie de 360 degrés. Or, la 24me partie de 360 est 15 : c'est pourquoi il y a 15 degrés d'un cercle horaire à un autre qui en est le plus proche ; cependant il ne faut que 12 cercles horaires pour désigner les 24 heures du jour, parce que chacun de ces cercles coupant l'équateur en deux points opposés, détermine deux heures, dont l'une est autant éloignée de minuit que l'autre l'est de midi. Il faut compter la suite de ces cercles par rapport à nous, depuis la partie inférieure du méridien en avançant vers l'orient, en sorte que l'on regarde comme le premier, celui qui passe par le 15me degré de l'équateur vers l'orient ; et comme le second, celui qui passe par le trentième degré : ainsi de suite.

50. Les principaux des petits cercles qui ne sont pas représentés dans la sphère armillaire sont les *Almicantarats* et les cercles de longitude.

51. Les cercles almicantarats sont ceux qui sont parallèles à l'horizon, et qui coupent perpendiculairement les cercles verticaux. Ces cercles sont d'autant plus petits qu'ils sont plus éloignés de l'horizon. Leur principal usage est de déterminer la hauteur des astres : car tous ceux qui répon-

dent au plan du même cercle almicantarat, ont la même hauteur.

52. On appelle quelquefois cercles de longitude, les petits cercles parallèles à l'écliptique; et qui sont, par conséquent, perpendiculaires aux cercles de latitude : on les appelle cercles de longitude, parce qu'ils mesurent la longitude des astres : mais cette dénomination n'est que peu usitée.

53. On détermine la situation des astres par la latitude et la longitude : mais on la détermine aussi par la *déclinaison* et l'*ascension* droite. Nous allons expliquer cette dernière méthode, et nous ajouterons les notions d'*amplitude* et d'*azimut*, qui sont des termes usités dans l'astronomie.

54. En général, l'ascension droite d'un astre est la distance comptée selon l'ordre des signes, depuis le point de l'équateur qui est au commencement d'*aries*, jusqu'à un autre point de l'équateur, qui passe au méridien en même tems que l'astre. Il est clair que cette distance n'est autre chose que l'arc de l'équateur compris entre le premier point et le second, en allant d'occident en orient.

55. On distingue deux sortes d'ascensions, la *droite* et l'*oblique*. La droite est celle qui convient à la sphère droite, et l'oblique est pour la sphère oblique. La différence de ces deux ascensions vient de ce qu'un astre, par exemple le Soleil, se lève ou se couche plus tôt ou plus tard dans la sphère oblique que dans la droite, quoiqu'on suppose le même méridien pour les deux sphères. Cette différence entre les deux ascensions, s'appelle *différence ascensionnelle*. On parle beaucoup de l'ascension droite dans l'astronomie : c'est pourquoi nous en allons donner une définition particulière, en l'appliquant au Soleil.

56. L'ascension droite du Soleil est l'arc de l'équateur compris depuis le commencement du bélier jusqu'au point d'intersection de l'équateur avec le cercle de déclinaison qui passe par le centre du Soleil. On compte les degrés de cet arc en avançant selon l'ordre des signes

signes depuis le commencement du bélier. L'extrémité de cet arc est le point de l'équateur qui se lève avec le Soleil dans la sphère droite, ou qui passe au méridien avec lui dans la shpère oblique.

57. Ce que nous venons de dire s'entendra mieux par la fig. 4, dans laquelle le méridien est HPR*p*, l'équateur AETF, le cercle de déclinaison qui représente l'horizon de la sphère droite est PG*p*, lequel passe par les poles du monde P, *p*; le point d'intersection de ce cercle avec l'équateur, est en G; que le Soleil soit S, ce point étant pris dans l'horizon de la sphère droite représente le Soleil au moment qu'il se lève sur cet horizon, et le point G par la même raison représente le point de l'équateur qui se lève en même tems sur le même horizon: donc si le point D désigne le commencement d'*aries*, l'arc DTFG sera l'ascension droite du Soleil S. Soit présentement l'horizon oblique HR qui passe par le Soleil S et par le point E de l'équateur, ce point E se levera en même tems sur cet horizon que le Soleil S; parce que ces deux points sont dans l'horizon HR: ainsi l'ascension oblique, qui est ici plus grande que la droite, sera DTFGE; par conséquent la différence ascensionnelle sera GE, qui est l'excès de l'ascension oblique sur la droite, ou l'arc de l'équateur compris entre le cercle de déclinaison du Soleil, et le point de l'équateur qui se lève ou se couche en même tems que le Soleil.

58. L'amplitude d'un astre est l'arc de l'horizon compris entre l'équateur et cet astre quand il est à l'horizon. Il y en a de deux sortes, l'orientale et l'occidentale.

59. L'amplitude orientale ou ortive est l'arc de l'horizon compris entre l'équateur et l'astre lorsqu'il se lève. L'amplitude occidentale est l'arc de l'horizon compris entre l'équateur et l'astre quand il se couche.

60. L'azimut d'un astre est l'arc de l'horizon compris entre le méridien du lieu et le vertical qui passe par

l'astre : c'est un terme arabe que les astronomes ont adopté. Dans la fig. 4, si l'on conçoit le vertical ZK qui passe par le point I, lequel représente un astre, l'arc HK sera l'azimut de cet astre. Il paroît par cette définition et par celle de l'amplitude, qu'au moment qu'un astre se lève ou se couche, l'azimut est le complément de l'amplitude, parce que l'arc de l'horizon compris entre l'équateur et le méridien est un quart de cercle. L'angle HZK dont l'azimut est la base et la mesure, s'appelle *angle azimutal*.

61. Il suit de ce que nous avons dit que la déclinaison et l'ascension droite d'un astre sont, par rapport à l'équateur, ce que la latitude et la longitude célestes sont par rapport à l'écliptique : car comme la latitude d'un astre est sa distance à l'écliptique, de même sa déclinaison est sa distance à l'équateur : et comme la longitude se compte sur un arc de l'écliptique depuis le premier degré d'*aries*, en avançant selon l'ordre des signes, aussi l'ascension droite se compte sur l'équateur depuis le même point en allant vers le même côté.

62. Quoique nous ayions dit que les cercles dont nous avons parlé depuis le dernier titre, ne soient pas représentés dans la Spère armillaire, quelquefois néanmoins on attache un quart de cercle au point du méridien, qui est un pole de l'horizon, savoir le zenit ; et le quart de cercle tournant autour de ce point, ou plutôt autour du pivot qui tient à ce point, peut représenter les cercles verticaux qui passent tous par le pole de l'horizon.

63. Souvent on attache aussi deux quarts de cercles par une de leurs extrémités à un pivot placé au pole de l'écliptique et du zodiaque : un de ces quarts de cercle est plus éloigné du centre de la Sphère, que l'autre, et par conséquent il est plus grand que le second. On met à l'autre extrémité du grand quart de cercle un morceau rond de carton ou de cuivre pour représenter le Soleil, et à celle du petit quart de cercle, un autre morceau de

carton pour représenter la Lune. Or comme la première extrémité de l'un et de l'autre de ces quarts de cercle répond au pole de l'écliptique, il faut que la seconde se termine au plan de ce cercle : ainsi, en faisant tourner ces quarts de cercles autour de leur pivot, le Soleil et la Lune attachés à la seconde extrémité sont mûs dans le plan de l'écliptique ; mais afin que la Lune puisse sortir de ce plan, comme il arrive réellement dans le Ciel ; on fait le petit quart de cercle de deux pièces, à l'aide desquelles on peut l'allonger ou le raccourcir.

64. Il paroît par ce que nous avons dit sur la Sphère qu'elle renferme douze principaux points, que l'on peut compter deux à deux, savoir, les deux poles du monde, le zénit et le nadir, les deux points équinoxiaux, les deux solsticiaux, le nord ou le septentrion, et le sud ou le midi, enfin l'est ou l'orient, et l'ouest ou l'occident. Les quatre premiers sont sur le méridien du lieu, les quatre suivans se trouvent sur l'écliptique, et les quatre derniers sont sur l'horizon.

LIVRE SECOND.

Des Cercles de la Sphère que l'on imagine sur le Globe de la Terre, et des différentes apparences que l'on remarque en divers lieux de la surface de ce Globe.

On transporte par la pensée sur la surface de la terre plusieurs des cercles dont nous avons parlé, savoir, le méridien, l'équateur, les deux tropiques et les deux cercles polaires. On y conçoit aussi deux poles qui répondent aux deux poles du monde, et qui ont les mêmes noms : mais comme cela suppose que la terre a la figure d'un globe, ou du moins qu'elle en approche, nous allons en donner quelques preuves.

Art. I. Premièrement la surface de la terre est courbe d'orient en occident : car le Soleil se lève plus tôt pour ceux qui sont plus à l'orient, que pour ceux qui sont moins avancés vers ce côté, comme on peut le voir par les éclipses de Lune : car si l'on remarque quelle heure il est au Soleil quand une éclipse de Lune commence, on voit qu'il est plus tard dans les lieux plus orientaux que dans ceux qui le sont moins, quoique cette apparence arrive effectivement dans le même moment dans ces différens lieux : par exemple, si l'on observe une éclipse de Lune tant à Paris qu'à Vienne en Autriche, et que cette éclipse commence quand il est 10 heures du soir à Paris, il sera près de 11^{h} à Vienne quand on observera ce commencement. Il en est de même de la fin et des autres circonstances de l'éclipse : ainsi le Soleil se lève plus tôt à Vienne qu'à Paris. Or, cela n'arriveroit pas, si la superficie de la terre n'étoit pas courbe d'orient en occident ; car alors le Soleil commenceroit à éclairer toutes les parties d'une même face de la terre dans le même instant. En second lieu, la surface de la terre est encore courbe du septentrion au midi, comme il paroît en ce que si quelqu'un avance vers le nord, le pole septentrional s'élève par rapport à lui, et le pole méridional s'abaisse.

On peut aussi prouver la rondeur de la terre par ce qui arrive lorsqu'en naviguant sur mer le vaisseau approche ou s'éloigne de la terre : car si on en approche on voit les objets les plus élevés, comme le sommet des montagnes, des tours, des clochers, avant d'en appercevoir les parties inférieures, qui se découvrent à proportion que le vaisseau approche. Si au contraire on s'éloigne de la terre, on perd d'abord de vue le bas de ces objets tandis qu'on en voit encore le haut. Or cela arrive quelle que soit la direction du vaisseau, vers l'orient ou vers l'occident, vers le nord ou vers le sud.

Enfin on conclut la rondeur de la terre par son ombre, qui, dans les éclipses de Lune, paroît toujours terminée par un arc sur le disque de la Lune, c'est-à-dire, sur la face tournée vers nous : car si la terre n'étoit pas ronde en tous sens, il arriveroit au moins quelquefois que cette ombre ne seroit pas terminée par un arc de cercle. Il est vrai que ce n'est pas seulement l'ombre de la terre qui parvient jusqu'à la Lune et qui l'éclipse : c'est encore celle de l'atmosphère, je veux dire, de l'air qui environne la terre : mais cela n'empêche pas qu'on ne puisse conclure la rondeur de la terre de cette apparence : car elle prouvera au moins la rondeur de l'atmosphère. Or cette atmosphère n'est ronde, que parce que la terre a la même figure.

Cela posé, nous allons donner les notions des cercles ou plutôt des circonférences que l'on imagine sur la surface de la terre.

2. L'équateur terrestre est un cercle que l'on conçoit décrit sur la surface de la terre, lequel répond à l'équateur du ciel ; ainsi il divise la terre en deux parties égales,

dont l'une est appelée septentrionale, et l'autre méridionale. Les pilotes et les géographes appellent ce cercle, ou, pour mieux dire, cette circonférence, la *Ligne*, parce que c'est la principale ligne qui soit marquée dans les cartes géographiques. On l'appelle aussi *Ligne équinoxiale*, ou simplement l'*Equinoxial*.

3. L'axe de ce cercle est le même que celui de la terre, qui n'est autre chose que la partie de l'axe du monde comprise dans la terre. Les deux extrémités de cet axe de la terre sont ses deux poles, lesquels répondent nécessairement aux poles du monde. Un de ces poles de la terre est appelé septentrional ou boréal, l'autre est nommé méridional ou austral.

4. Les méridiens terrestres sont des cercles que l'on imagine sur la surface de la terre, situés de manière qu'ils répondent aux méridiens célestes. Il suit de là que ces cercles passent par les poles de la terre, et qu'ils coupent par conséquent l'équateur à angles droits. Dans presque toutes les cartes géographiques, ces méridiens sont des lignes tirées du haut en bas, qui vont ordinairement en s'approchant l'une de l'autre par une de leurs extrémités, ou même par toutes les deux, lorsque les cartes représentent une partie de l'hémisphère septentrional et une partie du méridional.

5. Les tropiques terrestres sont deux petits cercles que l'on conçoit situés sur la surface de la terre, de la même manière que les deux cercles célestes du même nom le sont dans le ciel : et pareillement les deux cercles polaires terrestres répondent à ceux du ciel qui ont même nom. Ces quatres petits cercles partagent la superficie de la terre en cinq parties qu'on appelle *Zones*, dont celle du milieu est nommée *Torride*, les deux qui la terminent de part et d'autre sont les *Tempérées*, et les deux autres, les zones *Froides* ou *Glaciales*.

6. La zone torride est une partie de la surface de la terre comprises entre les tropiques : elle est coupée en

deux également par l'équateur terrestre. Ainsi on peut soudiviser la zone torride en deux autres, dont l'une est septentrionale, terminée d'un côté par l'équateur, et de l'autre par le tropique du *cancer* ou de l'écrevisse; l'autre est méridionale, laquelle est bornée par l'équateur et par le tropique du Capricorne.

7. Les zones tempérées sont celles dont chacune est contenue entre un tropique et un cercle polaire, qui sont l'un et l'autre vers le même pole de la terre. Une de ces deux zones se nomme septentrionale, et l'autre méridionale. La première est terminée par le tropique du *Cancer* et le cercle polaire arctique; l'autre est contenue entre le tropique du Capricorne et le polaire antarctique.

8. Les deux zones froides sont celles dont chacune est comprise entre un cercle polaire et le pole du même nom. L'une est appelée septentrionale, l'autre méridionale: ces deux dernières zones ont chacune la figure d'une calotte, au milieu de laquelle est situé un des poles de la terre: les trois autres sont des espèces de ceintures, ou des bandes terminées par des côtés parallèles.

9. La largeur de la zone torride est d'environ 46 deg. 56 min. parce que chaque tropique est éloigné de l'équateur de $23^d\ 28'$, celle de chaque zone tempérée est de $43^d\ 4'$, et enfin celle de chaque zone froide de $23^d\ 28'$; en comptant depuis un cercle polaire jusqu'au pole voisin qui y est renfermé. Or nous verrons dans la suite que chacun de ces degrés contient 25 lieues, dont chacune est de 2283 toises. D'où il suit que la zone torride a environ 1174 lieues de largeur; que chaque zone tempérée en a 1076, et que chaque zone froide en a 587.

10. Outre les zones qui contiennent des espaces fort vastes, les géographes divisent encore la surface de la terre par plusieurs cercles parallèles à l'équateur, qu'ils imaginent couper la terre. Les parties de cette surface qui sont comprises entre ces parallèles sont appelées

Climats. Or les climats ont différentes largeurs chez les différens géographes : mais il est très-ordinaire de donner à chaque climat situé entre l'équateur et le cercle polaire, la largeur qui est nécessaire pour que le plus long jour du parallèle qui termine un climat du côté du pole, surpasse d'une demi-heure le plus long jour du parallèle qui termine le climat précédent : de sorte que les climats se comptent de l'équateur vers le pole : le premier est celui à la fin duquel le plus long jour est de 12 heures et demie : le second est celui à la fin duquel le plus long jour est de 13^h, et ainsi de suite. D'où il paroît que Paris est à la fin du huitième climat, parce que le plus long jour y est de 12^h plus 8 demi-heures c'est-à-dire, de 16^h ; (on prend seulement le tems pendant lequel le Soleil paroît sur l'horizon, et non pas la durée du crépuscule, qui est le tems auquel les rayons du Soleil parviennent jusqu'à nous, quoiqu'il soit sous l'horizon). Le plus long jour de l'année arrive dans le même tems par rapport à tous les climats qui sont dans la même partie, soit septentrionale, soit méridionale ; savoir quand le Soleil décrit le tropique qui est au-dessus de cette partie de la terre.

11. On compte de part et d'autre de l'équateur 24 climats depuis l'équateur jusqu'aux cercles polaires, parce que sur les cercles polaires le plus long jour est de 12^h, plus 24 demi-heures, et par conséquent il surpasse de 24 demi-heures la durée du jour sur l'équateur : mais depuis les cercles polaires jusqu'aux poles on compte ordinairement six climats de mois ; le plus long jour à la fin de ces climats surpasse d'un mois entier le plus long jour à la fin du climat précédent. Ainsi le premier de ces climats est celui à la fin duquel le plus long jour est d'un mois : le second celui à la fin duquel le plus long jour est de deux mois, ainsi de suite jusqu'à ce qu'enfin au pole, qui est la fin du dernier climat, le jour soit de six mois, et la nuit de six mois pareillement. Il y a donc

donc trente climats dans l'hémisphère septentrional, et autant dans l'hémisphère méridional, savoir 24, qu'on nomme climats d'heures, ou plutôt de demi-heures, et six de mois. Il y a des géographes qui comptent les premiers climats de quart-d'heure en quart-d'heure, et les seconds de 15 jours en 15 jours; et alors il y a 60 climats dans chaque hémisphère de la terre.

12. Il faut remarquer que les climats, soit d'heures, soit de mois, n'ont pas la même largeur : car entre les climats d'heures, ceux qui sont plus près de l'équateur ont plus de largeur : au contraire, les climats de mois sont d'autant plus larges qu'ils sont plus près des poles. Cette différence vient de ce que les climats d'heures dépendent de la grandeur de l'arc qui est sur l'horizon, de l'arc, dis-je, du tropique voisin : au lieu que les climats de mois dépendent de l'arc de l'écliptique, lequel reste toujours sur l'horizon pendant que la sphère fait sa révolution autour de son axe. Nous expliquerons cette diversité dans le IVe. Livre, comme aussi la manière de trouver le commencement, la fin, la largeur des climats, soit d'heures, soit de mois.

13. On mesure sur l'équateur et les méridiens la longitude et la latitude des villes et de tous les lieux qui sont sur la surface de la terre.

14. La latitude d'un lieu, par exemple d'une ville, est la distance de cette ville à l'équateur de la terre, ou, ce qui revient au même, c'est l'arc d'un méridien terrestre compris entre l'équateur et cette ville. Ainsi la latitude de Paris est l'arc du méridien contenu entre l'équateur et Paris. Cet arc est d'environ 48^{d} 51$'$.

15. La latitude est ou septentrionale ou méridionale : la première s'étend depuis l'équateur du globe de la terre jusqu'à son pole boréal : l'autre depuis le même cercle vers le pole austral. Il suit de-là qu'il ne peut y avoir plus de 90 degrés de latitude, parce que l'arc du méridien placé entre l'équateur et le pole, n'est qu'un quart de cercle.

16. Ceux qui sont sur la ligne équinoxiale n'ont point de latitude, et le pole n'est point élevé sur l'horizon par rapport à eux : car l'un et l'autre pole est dans le plan de leur horizon : mais tous les autres peuples voient un des poles du ciel élevé sur l'horizon, tandis que l'autre est au-dessous. Ceux qui sont dans la partie septentrionale voient le pole du même nom sur l'horizon; et ceux qui sont dans la partie méridionale voient le pole méridional. Or, l'élévation du pole sur l'horizon est toujours égale à la latitude : car supposons qu'un observateur, qui est placé sur l'équateur, avance vers le pole boréal, on conçoit que l'horizon s'abaisse du côté vers lequel il avance, tandis qu'il s'élève du côté opposé, comme il paroît, en ce que ce voyageur découvre des objets qu'il ne voyoit pas auparavant : et cet abaissement de l'horizon au-dessous du pole, est égal à la quantité dont cet observateur se trouve éloigné de l'équateur : si, par exemple, il est éloigné de l'équateur de 5 deg., son horizon sera abaissé de 5 deg. au-dessous du pole; ou, ce qui revient au même, ce pole sera élevé de 5 deg. sur l'horizon, et l'autre pole sera abaissé de la même quantité au-dessous de la partie opposée de l'horizon : ce qui fait voir que l'élévation du pole est égale à la latitude. On peut démontrer cette égalité entre la latitude et l'élévation du pole de la manière suivante.

Fig. 4. Soit le méridien céleste HZRN, l'horizon HR, le zenit Z, l'équateur AETF, les poles P, *p*; l'élévation du pole sera PR, et la distance du zenit à l'équateur céleste sera ZA. Or, cette distance mesure la latitude du lieu, puisqu'elle répond à celle qui est entre le lieu et l'équateur terrestre. Cela posé, il faut prouver que l'arc ZA est égal à PR. Depuis le pole P, jusqu'à l'équateur AT, il y a un quart de cercle : car le pole d'un cercle est éloigné de 90 deg. de tous les points de sa circonférence. Par la même raison, le zenit Z est éloigné de l'horizon HR d'un quart de cercle : les deux arcs PA et ZR sont donc des grandeurs égales, savoir, des quarts de cercle : par conséquent, si l'on en retranche la partie commune ZP, les restes ZA et PR seront égaux, c'est-à-dire, que la latitude est égale à la hauteur du pole.

17. REMARQUE. L'élévation de l'équateur sur l'horizon est le complément de la hauteur du pole par rapport au même lieu : par exemple, la hauteur du pole étant à Paris de $48^d\ 51'$ l'élévation de l'équateur sera de $41^d\ 9'$: car l'arc ZH du méridien compris entre le zenit et l'horizon, est un quart de cercle. Or, ce quart de cercle renferme deux parties; savoir, l'arc ZA qui mesure la latitude du lieu, et l'arc AH qui est l'élévation de l'équateur sur l'horizon : ainsi, ces deux arcs sont complémens l'un de l'autre. Or, la hauteur du pole est égale à la latitude. Par conséquent, l'élévation de l'équateur est le complément de la hauteur du pole.

18. La longitude d'un lieu est la distance de ce lieu au premier méridien ; ou, ce qui revient au même, c'est l'arc d'un cercle parallèle à l'équateur, compris entre le premier méridien, et le lieu dont il s'agit. Or, cet arc est semblable à celui de l'équateur, qui est entre le premier méridien et le méridien du lieu : ainsi la longitude se mesure par l'un et l'autre arc. Les degrés de longitude se comptent depuis le premier méridien, en avançant toujours vers l'orient ; en sorte que si une ville étoit à l'occident du premier méridien, et proche de ce cercle, elle auroit près de 360 deg. de longitude, au lieu qu'elle ne peut avoir que 90 deg. de latitude. Nous avons dit qu'on compte les degrés de longitude d'occident en orient : cela vient de ce que si un lieu est plus oriental de 15 deg. qu'un autre, on compte une heure de plus au même instant dans le premier que dans le second : c'est-à-dire, que s'il étoit, par exemple, huit heures dans le second, il séroit au même instant 9 heures dans le premier : et si le premier étoit de 30 deg. plus oriental, on y compteroit deux heures de plus, &c. La raison en est, que le Soleil faisant 360 deg.

ou son tour entier d'orient en occident en 24^{h}, il doit parcourir la 24me partie de 360^{d} en une heure. Or, la 24me partie de 360 est 15.

19. On peut prendre entre les méridiens celui que l'on veut pour premier : il seroit néanmoins à propos, pour éviter la confusion, que tous les géographes se servissent du même premier méridien : car sans cela deux géographes attribueront à la même ville différentes longitudes, parce que les méridiens d'où ils commencent à compter seront à différentes distances de la ville. Ptolemée et les anciens géographes ont pris pour premier méridien celui qui passe par l'île de Fer, qui est la plus occidentale des îles Canaries, à 20 degrés de Paris. Louis XIII ordonna qu'on prendroit en France ce premier méridien : c'est ce que les géographes français ont fait depuis ce tems; en sorte que Paris a 20 degrés de longitude. L'académie des sciences de Paris comptoit aussi les longitudes en partant de l'Observatoire de Paris, à cause des observations astronomiques qu'on y fait continuellement : mais les Hollandais prennent pour premier méridien celui qui passe par l'île de Teneriffe, qui est encore une des Canaries, ou plutôt par une haute montagne de cette île, qu'on appelle le *Pic* de Teneriffe.

20. Remarque. Deux villes peuvent avoir la même latitude : cela arrive quand elles sont sur le même cercle parallèle à l'équateur : de même, tous les lieux qui répondent au même méridien, ont la même longitude : mais deux lieux ne peuvent avoir en même tems la même latitude, ou septentrionale ou méridionale, et la même longitude ; par exemple, 40 deg. de latitude et 30 deg. de longitude, parce qu'il n'y a qu'un seul point de la surface de la terre qui ait en même tems cette latitude et cette longitude, savoir, le point d'intersection d'un parallèle à l'équateur, qui est à ce degré de latitude, et d'un méridien qui passe par ce degré de longitude. Ainsi la latitude et la longitude d'un lieu, prises ensemble, déterminent sa

situation sur le globe de la terre : c'est pourquoi si on connoît ces deux choses pour une ville, on saura quelle est sa situation. Nous dirons dans le III. Liv. comment on trouve la latitude et la longitude.

21. Les anciens connoissoient une plus grande étendue de pays d'occident en orient, que du midi au septentrion, car ils jugeoient la zone torride et les zones glaciales inhabitables : voilà pourquoi ils ont appelé la première dimension longitude ou longueur, et l'autre, latitude ou largeur, parce que la plus grande des deux dimensions d'une surface est appelée longueur, et l'autre se nomme largeur.

Dans les cartes géographiques, les degrés de latitude sont à droite et à gauche, de haut en bas, et les degrés de longitude se marquent en haut et en bas, de gauche à droite : les premiers se prennent sur les méridiens, et les autres sur l'équateur ou les parallèles à l'équateur.

22. Il faut à présent parler des différentes positions de la Sphère : on peut les réduire à trois générales, savoir, la Sphère *droite*, l'*oblique* et la *parallèle*. Nous en allons donner les définitions, après que nous aurons dit comment on dispose la Sphère armillaire, et le globe, soit terrestre, soit céleste, pour une ville dont on connoît la latitude : c'est ce que l'on appelle monter une sphère par rapport à cette ville.

23. Je suppose, par exemple, qu'il s'agit de disposer la sphère ou le globe pour Paris, dont la latitude est presque de 49 degrés. J'observe d'abord que les degrés d'élévation du pole sont marqués sur le méridien en commençant au pole; et comme Paris a presque 49 degrés de latitude, il a la même élévation de pole : ainsi je tourne le méridien jusqu'à ce que le pole arctique soit élevé d'environ 49 degrés au-dessus de la partie de l'horizon qui est marquée *nord :* pour lors la sphère est montée pour Paris. S'il s'agissoit d'une ville dont la latitude fût méridionale,

il faudroit élever le pole austral au-dessus de cette partie qui est marquée *sud*. Cela posé, on entendra aisément comment il faut monter la sphère par rapport à l'horizon, afin qu'elle soit droite, ou oblique, ou parallèle.

24. La sphère droite est celle dans laquelle l'équateur coupe l'horizon à angles droits; et par conséquent tous les parallèles (on sous-entend *à l'équateur*) sont aussi perpendiculaires à l'horizon. Les peuples qui sont sur la ligne équinoxiale, ou dont le zenit répond à l'équateur céleste, ont la sphère droite.

25. La sphère oblique est celle dans laquelle l'équateur coupe obliquement l'horizon : telle est la position de la sphère par rapport à ceux qui sont entre l'équateur et les poles de la terre. Ainsi la sphère est oblique par rapport à tous les habitans de la terre, excepté ceux qui sont sur l'équateur, ou sur les poles.

26. La sphère parallèle est celle dans laquelle l'équateur est parallèle à l'horizon : c'est ainsi que la sphère du monde est disposée pour ceux qui seroient sur les poles de la terre, ou dont le zenit seroit à un des poles du monde. Les apparences des mouvemens célestes sont entièrement différentes dans ces trois positions de la sphère : mais pour mieux faire concevoir la raison de ces apparences, nous observerons ce qui suit :

1°. On distingue deux sortes de jours, l'un qu'on appelle naturel ; l'autre, artificiel.

27. Le jour naturel est la durée d'une révolution entière du Soleil, d'orient en occident, ou le tems qui s'écoule depuis le moment que le Soleil quitte un méridien, jusqu'au moment où il revient à la même partie de ce méridien. Ce jour se divise en 24 *heures*. Macrobe, Ricciali, Lalande, l'appellent jour artificiel.

28. Quoique les cercles parallèles à l'équateur, que le Soleil paroît décrire pendant l'année, soient d'autant plus petits qu'ils sont plus éloignés de l'équateur, cependant le

Soleil emploie le même tems à parcourir chacun de ces cercles : c'est pourquoi tous les jours naturels sont égaux, au moins sensiblement.

29. Le jour artificiel est le tems pendant lequel le Soleil demeure sur l'horizon. Le jour, pris en ce sens, est opposé à la nuit. Il est tantôt plus long tantôt plus court : ainsi c'est celui dont on parle, quand on dit que les jours sont plus longs en été qu'en hiver. C'est presque toujours celui-là que nous entendrons dans la suite.

30. 2°. On appelle arc diurne la partie d'un cercle parallèle à l'équateur, qui est parcourue par le Soleil pendant l'espace d'un jour artificiel. On voit par-là, que cette partie du parallèle est sur l'horizon : mais l'arc nocturne est l'autre partie du même cercle qui est cachée sous l'horizon.

31. 3°. Le Soleil parcourant 15 dégrés de l'équateur (ou d'un parallèle) par heure, la durée du jour contient autant d'heures qu'il y a de fois 15 deg. dans l'arc diurne, et la nuit est pareillement composée d'autant d'heures qu'il y a de fois 15 deg. dans l'arc nocturne.

32. Il suit de-là que si l'arc diurne d'un parallèle contient plus de degrés que l'arc diurne d'un autre parallèle coupé par l'horizon du même lieu, le jour qui répond au premier arc sera plus long que celui qui répond à l'autre : mais si ces arcs sont semblables, les jours qui y répondent sont égaux. Enfin, le jour est plus long ou plus court que la nuit, ou bien lui est égal, selon que l'arc diurne est plus long ou plus court que l'arc nocturne, ou que ces deux arcs sont égaux.

Après ces observations, nous allons passer à l'explication des apparences des mouvemens célestes dans les trois positions de la sphère, en supposant que les cieux et tous les astres sont mûs autour de la terre, ce qui est plus simple : mais si l'on entend une fois l'explication de ces apparences dans l'hypothèse du mouvement des cieux, il sera facile d'expliquer les mêmes apparences dans l'hypothèse du mouvement de la terre.

Des apparences de la Sphère droite.

33. 1°. Ceux qui ont la sphère droite, c'est-à-dire, qui habitent sur la ligne, ont pendant toute l'année les jours égaux aux nuits, et par conséquent égaux entr'eux. La raison est que l'équateur étant perpendiculaire à l'horizon, dans cette sphère, son axe, qui est aussi celui du monde, se trouve dans le plan de l'horizon. Or, cet axe du monde contient les centres de tous les cercles parallèles à l'équateur, que le Soleil parcourt successivement dans l'année; et, par conséquent, chacun de ces parallèles est coupé en deux parties égales par l'horizon; c'est-à-dire, que l'arc diurne de chaque parallèle est égal à l'arc nocturne : ainsi les jours sont égaux aux nuits, et de plus les jours sont égaux entre eux.

34. 2°. Le Soleil passe deux fois par an par leur zenit; c'est le 20 de mars et le 22 de septembre, qui sont les jours auxquels le Soleil décrit l'équateur céleste, où se trouve le zenit de ceux qui ont la sphère droite: et comme un pays est censé avoir l'été lorsque le Soleil est plus proche de son zenit que dans les autres tems de l'année, il s'ensuit que les peuples qui sont sur la ligne ont deux étés. On peut dire qu'ils ont aussi deux hivers, parce que le Soleil s'écarte de part et d'autre de l'équateur jusqu'aux tropiques : mais il ne faut pas conclure de-là qu'ils doivent sentir un froid semblable à celui que nous éprouvons pendant notre hiver, puisque le Soleil est encore plus près de leur zenit, quand il décrit les tropiques (c'est alors qu'arrivent leurs hivers), qu'il n'est voisin du nôtre pendant notre été.

35. 3°. Le Soleil est, par rapport à eux, du côté du septentrion, depuis le 20 mars jusqu'au 22 du mois de sept. et depuis ce jour jusqu'au 20 de mars de l'année suivante, il

il est du côté du midi. Cela vient de ce que pendant les six prémiers mois, le Soleil décrit la moitié de l'écliptique située dans la partie septentrionale, et que, pendant les six autres mois, il parcourt l'autre moitié de l'écliptique située dans la partie méridionale.

36. 4°. Lorsque le Soleil décrit l'équateur, ce qui arrive environ le 20 mars et le 22 de septembre, l'ombre des objets perpendiculaires à l'horizon, c'est-à-dire, la trace de cette ombre qui paroît sur un plan horizontal, tend directement vers l'occident depuis le matin jusqu'à midi; à midi il n'y a point d'ombre, ou plutôt elle est au-dessous du corps; et enfin, depuis midi jusqu'au soir, l'ombre est dirigée directement vers l'orient. Tout cela vient de ce que l'ombre doit toujours être dans la partie opposée au Soleil. Il arrive, par la même raison, que l'ombre de midi est tous les jours dirigée vers le sud lorsque le Soleil est dans les six signes septentrionaux; et qu'elle est dirigée droit au nord lorsqu'il est dans les signes méridionaux.

37. 5°. Les peuples qui ont la sphère droite, voient les deux poles dans le plan même de l'horizon, parce que n'ayant point de latitude, un des poles ne peut être élevé sur l'horizon, ni l'autre abaissé au-dessous.

38. 6°. Ils voient toutes les étoiles dans l'espace de 24 heures, puisqu'en faisant leurs révolutions elles sont 12 heures sur l'horizon, et 12 heures au-dessous: nous avons déjà donné la cause de cet effet, en montrant que l'horizon de cette sphère coupe en deux parties égales tous les cercles que le Soleil et tous les astres décrivent chaque jour.

Des apparences de la Sphère oblique.

Afin d'entendre mieux les raisons de ces apparences, nous établirons deux principes après les définitions suivantes.

39. On appelle sphère boréale, celle dans laquelle le pole septentrional est élevé sur l'horizon : ainsi tous ceux

qui habitent sur l'hémisphère septentrional de la terre, ont la sphère boréale. La sphère australe est celle dans laquelle le pole méridional est élevé sur l'horizon. Par conséquent ceux-là ont la sphère australe qui habitent l'hémisphère méridional de la terre. L'une et l'autre est ou oblique ou parallèle. Mais quand nous dirons simplement la sphère boréale ou australe, nous entendrons toujours l'oblique, parce que la parallèle ne convient qu'à deux points de la terre, savoir, les deux poles, qui même ne sont pas habités.

PREMIER PRINCIPE.

40. Dans la sphère oblique, tous les cercles parallèles à l'équateur, que le Soleil décrit pendant l'année, sont coupés en deux parties inégales par l'horizon, excepté l'équateur : car puisque l'horizon de la sphère oblique ne passe pas par les poles du monde, mais que l'un est élevé sur l'horizon, et l'autre abaissé au-dessous, il est nécessaire que l'arc supérieur de chaque parallèle qui est entre l'équateur et le pole élevé, soit plus grand que l'arc inférieur; c'est-à-dire, celui qui est au-dessous de l'horizon. Au contraire, de l'autre côté de l'équateur, l'arc supésieur est moindre que l'arc inférieur. Ainsi, dans la sphère boréale, les arcs supérieurs ou diurnes des parallèles qui sont situés entre l'équateur et le pole arctique, sont plus grands que les arcs nocturnes : c'est le contraire pour les parallèles qui sont de l'autre côté de l'équateur : mais dans la sphère australe, les arcs diurnes des parallèles situés du côté du pole méridional, sont plus grands que les arcs nocturnes : c'est le contraire du côté du pole septentrional. Tout cela vient de ce que l'axe du monde ou de l'équateur passe par le centre de tous les parallèles. Or, cet axe est au-dessus de l'horizon, depuis l'équateur jusqu'au pole élevé; et il est au-dessous depuis l'équateur jusqu'au pole abaissé : ainsi les arcs diurnes sont plus grands que les nocturnes du côté

du pole élevé ; ils sont plus petits entre l'équateur et le pole abaissé.

SECOND PRINCIPE.

41. Dans la sphère boréale les arcs supérieurs ou diurnes des parallèles sont d'autant plus grands, c'est-à-dire, qu'ils contiennent d'autant plus de degrés, que les parallèles sont plus voisins du pole arctique ; ainsi puisque le tropique du *Cancer* est plus voisin de ce pole que les autres parallèles que le Soleil parcourt par son mouvement journalier, il s'ensuit que l'arc diurne du tropique du *Cancer* est plus grand dans la sphère boréale que l'arc diurne des autres parallèles : mais le tropique du Capricorne étant plus éloigné du pole arctique que tous les autres cercles parallèles que le Soleil décrit, il faut que l'arc diurne de ce tropique soit le plus petit de tous dans cette sphère. Le contraire arrive dans la sphère australe ; car dans celle-ci le plus grand de tous les arcs diurnes est celui du tropique du Capricorne, et le plus petit de tous est celui du tropique du *Cancer*. Ce second principe est fondé, de même que le premier, sur ce que l'axe du monde passe par le centre de tous les parallèles.

42. Nous parlons seulement de ce qui arrive aux peuples qui ont la sphère oblique, en sorte néanmoins qu'ils habitent entre l'équateur et un des deux cercles polaires. Car pour ceux qui sont dans la zone froide, un des tropiques est entièrement au-dessus de l'horizon, et l'autre est entièrement caché au-dessous ; par conséquent ces deux cercles ne sont pas partagés en deux arcs, dont l'un soit diurne et l'autre nocturne. Il faut juger de même de plusieurs cercles parallèles qui sont entre l'équateur et le tropique élevé, dont il y en a d'autant plus qui sont en entier sur l'horizon, que les peuples sont plus près des poles.

43. La fig. 5 sert à éclaircir ces deux principes, et ce que nous dirons dans la suite. Que le cercle HPRp représente le colure des solstices qui passe par les poles du monde P, p, et sur le plan duquel on conçoive la sphère comme aplatie, en sorte que cet aplatissement se fasse perpendiculairement au plan; pour lors l'équateur et tous les cercles qui lui sont parallèles, paroîtront comme des lignes droites, aussi-bien que l'horizon et l'écliptique: soit donc l'horizon HR, l'écliptique EL, l'équateur AT, le tropique du Cancer EF, et le tropique du Capricorne IL, les parallèles que décrit le Soleil; exprimés par les lignes comprises entre EF et IL, les points solsticiaux seront E et L, l'un et l'autre point équinoxial sera le point C, qui est l'intersection de l'équateur et de l'écliptique.

44. Nous allons expliquer un peu en détail cè qui regarde l'écliptique: le point du solstice d'hiver étant L, et celui du solstice d'été E, la ligne LCE représentera l'arc qui contient les signes ascendans, et la même ligne ECL prise en un autre sens représentera l'autre moitié de l'écliptique qui contient les signes descendans: pareillement les points équinoxiaux étant designés par C, l'arc qui renferme les signes septentrionaux sera CEC; et celui qui contient les signes méridionaux sera CLC. De plus la ligne HR représentant l'horizon, les parties des lignes parallèles qui sont au dessus, telles que sont 1E1, 2B2, 3D3, etc. représentent les arcs diurnes; et les parties qui sont au-dessous de HR, sont les arcs nocturnes.

45. Cela posé, il est visible 1°. selon le premier principe, que tous les parallèles que décrit le Soleil, excepté l'équateur, sont coupés en deux parties inégales; 2°. que, suivant l'autre principe, les arcs diurnes qui sont plus voisins du pole élevé P, sont plus grands que ceux qui en sont plus éloignés, c'est-à-dire, qu'ils contiennent plus

de degrés de leurs cercles que les autres. Après tout ce que nous venons de dire, on entendra aisément les différentes apparences que nous allons expliquer.

46. 1°. Le 20 de mars et le 22 de septembre le jour est égal à la nuit dans toutes les parties de la terre. Cela vient de ce que le Soleil décrit l'équateur pendant ces deux jours. Car l'équateur et l'horizon étant deux grands cercles de la sphère, ils se coupent mutuellement en deux parties égales; ainsi l'arc diurne de l'équateur est égal à l'arc nocturne : et de-là suit l'égalité du jour à la nuit par toute la terre, excepté les deux poles de la terre par rapport auxquels le Soleil se lève ou se couche ce jour-là, pour six mois.

47. 2°. Dans la sphère oblique boréale, le plus long jour de l'année est le 21 de juin, et le plus court est le 21 de décembre : c'est le contraire dans la sphère oblique australe. La raison de cette apparence est que le 21 juin le Soleil décrit le tropique du Cancer qui est plus près du pole élevé, que tous les autres parallèles que le Soleil décrit pendant le reste de l'année; et par conséquent, selon le second principe, l'arc diurne de ce parallèle est plus grand que celui de tous les autres : ainsi ce jour doit être plus long que les autres. Par la raison opposée, le 21 de décembre doit être le jour le plus court de toute l'année, parce que le tropique du Capricorne, que le Soleil parcourt alors, est plus éloigné du pole élevé sur l'horizon que tout autre parallèle du Soleil. On voit facilement par-là pourquoi le contraire arrive dans la sphère oblique australe.

48. 3°. Dans la sphère oblique boréale les jours croissent depuis le 21 décembre jusqu'au 21 juin de l'année suivante, et ils décroissent ensuite depuis le 21 juin jusqu'au 21 décembre. Depuis le 21 décembre jusqu'au 21 juin suivant, le Soleil s'approche continuellement du pole élevé, et par conséquent l'arc diurne doit être plus grand de jour en jour selon le second principe. Ainsi

les jours doivent augmenter : mais depuis le 21 juin jusqu'au 21 décembre le Soleil s'éloigne de plus en plus de ce pole élevé ; ainsi les jours doivent devenir plus courts pendant tout ce tems. Il paroît par ce qu'on vient de dire que le contraire arrive dans la sphère australe.

49. 4°. Dans la sphère boréale les jours sont plus longs que les nuits depuis le 20 de mars jusqu'au 22 de septembre, et depuis ce jour jusqu'au 20 de mars de l'année suivante les jours sont plus courts que les nuits. C'est que pendant le premier intervalle le Soleil parcourt la partie septentrionale de l'écliptique. Or, suivant le premier principe, les parallèles qui sont de ce côté de l'équateur, ont tous leur arc diurne plus grand que le nocturne : mais pendant le second intervalle le Soleil décrit la partie de l'écliptique qui est de l'autre côté de l'équateur, et pour lors l'arc diurne est moindre que l'arc nocturne. Le contraire arrive dans la sphère australe par les raisons opposées.

50. 5°. Dans la sphère oblique, soit boréale, soit australe, les jours également éloignés d'un même solstice, sont égaux. Par exemple, le premier de juin et le 11 de juillet sont égaux, à cause qu'ils sont également éloignés du solstice d'été, qui tombe au 21 juin ; parce que le Soleil décrit le même parallèle dans deux jours qui sont également éloignés d'un même solstice.

51. 6°. Dans la sphère oblique, soit boréale, soit australe, il y a deux nuits qui ont la même durée que les deux jours égaux dont on vient de parler, quels que soient ceux que l'on choisisse. Ces deux nuits arrivent lorsque le Soleil parcourt le parallèle opposé de l'autre côté de l'équateur. Car il est facile de voir que l'arc nocturne du premier de ces parallèles correspondans est égal à l'arc diurne du second.

52. Il suit de cette apparence que les nuits de l'automne et de l'hiver sont égales aux jours du printems et de l'été ; et que les nuits du printems et de l'été sont

égales aux jours de l'automne et de l'hiver : ainsi il y a dans la sphère oblique, soit boréale, soit australe, six mois de jours et six mois de nuits pendant l'année. Nous n'avons point d'égard, en parlant de toutes ces apparences, à l'effet causé par la réfraction des rayons du Soleil le matin et le soir, et nous comprenons la durée des crépuscules dans celle de la nuit.

53. 7°. Dans la sphère oblique boréale, depuis le solstice d'hiver jusqu'au solstice d'été, le Soleil se lève et se couche à des points de l'horizon qui s'approchent de plus en plus du nord, et les hauteurs méridiennes augmentent chaque jour. Depuis le solstice d'été jusqu'au solstice d'hiver les points du lever et du coucher du Soleil approchent de plus en plus du sud, et les hauteurs méridiennes diminuent chaque jour. Cela vient de ce que le Soleil parcourt pendant le premier intervalle la moitié du zodiaque qui est la partie ascendante, laquelle s'étend depuis le tropique du Capricorne jusqu'au tropique du Cancer : mais pendant le second intervalle, le Soleil décrit la partie descendante du zodiaque qui commence au tropique du *Cancer*, et qui se termine au tropique du Capricorne. Dans la sphère australe les points du lever et du coucher du Soleil s'approchent du sud depuis le solstice d'hiver jusqu'à l'autre solstice, et s'en éloignent ensuite le reste de l'année jusqu'au solstice d'hiver : il faut entendre les solstices d'hiver et d'été pour cette sphère australe ; ils sont le contraire des nôtres.

54. Remarque. Les tropiques n'étant éloignés l'un de l'autre que de 46 dègrés 56 minutes, le Soleil levant ou couchant ne parcourt du sud au nord qu'un arc de cette quantité dans la sphère droite, parce que l'horizon y étant perpendiculaire aux deux tropiques, l'arc de cercle en doit mesurer la distance. Mais il n'en est pas ainsi dans la sphère oblique dans laquelle les points du lever des deux solstices sont d'autant plus

éloignés, que l'obliquité de la sphère est plus grande. L'arc de l'horizon compris entre ces deux points est environ de 74^d pour la latitude de Paris.

55. 8°. Dans la sphère oblique ceux qui ont leur zenit hors des tropiques ou qui habitent hors de la zone torride, n'ont jamais le Soleil vertical, mais il l'ont toujours situé du même côté à midi : ceux qui sont dans la partie septentrionale, ont le Soleil situé à midi vers le sud ; d'où il arrive que leur ombre méridienne est dirigée vers le nord, c'est ce qu'éprouvent tous les peuples de l'Europe et presque tous ceux de l'Asie : pour ce qui est de ceux qui sont dans la partie méridionale de la terre, ils ont toujours le Soleil vers le nord à midi, et par conséquent leur ombre méridienne tend vers le sud. Cela vient de ce que le Soleil ne passe jamais au-delà des deux tropiques. Il est clair que tous ces peuples qui habitent hors de la zone torride n'ont qu'un été et un hiver.

56. 9°. Ceux qui ayant la sphère oblique habitent néanmoins entre les deux tropiques, éprouvent une partie de ce qui arrive à ceux qui ont la sphère droite. 1°. Le Soleil est deux fois l'année vertical à midi par rapport à eux, parce qu'il décrit deux fois par an le parallèle qui passe par leur zenit, aussi bien que chacun des autres parallèles. 2°. Ils ont deux étés et deux hivers : leurs étés arrivent quand le Soleil est proche de leur zenit à midi : et leurs hivers quand il en est le plus éloigné, soit vers le nord, soit vers le sud. Il faut pourtant remarquer qu'entre les peuples qui habitent la zone torride, ceux qui sont près d'un des tropiques, n'ont, à proprement parler, qu'un hiver : savoir quand le Soleil est vers le tropique le plus éloigné. 3°. Le Soleil à midi est tantôt vers le nord, tantôt vers le sud ; et par conséquent les ombres méridiennes vont quelquefois vers un pole, et quelquefois vers l'autre. Pour ce qui est des deux jours auxquels

auxquels le Soleil est vertical à midi, l'ombre disparoît dans ce moment.

57. 10°. Plus la hauteur du pole ou la latitude est grande dans la sphère boréale, plus les jours sont longs depuis le 20 de mars jusqu'au 22 de septembre ; plus au contraire ils sont courts depuis le 22 de septembre jusqu'au 20 de mars : en sorte néanmoins que les plus longs jours sont ceux qui sont les plus proches du solstice d'été, et les plus courts sont ceux qui approchent le plus du solstice d'hiver. La raison de cette apparence est que les arcs diurnes des parallèles qui sont entre l'équateur et le pole élevé sont d'autant plus grands, que le pole est plus élevé : et quand la hauteur du pole est telle que le tropique du Cancer est tout entier sur l'horizon, de sorte néanmoins qu'il le touche encore d'un côté, et que le tropique du Capricorne est tout entier au-dessous, alors le Soleil demeure sur l'horizon pendant tout le tems qu'il décrit le tropique élevé, savoir pendant la durée des 24 heures, et il reste autant de tems caché, lorsqu'il décrit le tropique du Capricorne. On voit bien ce qui doit arriver dans la sphère australe en pareilles circonstances.

58. Afin que le tropique le moins éloigné du pole élevé soit tout entier sur l'horizon, de façon cependant qu'il le touche encore, il faut que la hauteur du pole ou la latitude soit de $66^d\ 32''$, telle qu'elle est au cercle polaire. En effet, si l'on prend au-dessous du pole élevé un arc du méridien de $66^d\ 32'$, en comptant depuis ce pole, le point qui terminera cet arc, répondra à la partie inférieure du tropique ; car le tropique est distant du pole de cette quantité : ainsi, puisque l'horizon passe par ce point qui est le terme de la distance du pole élevé à l'horizon, il est nécessaire que le tropique soit tout entier sur l'horizon. Cela s'entendra facilement par la fig. 6. dans laquelle le cercle HPR*p* représente le méridien, P et *p* les deux poles, HR l'ho-

rizon, EF le tropique du Cancer, LI le tropique du Capricorne. Si l'on suppose que l'élévation PH est de 66ᵈ 32″, il est évident que le tropique EF, qui est éloigné du pole de la même quantité, sera tout entier sur l'horizon, et que l'autre tropique IL sera tout entier au-dessous, à cause que l'arc *p*R, égal à PH, est le même que *p*I, qui est la distance du pole inférieur à ce tropique.

59. 11°. Il paroît par ce qu'on vient de dire, que quand l'élévation du pole surpasse 66ᵈ 32′, il y a plusieurs cercles parallèles du Soleil qui sont en entier sur l'horizon, et qu'il y en a aussi plusieurs entiers au-dessous. Or de-là il suit que le jour le plus long, c'est-à-dire le tems pendant lequel on voit le Soleil sans interruption, contient 24 heures, deux fois autant qu'il y a de parallèles entiers sur l'horizon, et encore une fois de plus sans compter le tropique. Si, par exemple, il y a six parallèles sur l'horizon, outre le tropique, le plus long jour contiendra 13 fois 24 heures. La raison est que le Soleil parcourt deux fois chaque parallèle, une fois en allant vers le tropique, et l'autre fois en s'en retournant : mais pour le tropique il ne le décrit qu'une fois. Il faut dire la même chose de la plus longue nuit, qui est toujours égale au plus long jour.

60. 12°. Ceux qui ont la sphère oblique ont certaines étoiles qui sont toujours sur l'horizon, savoir celles dont la distance au pole élevé est moindre que la hauteur de ce pole. Il y a d'autres étoiles qui ne paroissent jamais sur leur horizon : ce sont celles qui sont moins éloignées du pole abaissé que ce pole ne l'est de l'horizon. Ainsi à la latitude de Paris les étoiles qui ne sont pas distantes du pole arctique au-delà de 48ᵈ 51′, sont toujours sur l'horizon, et celles qui sont moins éloignées du pole antarctique de 48ᵈ 51′, ne se lèvent jamais.

61. Après tout ce que nous avons dit, on entendra aisément les raisons des observations suivantes qui ap-

partiennent encore à la sphère oblique. 1°. Tous ceux qui sont dans la même sphère hors des tropiques, ont chacune des saisons de l'année dans le même tems, c'est-à-dire, lorsque le Soleil répond à la même partie de l'écliptique : ainsi, par exemple, quoique la France et la Chine soient très-éloignées l'une de l'autre, cependant ces deux pays ont l'été dans le même tems; j'en dis autant des trois autres saisons : 2°. Au contraire ceux qui ont différentes sphères obliques, l'une au midi, l'autre au nord, et qui habitent hors des tropiques, ont des saisons différentes en même-tems : les uns ont l'été, par exemple, tandis que les autres sont en hiver : ainsi les *antipodes*, c'est-à dire, ceux qui habitent des parties de la terre diamétralement opposées, ont des saisons contraires en même-tems, pourvu qu'ils ne soient pas sur l'équateur, ni près de ce cercle. 3°. Ceux qui sont sur le même parallèle ont tous non-seulement la même saison dans le même tems : mais de plus chaque jour est de même longueur pour eux tous, quoiqu'ils ne l'aient pas en même-tems : car si les uns sont sur une partie de ce cercle, et les autres sur une partie opposée du même cercle, les premiers auront le jour tandis que les autres auront la nuit.

62. Il faut remarquer que ceux qui sont sur des parties opposées du même parallèle, ne sont pas antipodes, parce que si on conçoit une ligne tirée des uns aux autres dans l'intérieur de la terre, elle ne passera pas par le centre du globe de la terre, et n'en sera pas par conséquent un diamètre : cependant s'il est question de l'équateur, ceux qui habitent les parties opposées de ce cercle sont antipodes.

63. Les personnes qui commencent à étudier la sphère ont peine à comprendre comment nos antipodes peuvent se tenir sur la surface de la terre : il leur semble que ces gens, qui répondent à nos pieds, devroient tomber en s'écartant de la terre : mais ils en jugeront autre-

ment, s'ils font réflexion que tomber c'est s'approcher du centre de la terre vers lequel les corps pesans sont attirés par l'effort de la pesanteur. Or si nos antipodes s'écartoient de la terre en allant vers le ciel, comme on pourroit d'abord l'imaginer, bien loin de s'approcher du centre de la terre, ils s'en éloigneroient; ainsi ils ne tomberoient pas, mais au contraire ils monteroient : ce qui est opposé à la loi des corps pesans : par conséquent ils ne doivent pas s'écarter de la terre, puisqu'ils sont poussés comme nous vers son centre, lequel est entre eux et nous

Les apparences de la Sphère parallèle.

64. Nous avons dit que la sphère est parallèle quand l'horizon est parallèle à l'équateur. Or pour avoir l'horizon situé de cette manière, il faut être sur un des poles de la terre, et par conséquent le zenit doit répondre à un des poles du ciel. D'où il suit que l'élévation ou la hauteur du pole y est de 90 degrés : on doit dire la même chose de la latitude. Il est vraisemblable qu'il n'y a point de peuple qui habite vers les poles, à cause du froid extrême qu'il doit y faire. Quoi qu'il en soit, voici les apparences qu'y produisent les mouvemens des astres, et sur-tout du Soleil.

65. 1°. Dans la sphère parallèle l'année n'est composée que d'un jour et d'une nuit qui sont l'un et l'autre de six mois. La raison en est que tous les parallèles placés entre l'équateur et le tropique supérieur, sont tout entiers sur l'horizon, puisque dans cette sphère, ce cercle se confond avec l'équateur. Par la même raison tous les parallèles compris entre l'équateur et le tropique inférieur sont cachés en entier sous l'horizon de cette sphère : ainsi la nuit doit durer pendant six mois sans interruption. Dans la sphère parallèle boréale, le jour commence au 20 de mars, et finit au 22 de septembre : et dans l'australe, il commence au 22 de septembre, et finit au 20 de mars.

66. REMARQUE. Quand on dit que la nuit dure six mois, on y comprend les crépuscules, qui commencent environ deux mois avant le lever du Soleil, et ne finissent que deux mois après son coucher: car le crépuscule doit commencer le matin quand il est encore 18^d au-dessous de l'horizon, et ne doit finir le soir que lorsqu'il est arrivé à 18^d au-dessous, c'est-à-dire, quand il y a 18^d de déclinaison, parce que dans cette sphère la hauteur ou l'abaissement du Soleil à l'égard de l'horizon, est la même chose que sa déclinaison, ou sa distance de l'équateur. Or quand le Soleil revient à l'équateur, et qu'il en est encore éloigné de 18^d, il faut presque deux mois pour qu'il y parvienne: et quand il répond à ce cercle, il emploie le même tems pour s'en écarter de 18^d.

67. Les deux mois restant, pendant lesquels il n'y a point de crépuscule, ne sont pas une nuit profonde et continuelle : car la Lune se montre deux fois pendant ce tems, et demeure sur l'horizon 15 jours à chaque fois; Il ne reste donc plus qu'un mois pendant lequel on ne voit que les étoiles et quelques planètes.

68. 2°. Le Soleil tourne parallèlement à l'horizon dans l'espace de 24 heures : c'est que l'horizon se confondant avec l'équateur dans cette sphère, les cercles parallèles à l'équateur, qui sont décrits par le Soleil en 24 heures, sont aussi parallèles à l'horizon.

69. 3°. Les ombres tournent tout autour des objets en 24 heures. Cela est nécessaire, puisque le Soleil décrit un cercle parallèle à l'horizon.

70. 4°. Enfin les étoiles ne se lèvent ni ne se couchent jamais dans cette sphère : celles qui sont sur l'horizon pendant un tems y demeurent toujours, et celles qui sont au-dessous y restent aussi toujours. La raison de cette apparence vient de ce que les étoiles n'ont qu'un mouvement qui soit bien sensible, au moins pendant assez long-tems : savoir le mouvement d'orient en occident, qui se fait sur des cercles parallèles à l'équateur,

et par conséquent à l'horizon de cette sphère. Néanmoins après un assez grand nombre d'années, comme de cent ans, quelques étoiles peuvent se lever et d'autres se coucher à cause d'un mouvement très-lent vers l'orient, par lequel elles font un degré environ en 72 ans sur des cercles parallèles à l'écliptique.

71. Il paroît par tout ce que nous avons dit sur les apparences des trois dispositions générales de la sphère, que la durée de toutes les nuits d'une année prises ensemble est égale à celle de tous les jours. Il n'y a point de difficulté à l'égard de la sphère parallèle dont nous venons de parler. Cela est encore évident par rapport à la sphère droite, puisque chaque jour et chaque nuit sont de 12 heures. Enfin, dans la sphère oblique nous avons vu (art. 52.) que l'égalité dont nous parlons s'y trouve aussi.

72. Après ce que nous avons dit, on entendra facilement quelques problêmes pour résoudre par le moyen d'un globe terrestre plusieurs questions que l'on peut faire touchant le lever et le coucher du Soleil, et l'heure qu'il est en même tems dans différens lieux. La solution de ces problêmes dépend d'un petit cercle qu'on appelle quelquefois *horaire*, ou d'une rosette qui est attachée au méridien, et qui a pour centre le pole septentrional, qui est le pole élevé par rapport à nous. Il y a 12 heures marquées sur la demi-circonférence orientale de ce petit cercle, et autant sur l'occidentale : les 12 heures de la demi-circonférence orientale commencent à la partie inférieure et finissent à la supérieure. Mais elles sont placées d'une manière opposée sur la demi-circonférence occidentale. Le bout de l'axe de la sphère qui est au centre du cercle horaire, porte une aiguille qui tourne et montre différentes heures lorsqu'on fait tourner la sphère.

73. Il y a encore une autre chose à observer dans la sphère et dans le globe terrestre pour les problêmes dont il s'agit : ce sont les différens cercles qui sont peints sur

la largeur de l'horizon : ils se réduisent à trois, le premier, ou le plus extérieur, contient les noms des vents, le second les noms des mois, le troisième enfin, les noms des signes et les degrés du zodiaque. Or les noms des mois avec leurs jours sont tellement disposés qu'ils répondent aux degrés et aux noms des signes que le Soleil décrit pendant ces mois : par exemple, le 20 du mois de mars répond au commencement d'*aries*, parce que le Soleil entre ce jour-là dans ce signe.

74. Il est bon d'avertir qu'il ne faut pas s'attendre à une grande précision quand on en viendra à la pratique des méthodes suivantes, il faudroit pour cela que le globe fût fort grand, et qu'il fût construit avec toute l'exactitude possible : aussi ne proposons-nous ces méthodes que comme une espèce d'amusement ou d'exercice propre à familiariser nos lecteurs avec les mouvemens célestes. Nous donnerons dans le troisième livre la manière de résoudre les mêmes problêmes avec une exactitude entière par le moyen du calcul.

Nous ne dirons pas ici comment on trouve la latitude et la longitude des villes marquées sur le globe, parce qu'il n'y a aucune difficulté après ce que nous avons exposé sur l'une et sur l'autre. Nous répéterons seulement en peu de mots au commencement du problême suivant ce qui a été expliqué ailleurs (art. 23.) touchant la manière de monter un globe ou une sphère horizontalement.

75. *Trouver à quelle heure le Soleil se lève ou se couche à un jour proposé dans un lieu dont on connoît la latitude.*

Supposons que le jour proposé est le premier juillet, et que le lieu est la ville de Paris, dont la latitude est d'environ 49 degrés. Il faut monter la sphère horizontalement pour Paris, en élevant le pole septentrional au-dessus de l'horizon presque de 49 degrés. (On élève le pole septentrional, parce que c'est celui qui est plus proche du zenit de Paris.) Après cette préparation on cherchera 1°. sur l'horizon quel est le degré du signe auquel répond le Soleil le premier juillet, et on trouvera que c'est le dixième degré du *Cancer*. 2°. On cherchera le dixième degré du Cancer sur le zodiaque, et on tournera la sphère de manière que ce degré réponde au méridien. 3°. La sphère étant dans cette situation, on mettra l'aiguille des heures sur midi, parce qu'on suppose que la sphère étant ainsi disposée, il est midi à Paris, et on fera tourner la sphère vers l'orient jusqu'à ce que le dixième degré du Cancer marqué sur l'écliptique, réponde à l'horizon oriental : la sphère étant dans cette situation, l'aiguille horaire marquera l'heure du lever du Soleil à Paris le premier de juillet : on trouvera que c'est environ à 4 heures du matin. Or le moment de midi étant également éloigné du lever et du coucher, au moins sensiblement, on conclura que le Soleil se couche ce jour-là à huit heures du soir, et que par conséquent la durée de ce jour est de 16 heures.

76. On peut par cette méthode trouver dans quel climat est située une ville dont on connoît la latitude : car il ne faut pour cela que chercher la durée du plus long jour de l'année, qui est celui auquel le Soleil répond au premier degré du Cancer, et compter autant de climats qu'il y a de demi-heures dans ce plus long jour au-dessus de 12 heures. Ainsi le plus long jour à Paris étant d'environ 16 heures, cette ville est à la fin du huitième climat.

77. *Quand il est midi à une ville, par exemple à Paris, trouver l'heure qu'il est à une autre ville.*

Il faut tourner le globe jusqu'à ce que Paris soit sous le méridien, et mettre pour lors l'aiguille des heures sur midi ; ensuite faire tourner le globe jusqu'à ce que l'autre ville, que je suppose être Constantinople, soit sous le méridien, et regarder sur quelle heure est l'aiguille ; c'est l'heure qu'il est à Constantinople lorsqu'il est

est midi à Paris, on trouvera qu'il est environ une heure trois quarts après midi. De même, si on veut savoir quelle heure il est à Paris quand il est midi à Constantinople, on placera cette dernière ville sous le méridien, et on mettra alors l'aiguille sur midi; puis on tournera le globe jusqu'à ce que Paris réponde au méridien, et l'on trouvera qu'il est $10^h \frac{1}{4}$ à Paris, quand il est midi à Constantinople.

78. *Trouver quelle heure il est dans tous les endroits de la terre quand il est une certaine heure à un lieu, par exemple, à Paris.*

Je suppose qu'il soit 9 heures du matin à Paris. Il s'agit de trouver quelle heure il est en même-tems dans tous les autres lieux marqués sur le globe terrestre. Je tourne le globe jusqu'à ce que Paris soit sous le méridien, et je mets ensuite l'aiguille du cercle horaire sur 9 heures du matin: après cela je fais tourner le globe, et je regarde quelle heure marque l'aiguille lorsqu'une ville est sous le méridien: c'est l'heure qu'il est à cette ville, quand il est 9 heures du matin à Paris: ainsi, parce que Rome se trouvant sous le méridien, l'aiguille marque presque $9^h \frac{1}{4}$ du matin, on en conclura qu'il est presque $9^h \frac{1}{4}$ à Rome quand il est 9 heures du matin à Paris: on trouvera pareillement que dans le même tems il est un peu plus de $10^h \frac{1}{4}$ du matin à Alexandrie, presque $11^h \frac{1}{4}$ à Jérusalem, plus de $11^h \frac{1}{2}$ à Moscow, plus de midi un quart à Ispaham en Perse. Toutes ces villes sont à l'orient de Paris: c'est pourquoi le jour y est plus avancé. Voici d'autres villes qui sont à l'occident, dans lesquelles, par conséquent, on trouvera le jour moins avancé qu'à Paris: on verra, par exemple, qu'il est presque $8^h \frac{1}{2}$ du matin à Cadix; qu'il n'est pas encore $4^h \frac{1}{4}$ du matin à Kebec en Canada; qu'il est un peu plus de $3^h \frac{1}{2}$ du matin à Portobello; environ 2^h du matin à Mexico, capitale du Mexique. On ne regarde pas ici le méridien du globe comme étant celui de Paris, mais comme un méridien en général.

79. Si l'on n'avoit point de globe terrestre, il faudroit savoir la différence des longitudes, et réduire en heures et en minutes les degrés que cette différence contiendroit, en comptant une heure pour 15 degrés ou 4 min. d'heure pour un degré, parce que le Soleil parcourt 15 degrés par heure en allant d'orient en occident. Ainsi, parce que la différence des longitudes entre Paris et Goa dans les Indes est de 71^{d} 25′ vers l'orient, le Soleil est plus avancé à Goa qu'à Paris de 4 heures, 45^{m} 40 secondes, c'est-à-dire, qu'il est déjà 4^{h} 45 min. 40 sec. du soir à Goa, quand il est midi à Paris. On trouvera, à la fin du quatrième livre, une table de la différence des longitudes ou des méridiens pour les principaux lieux de la terre. Il y en a une plus étendue dans la *Connoissance des Tems*, qui se publie chaque année.

Il y a encore quelques autres problêmes semblables que nous omettons ici, parce qu'il seroit inutile de nous y arrêter. Quiconque entend bien ce que nous avons dit sur la sphère, n'a pas besoin qu'on lui explique ces méthodes, qui sont plus curieuses qu'utiles. Nous allons proposer et expliquer les principaux phénomènes de la Lune.

Du mouvement et des apparences de la Lune.

On remarque trois principaux phénomènes par rapport à la Lune, ses différentes situations eu égard au Soleil, ses diverses formes qu'on appelle *phases*, et enfin les éclipses soit de Soleil soit de Lune.

80. Les différentes situations de la Lune par rapport au Soleil, consistent en ce qu'elle est tantôt à l'orient, tantôt à l'occident du Soleil : quelquefois elle répond au même point de l'écliptique que le Soleil, qui est beaucoup plus distant de la terre que cette planète : quelquefois elle est éloignée du Soleil de 180 degrés. Quand elle est à-peu-près entre le Soleil et la terre, ou plutôt quand elle répond au même demi-cercle de latitude que le Soleil, on dit qu'elle est en conjonction par rapport à cet astre : mais

lorsqu'elle en est éloignée de 180 degrés en longitude, on dit qu'elle est en opposition avec le Soleil, à cause que ces deux astres répondent pour lors à des points du ciel opposés l'un à l'autre, ou du moins à des parties opposées du même cercle de latitude. Nous avons dit (Livre I. art. 48) que les cercles de latitude sont de grands cercles perpendiculaires à l'ecliptique. Lorsque la Lune répond au même demi-cercle de latitude que le Soleil, elle a la même longitude, et on dit qu'elle répond pour lors au même degré de l'écliptique que cet astre, quoiqu'elle ne soit pas dans ce cercle.

81. Les phases de la Lune sont les différentes formes qu'elle prend. On l'appelle nouvelle quand elle ne paroît pas éclairée. On dit qu'elle est pleine, lorsqu'elle se montre comme un cercle lumineux : elle est dans ses quartiers, quand elle paroît en demi-cercle. Enfin, elle paroît quelquefois en croissant, et quelquefois elle a une figure plus ou moins approchante du cercle.

82. Pour expliquer ces apparences, il faut savoir que la révolution de la Lune, qui vient de son mouvement propre d'occident en orient, se fait en beaucoup moins de tems que celle du Soleil : car au lieu que le Soleil emploie plus de 365 jours pour faire son tour, la Lune, au contraire, achève le sien en 27 jours et 8 heures. Examinons ce que produit cette différence. Supposons que la Lune soit entre la terre et le Soleil, elle paroîtra bientôt à l'orient de cet astre, parce qu'elle se meut plus vîte : et après 27 jours et 8 heures, elle arrivera au même demi-cercle de latitude auquel elle répondoit quand elle étoit entre le Soleil et la terre. Mais elle n'aura pas pour cela atteint le Soleil, qui, pendant le tems de la révolution de la Lune, a parcouru environ 27 degrés vers l'orient : il faudra encore au moins 2 jours, afin que la Lune atteigne le Soleil : c'est pourquoi il y a environ 29 jours et demi d'une conjonction à l'autre. De-là vient la distinction entre le mois *périodique* et le mois *synodique* de la Lune.

83. Le mois périodique de la Lune est le tems qu'elle met à faire sa révolution autour du zodiaque d'occident en orient. Le mois synodique est le tems que la Lune emploie pour réjoindre le Soleil après l'avoir quitté, ou, ce qui revient au même, c'est le tems qu'il y a depuis une nouvelle Lune jusqu'à la suivante. (Nous ferons bientôt voir que la nouvelle Lune arrive quand cette planète répond au même point de l'écliptique que le Soleil.) Le premier de ces deux mois est de 27 jours, 7 heures, 43 m.; le second est de 29 jours, 12 heures 44 m. Dans l'usage ordinaire et civil, on compte les Lunes ou les mois synodiques alternativement de 29 et de 30 jours, puisqu'on ne peut finir une Lune et commencer la suivante à la moitié d'un jour.

84. La Lune avançant plus vîte que le Soleil vers l'orient par son mouvement propre, il est clair qu'elle est à l'orient du Soleil depuis le tems qu'elle répondoit au même demi-cercle de latitude que le Soleil, jusqu'à ce qu'elle en soit éloignée de 180 degrés. Mais quand elle s'est éloignée du Soleil de 180^{d}, ou de la demi-circonférence, il faut qu'elle parcoure l'autre moitié de son orbite, ce qu'elle ne peut faire sans se rapprocher du Soleil; elle tend donc pour lors au Soleil, qui, par conséquent, est à l'orient de la Lune, parce qu'elle tend toujours vers l'orient par son mouvement propre. Ainsi la Lune est dans ce tems-là à l'occident du Soleil. C'est de ces différentes situations de la Lune par rapport au Soleil, que dépendent ces diverses formes ou phases, et les éclipses de ces deux astres.

85. Pour entendre la raison des phases de la Lune, il faut remarquer, que cette planète est un globe qui n'a point de lumière par lui-même; c'est un corps opaque comme le globe terrestre, qui n'a de lumière qu'autant qu'il est éclairé par le Soleil : si donc la Lune paroît lumineuse, ce n'est que parce qu'elle réfléchit la lumière qu'elle reçoit du Soleil : or, il ne peut y avoir qu'une moitié de la Lune qui soit éclairée, savoir, celle qui est tournée du côté du Soleil; pour l'autre moitié elle est dans l'obscu-

rité. (Nous négligeons ici une petite différence entre deux parties, dont la première est un peu plus grande que la seconde, parce que le Soleil est plus grand que la Lune.) Si donc la moitié qui n'est pas éclairée par le Soleil est tournée vers la terre, la Lune sera nouvelle, c'est-à-dire, qu'elle ne paroîtra pas. Si la moitié ou l'hémisphère éclairé de la Lune est tourné directement vers la terre, la Lune paroîtra pleine, c'est-à-dire, qu'on la verra comme un cercle lumineux : enfin, si l'hémisphère de la Lune, tourné vers la terre, renferme une partie de la moitié éclairée et une partie de l'autre moitié, nous verrons une partie de la Lune d'autant plus grande ou plus petite, que l'hémisphère présenté à la terre contiendra une partie plus ou moins grande de la moitié éclairée. Cela posé, voici comment on explique les phases de la Lune.

86. 1°. Si la Lune répond au même point de l'écliptique que le Soleil, elle sera nouvelle, c'est-à-dire, qu'elle ne paroîtra pas, parce qu'étant pour lors placée entre le Soleil et la terre, ou du moins à-peu-près, l'hémisphère éclairé, qui est nécessairement du côté du Soleil, n'est pas tourné vers la terre. 2°. Un jour ou deux après la conjonction, la Lune paroît en forme de croissant, qui s'élargit d'autant plus que la Lune s'éloigne du Soleil d'un plus grand nombre de degrés. La Lune, en s'éloignant du Soleil, nous montre une partie de l'hémisphère éclairé, qui devient d'autant plus grande, que sa distance, ou plutôt son *élongation* du Soleil, augmente : de-là vient le croissant et son augmentation. 3°. Quand la Lune s'est éloignée du Soleil de 90 degrés, elle paroît en demi-cercle : c'est qu'elle nous présente alors la moitié de l'hémisphère éclairé : cette phase de la Lune est appelée premier quartier. (La Lune paroît en demi-cercle un peu avant qu'elle soit éloignée du Soleil de 90 degrés ; ainsi elle paroît sous cette forme avant le premier quartier : mais la différence n'est ici d'aucune conséquence.) 4°. A mesure que son élongation du Soleil augmente, la lumière s'étend de plus en

plus, et la partie éclairée que nous voyons, approche davantage de la figure d'un cercle. Cela vient de ce que l'hémisphère éclairé se présente de plus en plus à la terre. 5°. Quand la Lune est en opposition avec le Soleil, ou qu'elle en est éloignée de 180^d, elle paroît pleine ou comme un cercle entier : c'est qu'alors l'hémisphère éclairé par le Soleil est tourné tout entier vers la terre. Après l'opposition les mêmes phases reparoissent, mais dans un ordre renversé. Cela arrive par les mêmes raisons que nous venons de rapporter.

87. Afin qu'on entende mieux ce que nous avons dit sur les phases de la Lune, il ne sera pas inutile de se servir d'une figure. Soit donc la figure 19, dont la terre T occupe le centre, le Soleil S soit à la circonférence d'un grand cercle, et que les petits cercles A, B, C, D, E, F, G, H représentent la Lune dans ses différentes situations par rapport au Soleil, ou plutôt l'hémisphère de cette planète tourné vers la terre. Il est visible que la Lune étant en A sera nouvelle, parce que l'hémisphère présenté à la terre ne sera pas éclairé; qu'étant en B, elle sera dans son croissant; que placée en C, elle sera dans son premier quartier; qu'arrivée en D, elle présentera à la terre la plus grande partie de sa moitié éclairée; que se trouvant en E, elle montrera cette moitié entière à la terre; et qu'ensuite elle repassera par les mêmes états dans lesquels elle s'étoit trouvée dans la première demi-circonférence, avec cette différence que ces états ou ces phases reparoîtront dans un ordre renversé.

88. La Lune, selon ses diverses phases, commence à paroître sur l'horizon en différens points du ciel et en différens tems. Un peu après la nouvelle Lune, elle commence à paroître au-dessus de l'horizon occidental, peu après le coucher du Soleil. Ensuite, le croissant de la Lune augmentant, elle devient de jour en jour plus éloignée de l'horizon au moment que le Soleil se couche, jusqu'à ce que dans le 1er quartier elle réponde au méridien dans le

tems que le Solèil disparoît : ainsi la Lune ne se couche alors que vers le milieu de la nuit. Mais les jours suivans, la Lune se trouve au-delà du méridien vers l'orient, au moment du Soleil couchant ; elle devient même chaque jour de plus en plus proche de l'horizon oriental, à l'instant du coucher du Soleil, jusqu'à ce qu'enfin elle réponde à l'horizon oriental dans le tems que le Soleil se couche, ce qui arrive le jour de la pleine Lune. On voit donc que depuis la nouvelle Lune jusqu'à la pleine Lune, cette planète nous éclaire de plus en plus après le coucher du Soleil, de manière cependant qu'elle ne reste jamais sur l'horizon jusqu'au lever du Soleil, si ce n'est le jour de la pleine Lune ou de l'opposition, jour auquel elle brille sur l'horizon pendant toute la nuit. Mais après la pleine Lune elle ne monte sur l'horizon qu'après le coucher du Soleil, et elle éclaire jusqu'à ce qu'il se lève : pour lors, c'est-à-dire, quand le Soleil est levé, la grande lumière de cet astre empêche celle de la Lune de paroître, quoiqu'elle soit sur l'horizon. Dans la suite, elle se lève d'autant plus tard après le coucher du Soleil, ou d'autant moins de tems avant le lever de cet astre, qu'elle s'éloigne plus de l'opposition, jusqu'à ce que le jour même du dernier quartier elle se lève vers le milieu de la nuit : et depuis le dernier quartier, elle tarde tous les jours de plus en plus à se lever. Enfin, le jour de la nouvelle Lune, elle se lève en même-tems que le Soleil ; mais alors elle ne paroît pas.

89. Pour entendre la raison de ces diversités, il faut faire attention que cette planète, quand elle est à l'orient du Soleil, ne peut se lever et se coucher qu'après le Soleil, puisque le mouvement diurne du ciel se faisant d'orient en occident, ceux de ses points qui sont plus à l'orient que d'autres ne peuvent monter sur l'horizon ou descendre au-dessous qu'après ceux-ci. Au contraire, quand la Lune est à l'occident du Soleil, elle doit se lever et se coucher avant lui. Cela posé, il est évident que la Lune ne doit se coucher qu'après le Soleil, de-

puis la conjonction jusqu'à l'opposition, parce qu'elle est alors à l'orient du Soleil : mais depuis l'opposition jusqu'à la conjonction, elle doit se lever avant le Soleil à cause que pendant tout ce tems elle est à l'occident de cet astre. Les autres circonstances de ses apparitions exposées ci-dessus, s'entendront aisément.

90. Il faut remarquer que quand la Lune est dans son croissant, ses cornes sont tournées vers l'orient, et que quand elle est dans son déclin elles sont dirigées vers l'occident : les cornes de la Lune sont toujours tournées du côté opposé au Soleil. Quand elle est dans son croissant elle est à l'orient du Soleil ; et d'ailleurs elle paroît le soir : c'est le contraire lorsqu'elle est dans son déclin.

91. Après ce que nous avons dit des phases de la Lune, on voit aisément d'où viennent les éclipses de Soleil et de Lune : car si la Lune dans les conjonctions passe précisément entre le Soleil et la terre, elle cachera le Soleil ; c'est l'éclipse de Soleil : et si dans les oppositions elle se trouve dans la même ligne droite que le Soleil et la terre, en sorte que la terre soit précisément entre le Soleil et la Lune, la terre interceptera les rayons du Soleil, et les empêchera de parvenir jusqu'à la Lune, qui sera par conséquent privée de lumière, c'est l'éclipse de Lune. La Lune étant réellement privée de lumière dans ses éclipses, tous ceux qui voient la Lune dans le tems de l'éclipse, s'apperçoivent qu'elle est éclipsée : il n'en est pas de même du Soleil ; car il est aussi lumineux qu'à l'ordinaire pendant le tems qu'il nous paroît éclipsé : c'est pourquoi les peuples qui sont situés de manière que la Lune ne soit pas entre eux et le Soleil, ne s'apperçoivent pas de l'éclipse, quoique d'autres la voient en même-tems.

92. Il semble d'abord qu'il devroit y avoir une éclipse de Soleil à chaque nouvelle Lune, et une éclipse de Lune chaque fois qu'elle est pleine : mais on verra qu'il n'en

n'en doit pas être ainsi, si l'on fait réflexion que la Lune ne se meut pas dans le plan du même cercle que le Soleil : en effet, cet astre répond toujours à l'écliptique aussi bien que le globe de la terre, au lieu que la Lune se meut dans un cercle qui fait un angle d'environ cinq degrés avec l'écliptique. Il arrive de-là que si dans le tems de la nouvelle ou pleine Lune elle se trouve dans ses nœuds, c'est-à-dire, dans les points d'intersection de l'orbite de la Lune avec l'écliptique, ou près de ces points ; il y a éclipse, parce que la Lune est alors dans le plan de l'écliptique avec le Soleil et la terre ; mais si dans ce tems la Lune est assez éloignée de ses nœuds, elle ne répond pas au même plan que le Soleil et la terre, elle est un peu au nord ou au midi, et par conséquent il ne peut y avoir d'éclipse.

93. La présence soit de la Lune soit de la terre devant le Soleil produit une ombre qui a la figure d'un cone. En général, si le corps lumineux est plus grand que le corps opaque présenté à la lumière, l'ombre a la figure d'un cone dont le sommet est au-de-là du corps opaque ; (nous supposons que les deux corps sont des globes). Si ces deux corps sont égaux, l'ombre a la figure d'un cilindre qui s'étend à l'infini au-delà du corps opaque. Enfin, si le corps lumineux est moindre que le corps opaque, l'ombre va en augmentant et s'étend à l'infini. Or le Soleil est plus grand que la Lune et même que la terre prise avec son atmosphère, c'est pourquoi l'ombre de ces deux corps doit se terminer en pointe, et avoir la figure d'un cone : c'est ce que nous allons voir par les fig. 20 et 21 dont les trois cercles S, L, T représentent le Soleil, la Lune et la terre. Dans la fig. 20 les lignes EBA et FCA qui sont tirées des bords du Soleil et qui rasent la Lune, terminent l'ombre lunaire représentée par BAC, laquelle tombe sur la terre T. Pareillement dans la fig. 21. l'ombre de la terre ou de son atmosphère est GAH qui tombe sur la Lune L.

Les lignes LA et TA sont les axes des cones d'ombres.

94. L'ombre de la Lune rencontrant la terre y cause une éclipse totale dans les endroits sur lesquels tombe cette ombre. Les lieux qui sont aux environs de l'ombre, jusqu'à une certaine distance, n'ont que l'éclipse partiale qui est d'autant plus grande qu'ils sont plus près de l'ombre. Cette ombre avance avec une vîtesse prodigieuse vers l'orient : nous ferons voir qu'elle parcourt 12 à 15 lieues dans une minute sur la surface de la terre ; en sorte qu'elle va deux ou trois fois plus vîte qu'un boulet de canon qui ne fait que cinq lieues pendant une minute. Si l'axe de l'ombre de la Lune passe dans le centre de la terre, la partie de la surface de la terre couverte par l'ombre sera circulaire, et le diamètre de ce cercle ne pourra être que d'environ 60 lieues. Mais la section de l'ombre lunaire par le globe terrestre ne demeure pas circulaire, elle devient ovale à cause que l'axe de l'ombre ne peut-être dirigé qu'un moment sur le centre de la terre.

95. L'espace qui environne l'ombre de la Lune et qui est privé des rayons d'une partie du Soleil, tandis qu'il en reçoit de l'autre partie de cet astre, est appelé *penombre* : tous ceux qui voient l'éclipse partielle sont dans la penombre. Cette penombre va en s'élargissant : ainsi plus la Lune est éloignée de la terre, plus grande est la partie de la surface de la terre sur laquelle tombe la penombre. Au contraire, l'ombre se rétrécit à mesure qu'elle s'éloigne de la Lune : c'est pourquoi plus la Lune est éloignée de la terre, plus l'endroit de la terre sur lequel tombe l'ombre est petit. Il peut même arriver que cette ombre ne parvienne pas jusqu'à la terre, à cause de la trop grande distance de la Lune, auquel cas l'éclipse du Soleil est appelée *annulaire*, parce qu'on voit alors les bords du Soleil qui paroissent former un anneau autour de la Lune qui cache le milieu du Soleil. Il faut pour cela que le disque ou le cercle de la Lune paroisse

moindre que celui du Soleil, et cela est plus ordinaire que l'éclipse totale.

96. L'ombre de la terre portée sur la Lune y cause aussi une éclipse : cette ombre est beaucoup plus grande que celle de la Lune, puisque le diamètre d'une section de l'ombre de la terre prise à la distance de cette planète, est trois fois plus grand que celui de la Lune. Aussi la Lune peut être éclipsée totalement pendant deux heures ; au lieu que l'éclipse du Soleil ne demeure guères totale au-delà de 5^m. Le moment auquel le bord occidental de la Lune commence à entrer dans l'ombre, qui est l'instant où l'éclipse devient totale, s'appelle *immersion* ; et celui où elle commence à n'être plus totale se nomme *émersion* : c'est quand le bord oriental de la Lune sort de l'ombre.

Nous venons de dire que l'éclipse de Lune peut être totale pendant deux heures, et que celle du Soleil ne peut l'être que pendant cinq minutes : nous avons dit aussi que l'ombre de la Lune fait environ 12 lieues pendant une minute. On ne sera peut-être pas fâché de trouver ici la preuve de ce que nous avons avancé.

97. La Lune par son mouvement propre parcourt environ 13 degrés par jour vers l'orient : d'ailleurs le Soleil fait dans le même tems à peu-près un degré. Ainsi la Lune fait environ 12 degrés en 24 heures par rapport au Soleil : c'est un demi-degré ou 30 minutes par heure : et par conséquent une demi-minute de degré pendant une minute d'heure. Or une demi-minute de l'orbite de la lune contient 12 lieues : car la distance du centre de la terre à la Lune, ou le rayon de l'orbite de la Lune, est environ 60 fois plus grand que le rayon de la terre ou de son équateur : donc un degré de l'orbite de la Lune vaut 60^d de l'équateur de la terre ; et par conséquent une minute de l'orbite de la Lune est égale à un degré de cet équateur. Or le degré de l'équateur terrestre est de 25 lieues : par conséquent, une demi-

minute contient environ 12 lieues. Ainsi la Lune fait 12 lieues en une minute de tems. L'ombre de la Lune doit donc parcourir le même espace sur la surface de la terre ; et plus encore quand la Lune est plus voisine de la terre.

98. On détermine par le même principe le tems pendant lequel l'éclipse de Lune peut être totale. La Lune avançant d'occident en orient par son mouvement propre, l'éclipse commence à être totale au moment que le bord occidental de la Lune entre dans l'ombre ; et elle cesse de l'être quand le bord oriental, qui est le premier, sort de l'ombre. Or l'intervalle de tems qui est entre ces deux momens peut être de deux heures : car le diamètre de la section de l'ombre à la distance où est la Lune est égal à trois diamètres de cette planète ; ainsi, quand la Lune commence à être plongée toute entière dans l'ombre, elle a encore un espace égal à deux de ses diamètres à parcourir avant que son bord oriental sorte de l'ombre (On suppose ici que le centre de la Lune suive le diamètre de la section). Or le diamètre de la Lune est au moins de 30 minutes : donc un espace égal à deux diamètres de la Lune vaut un degré. D'ailleurs, la Lune emploie près de deux heures à parcourir un degré, puisqu'elle fait 12 degrés en 24 heures. Par conséquent, l'éclipse de Lune peut demeurer totale pendant deux heures, ou environ.

99. Mais l'éclipse du Soleil ne peut être totale que pendant 5 minutes. Il faut pour cela que le Soleil soit dans son *apogée*, c'est-à-dire, dans son plus grand éloignement de la terre ; et que la Lune soit dans son *perigée* ou sa plus grande proximité de la terre. Dans ces circonstances la Lune paroît plus grande que le Soleil, en sorte que son diamètre apparent surpasse celui du Soleil de deux minutes. Cela posé, l'éclipse solaire commence à être totale, quand le bord oriental ou antérieur de la Lune répond au bord oriental du Soleil :

et elle cesse d'être totale lorsque le bord occidental de la Lune quitte le bord occidental du Soleil. Or, il peut y avoir 4 minutes de tems entre ces deux instans : car supposons que le bord oriental de la Lune réponde au bord oriental du Soleil, le bord occidental de la Lune sera encore éloigné de celui du Soleil de 2 minutes, puisque le diamètre apparent de la Lune surpasse celui du Soleil de cette quantité : il faudra donc que la Lune parcoure 2 minutes, afin que le bord occidental du Soleil paroisse. Or la Lune emploie 4 minutes de tems à parcourir 2 minutes de degrés, parce qu'en une heure ou 60 minutes de tems, elle parcourt 30 minutes de degrés. Cette durée peut même aller à 8 minutes dans certains cas très-rares; et la durée d'une éclipse annulaire a plus de 12 minutes.

100. Les astronomes, pour déterminer la grandeur des éclipses, divisent le diamètre, soit du Soleil, soit de la Lune, en 12 parties égales, qu'ils appellent *doigts*, chaque doigt en 60 minutes. Ainsi, quand ils disent qu'une éclipse a été de quatre doigts, cela veut dire que le tiers du diamètre de la planète a été éclipsé, parce que 4 est le tiers de 12. S'ils disent qu'une éclipse de Lune sera, par exemple, de 21 doigts, cela signifie que quand le diamètre de la Lune auroit 21 parties au lieu de 12, l'éclipse seroit encore totale : dans ce cas, il faut que la trace que suit le centre de la Lune dans l'ombre de la terre, surpasse le diamètre de la Lune de neuf doigts.

Nous finirons ce second Livre en disant encore quelque chose sur les étoiles fixes, et sur l'usage qu'on en peut faire pour régler les pendules et les montres.

101. Nous avons déjà dit que les étoiles fixes paroissent se mouvoir d'occident en orient, selon des cercles parallèles à l'écliptique (Liv. I. art. 32.), et que ce mouvement, qui est très-lent, puisqu'elles ne peuvent achever leur révolution qu'en 25800, est cause de la précession des equinoxes (Liv. I. art. 33.). Il ne nous reste qu'une

chose à ajouter, c'est qu'elles achèvent plus vîte leur révolution d'orient en occident que le Soleil, en sorte que si une étoile passe dans un jour par le méridien ; en même-tems que le centre du Soleil, le jour suivant elle passera par ce méridien 4 minutes plus tôt que le Soleil, ou plus exactement, 3 minutes 56 secondes. C'est ce qu'on appelle l'*accélération* des étoiles fixes. Cela vient du mouvement apparent du Soleil vers l'orient qui est à-peu-près d'un degré par jour : car le Soleil étant devenu plus oriental que l'étoile à laquelle il répondoit le jour précédent, il ne peut passer par le méridien qu'après l'étoile. Or cette différence de tems est d'environ 4 minutes ; parce que le Soleil faisant son tour entier ou 360 degrés en 24 heures, ou 1440 minutes, il doit parcourir un degré en 4 minutes qui sont la 360me partie de 1440 minutes.

102. Voici comment on peut faire usage de cette accélération des étoiles fixes, pour voir si une pendule est bien réglée. Je suppose qu'il y a vers le midi quelque objet élevé, comme un clocher, une cheminée, le faîte d'un toît, que l'on puisse voir par une fenêtre : il faut attacher au côté de la fenêtre, une planche mince ou plutôt une espèce de plaque ou de règle de fer, de cuivre ou de quelqu'autre matière, qui soit percée d'un ou de plusieurs trous d'environ trois lignes de diamètre par lesquels on puisse voir une étoile fixe quand elle est prête à se cacher derrière un objet élevé. On regardera l'heure qu'il est à la pendule, au moment qu'elle se cache derrière l'objet, et on écrira cette heure que la pendule marque. Le jour d'après, on fera la même observation sur la même étoile ; et si, au moment que l'étoile disparoît, la pendule marque 3 minutes 56 secondes moins que le jour précédent, la pendule va bien, c'est-à dire, qu'elle est réglée sur le mouvement du Soleil : s'il y a deux jours d'intervalle entre la première et la seconde observation ; la pendule doit marquer 7^m. 52″. moins à la seconde observation qu'à

la première ; s'il y a trois jours d'intervalle, la différence doit être de 11^m 48 secondes ; s'il y a quatre jours, elle sera de 15 minutes 24 secondes ; s'il y a cinq jours, elle sera de 19 minutes 40 secondes ; s'il y a six jours, elle sera de 23 minutes 36 secondes ; s'il y a sept jours, elle sera de 27 minutes 31 secondes : ainsi de suite en prenant 3 minutes 56 secondes moins un dixième, pour chaque jour d'intervalle entre les deux observations. S'il s'agissoit d'une montre au lieu d'une pendule à secondes, ce ne seroit pas la peine d'avoir égard aux 4 secondes qui manquent pour faire les 4 minutes : on pourroit compter 4 minutes pour chaque jour d'intervalle.

Quoique la pendule fût bien réglée elle pourroit néanmoins précéder le Soleil ou en être elle-même précédée, comme nous le dirons dans le quatrième Livre, après le premier Probléme, où nous donnerons une autre méthode de régler les pendules et les montres.

103. Il faut bien remarquer l'étoile que l'on a observée la première fois, afin de se servir de la même pour la seconde observation. De plus, il faut prendre garde de se tromper en prenant une planète pour une étoile, comme il pourroit arriver par rapport à Vénus, Mars, Jupiter et Saturne, qui paroissent comme des étoiles de la première grandeur. Mais on peut éviter facilement la méprise : car 1°. ces planètes ne sont pas brillantes comme les étoiles ; elles n'ont pas de scintillation ; elles ont même des couleurs particulières qui les font reconnoître : Mars est rougeâtre comme du feu ; Jupiter et Vénus ont une couleur claire et argentine ; et Saturne est pâle et plombé. 2°. Elles changent de place, c'est-à-dire, qu'elles ne conservent pas la même situation par rapport aux étoiles voisines : ce que l'on peut remarquer au moins après plusieurs jours. Pour ce qui est de Mercure, il ne s'écarte jamais beaucoup du Soleil, et par cette raison ne peut être apperçu que rarement : ainsi on n'est pas sujet à se tromper par rapport à cette planète. Au reste, toutes ces planètes sont dans les

signes du Zodiaque. Il est bon de choisir une étoile éloignée du pole, parce que celles qui en sont voisines n'ont pas un mouvement assez sensible; c'est pour cela que nous avons supposé que l'objet derrière lequel se cache l'étoile est situé vers le midi.

LIVRE TROISIEME.

Qui contient différens Problêmes sur la Sphère, qui ne supposent que la Trigonométrie rectiligne.

ART. I. NOUS commencerons par le problême qui enseigne à tracer une méridienne sur un plan horizontal. La ligne méridienne d'un plan horizontal, est l'intersection de ce plan et du méridien : ainsi la méridienne prise en ce sens est une ligne droite, qui est dirigée du sud au nord. Mais si l'on considère cette ligne sur la surface de la terre, c'est une circonférence, ou une demi-circonférence, que l'on conçoit sur cette surface, laquelle passe par les deux poles de la terre. Si l'on concevoit ces deux lignes prolongées indéfiniment, celle qui seroit dans le plan horizontal s'élèveroit au-dessus de l'autre : mais si on prend seulement une partie de la première qui n'ait que quelques toises de longueur, elle ne s'élèvera pas, au moins sensiblement, au-dessus de la seconde, à cause de la grosseur de la terre. Voici une méthode fort facile de tracer une méridienne sur un plan horizontal.

PROBLÊME PREMIER.

2 *Tracer une ligne méridienne sur un plan horizontal.*

Il faut d'abord s'assurer si le plan sur lequel on veut tracer cette ligne est véritablement horizontal, au moins dans

dans l'endroit sur lequel on voit à-peu-près qu'elle doit être, et sur lequel on marquera les points dont nous parlerons ensuite : or, on connoît qu'un plan est horizontal en appliquant une bonne règle à ce plan, sur laquelle on pose un niveau, soit d'air, soit d'une autre espèce, ou en y versant un peu d'eau.

1°. On choisira un point, comme C, sur le plan duquel on tracera plusieurs circonférences ou arcs concentriques, tels que AB, *ab* : après quoi l'on plantera au centre C un style perpendiculaire, qui ait environ un pied de hauteur, et dont l'extrémité supérieure soit une petite boule, afin que son ombre soit ronde, ou une pointe un peu émoussée, pour que l'ombre soit sensible. (Cette extrémité supérieure s'appelle le *sommet* du style, et le point C du plan qui répond perpendiculairement au sommet, se nomme le *pied* du style.) 2°. On prendra garde, avant midi, quand l'ombre tombera sur un point, comme A, d'une circonférence décrite, et on marquera ce point avec un poinçon. (Il est à propos que la circonférence soit assez écartée du centre, pour que cette ombre s'y termine deux ou trois heures avant midi.) On observera, l'après-midi, quand l'ombre se terminera à la même circonférence, et on marquera aussi le point que nous appelons B. 3°. On divisera l'arc BA en deux parties égales, et du point du milieu D on tirera une ligne droite au point C, ce sera la ligne méridienne : de sorte que dans le cours de l'année, il sera midi chaque jour quand l'ombre du style tombera sur cette ligne. Fig. 7.

DÉMONSTRATION.

Puisqu'aux deux instans où l'on a marqué les deux points d'ombre A et B, l'ombre du style étoit égale, il s'ensuit que le Soleil étoit de part et d'autre à la même hauteur sur l'horizon; ainsi les deux verticaux désignés par AC et BC, auxquels le Soleil répondoit, sont à égale distance du méridien : par conséquent, en coupant l'arc AB en deux parties égales, le point du milieu D sera un des points de la méridienne : mais, d'ailleurs, le point C, qui est le centre du cercle et le pied du style, est aussi un point de la méridienne, puisqu'il représente le zenit par lequel le méridien passe nécessairement : ainsi en tirant une ligne du point D au point C, ce sera la méridienne cherchée.

Remarques.

3. 1°. Pour élever un style perpendiculaire, on peut se servir d'un à-plomb, c'est-à-dire, d'un poids de plomb, ou plutôt de cuivre, suspendu par un fil : car si, en tenant le fil à plomb auprès du style, le fil qui soutient le poids est parallèle au style, c'est une marque qu'il est perpendiculaire à l'horizon : car la direction du poids tendant au centre de la terre, elle doit être perpendiculaire à l'horizon.

4. 2°. Il est à propos de tracer plusieurs circonférences, et de marquer sur chacune deux points auxquels s'est terminée l'ombre du style : puis on divisera par le milieu chacun des arcs compris entre deux points du même cercle, afin de s'assurer de l'exactitude de l'opération : car si la ligne qui passe par le centre et le milieu d'un des arcs, passe aussi par le milieu des autres arcs, c'est une marque que l'on a bien opéré : mais si cette ligne ne passe pas par le milieu des autres arcs, on jugera qu'il s'est glissé quelque erreur dans l'opération ; on prendra les points qui s'accordent le mieux.

5. 3°. On ne doit pas craindre l'effet de la réfraction causée par l'atmosphère, parce qu'elle augmente la hauteur apparente du Soleil de la même quantité, dans les deux instans auxquels on marque les deux points d'ombre.

6. 4°. Au lieu du style perpendiculaire que l'on appelle style droit, il est plus commode de se servir d'un style oblique, et même courbe : et alors le centre duquel on

doit décrire des circonférences concentriques, est le point du plan sur lequel tombe la perpendiculaire tirée de l'extrémité ou du sommet du style. C'est ce point qu'on appelle le pied du style. Or, on peut trouver le pied du style oblique, ou même courbe, avec un fil à plomb qui soit terminé en bas par une pointe, laquelle réponde précisément à la direction du fil : car si on tient le plomb de manière que cette ficelle passe par le sommet du style, et qu'on laisse descendre le plomb jusqu'à ce que la pointe touche le plan horizontal, le point de ce plan, auquel aboutit la pointe du plomb, est le pied du style. Cette méthode est particulière au plan horizontal; on en peut voir d'autres pour toutes sortes de plans dans notre Traité de Gnomonique.

7. 5°. Comme il est assez difficile d'appercevoir distinctement l'ombre du sommet du style, sur-tout lorsque ce style est un peu long, par exemple, de deux ou trois pieds, alors on attache une plaque percée au bout du style, laquelle il est bon de mettre dans une situation à-peu-près parallèle à l'horizon : dans ce cas, le pied du style se détermine par rapport au centre de ce trou, c'est-à-dire, que ce pied du style est le point du plan qui répond perpendiculairement au centre du trou, et la lumière qui y passe, sert au même usage que l'ombre de l'extrémité du style.

8. 6°. Si on mène par le centre C la ligne OV perpendiculaire à la méridienne, elle désignera le premier vertical, lequel est perpendiculaire au méridien; et une de ses extrémités montrera le vrai orient, et l'autre le vrai occident, c'est-à-dire, les points où le Soleil se lève et se couche dans le tems des équinoxes.

9. 7°. La méthode précédente suppose que la déclinaison du Soleil ne change pas, au moins sensiblement, dans l'intervalle qui est entre les instans auxquels on marque les deux points d'ombre; ce qui n'est cependant vrai qu'aux solstices, et environ 15 ou 20 jours avant ou après; c'est

pourquoi cette méthode n'est bien exacte que dans ce tems: mais vers l'équinoxe, la déclinaison change sensiblement dans l'espace de 6 ou 7 heures, et il arrive de-là, que si le Soleil va du tropique du Cancer à celui du Capricorne, il est plus élevé dans la sphère boréale avant midi qu'après, quand il est de part et d'autre à la même distance du méridien; et par conséquent l'ombre du style est plus courte le matin que le soir, dans les momens également éloignés de midi: ainsi, en prenant des ombres égales du style, la ligne qu'on tireroit du milieu de l'arc AB au centre, ne seroit pas la vraie méridienne, elle s'en écarteroit un peu vers le point marqué avant midi, parce que le second point B ne seroit pas assez éloigné d'A: c'est ce qui fait que cette méthode n'a pas toute la justesse qu'on peut desirer lorsqu'on s'en sert avec les équinoxes.

10. Mais on peut corriger cette petite erreur par le moyen de la Table suivante, qui est sur celle de la page 85 de la *Connoissance des Tems*, 1759. Cette Table a été calculée pour la latitude de Paris: mais elle peut servir, sans erreur sensible, pour les lieux qui ont un ou deux degrés de latitude de plus ou de moins. Il y a une Table plus rigoureuse et plus étendue dans l'ASTRONOMIE de Lalande.

Cette correction est soustractive dans les signes ascendans, c'est-à-dire, depuis le 21 de décembre jusqu'au 21 de juin, soit que la déclinaison soit septentrionale ou méridionale: elle s'ajoute en été et en automne, qui répondent aux signes descendans.

TABLE de la correction qu'il faut faire quand on trace une Méridienne par des points d'ombre pris à des hauteurs correspondantes du Soleil dans des jours où sa déclinaison varie sensiblement.

Ajoutez la correction dans les Signes descendans et l'ôtez dans les ascendans.

Heures entre les Observations.		10 h.	9 h.	8 h.	7 h.	6 h.	5 h.	4 h.
	Deg.	Sec.	Sec.	Sec.	Sec.	Sec.	Sec.	Sec.
Déclinaison Septentrionale.	23	8	8	6	6	6	6	6
	21	20	18	16	14	14	12	12
	20	22	20	18	16	16	14	14
	19	26	22	20	18	18	16	16
	18	28	26	22	22	20	18	18
	16	32	30	26	26	24	22	20
	14	36	32	30	28	26	24	24
	12	38	36	32	30	28	28	26
	10	40	38	34	32	30	30	28
	9	42	39	36	34	32	31	30
	7	43	40	38	36	34	32	31
	5	44	41	39	37	36	34	32
	3	45	42	40	38	37	36	34
	1	46	43	41	39	38	37	36
Déclinaison Méridionale.	1		44	42	40	39	38	37
	3		44	42	40	40	38	38
	5		44	42	40	40	38	38
	7			42	40	40	38	38
	9			42	40	39	38	38
	10			40	40	38	38	38
	12				39	37	38	37
	14				38	36	36	36
	16					34	34	34
	18					30	30	30
	19					28	28	28
	20					26	26	26
	21						22	22
	23						10	10

11. Il faut avoir une pendule ou une montre qui marque au moins les minutes, pour faire usage de cette Table

de la manière suivante. On suppose qu'on veuille tracer une méridienne par la méthode prescrite ci-dessus, en un jour où la déclinaison du Soleil est d'environ 5 degrés vers le septentrion, et que les deux instans auxquels on a marqué les points A et B sont séparés par un intervalle de 7 heures : comme la déclinaison du Soleil est supposée d'environ 5 degrés vers le septentrion, je cherche dans la Table quel est le nombre qui répond au cinquième degré de déclinaison septentrionale dans la colonne qui est sous 7^h, et je trouve 36 sec., qui est un peu plus d'une demi-minute : ainsi j'attends environ 36 sec. depuis l'instant où j'ai marqué le point B, et à la fin de ces 36 sec. je marque le point F à l'endroit où l'ombre du style coupe alors la circonférence ; et si le Soleil est dans les signes descendans, c'est-à-dire, depuis le 21 juin jusqu'au 21 décembre, il faudra diviser l'arc AF, et non pas l'arc AB, en deux parties égales, et tirer la méridienne du point de division au centre : mais si le Soleil est dans les signes ascendans, après avoir marqué le point F, comme nous venons de le dire, on prendra le point G de l'autre côté de B, qui en soit aussi éloigné que F ; puis on divisera AG en deux parties égales, afin de tirer la méridienne du point de division au centre.

Nous enseignerons dans la suite la manière de tracer une méridienne, par un seul point d'ombre, du sommet du style dont on connoît le pied : cette méthode suppose le calcul de la Trigonométrie sphérique. On peut voir aussi, dans le IVe. Liv. de la Gnonomique, comment il faut opérer pour tracer une méridienne dans une chambre, sur le parquet ou sur les carreaux, quand on attache au côté d'une fenêtre une plaque de cuivre ou de fer percée d'un trou pour laisser passer l'image du Soleil.

PROBLÊME II.

12. *Trouver la hauteur d'un Astre et principalement du Soleil sur l'horizon.*

L'instrument le plus ordinaire pour faire cette opération, est un quart de cercle d'un ou de 2 pieds de rayon. Il est suspendu à une verge de fer dans une situation verticale, comme on voit le quart de cercle ACB de la fig. 8, qui a un poids D soutenu par le fil CED qui touche le limbe du quart de cercle dans l'endroit E. Il faut diriger la lunette AC attachée au rayon du quart de cercle, de manière que le fil horizontal de la lunette réponde au bord inférieur ou supérieur du Soleil, et paroisse comme une tangente de ce bord : je dis que l'arc EB du quart de cercle sera la mesure de la hauteur du bord du Soleil. Fig. 8.

Pour le prouver, il faut concevoir la ligne horizontale HR qui passe par le centre C de l'instrument, et la verticale CZ, qui est dans la direction du fil qui soutient le poids. Cela posé, l'angle ZCR est droit, parce que la verticale CZ est perpendiculaire à l'horizontale HR : de même l'angle ACB est droit, à cause de l'arc AB, que l'on suppose être le quart de la circonférence : ainsi ces deux angles ZCR et ACB sont égaux entre eux. Or l'angle ZCS est égal à l'angle ACE, parce qu'ils sont opposés au sommet : donc l'angle SCR est égal à l'angle ECB, mais l'arc EB est la mesure de ce dernier angle ; donc il est aussi la mesure de l'autre SCR, lequel est la hauteur du bord du Soleil sur l'horizon. Or si on ajoute le demi-diamètre du Soleil, que l'on connoît, à la hauteur du bord inférieur, qui paroît supérieur dans la lunette, ou si l'on retranche ce demi-diamètre de la hauteur du bord supérieur, la somme ou la différence sera la hauteur du centre du Soleil.

Comme les hauteurs méridiennes des astres, et surtout du Soleil, sont les plus nécessaires dans l'astronomie, on a coutume d'attacher un quart de cercle à un mur, en sorte que le plan de ce quart de cercle soit dans celui du méridien, et alors on prend la hauteur méridienne des astres avec une très-grande facilité ; il y en a un de sept pieds et demi de rayon dans l'Observatoire de l'Ecole militaire, à Paris, et dans plusieurs autres Observatoires de l'Europe.

13. On peut aussi trouver la hauteur du Soleil, par la longueur de l'ombre du style ou d'un autre corps, par exemple, d'une pyramide ou d'un obélisque élevé perpendiculairement sur l'horizon, pourvu que l'on connoisse la hauteur du style et la longueur de l'ombre, que
Fig. 9. je suppose tomber sur un plan horizontal. On comprendra cela aisément par la figure 9, dans laquelle AP représente la hauteur du style, SAB le rayon du Soleil qui rase le sommet du style; la ligne horizontale PB est la longueur de l'ombre du style; l'angle ABP est la hauteur du Soleil. Il s'agit donc de trouver la valeur de cet angle dans le triangle rectangle ABP. Or, pour cela, on considérera BP comme sinus total, dont le centre est B, et pour lors la hauteur AP sera la tangente de l'angle ABP: ainsi l'on fera la proportion suivante : *La longueur de l'ombre* BP *est à la hauteur* AP *du style, comme le sinus total est à la tangente de l'angle* B, *qui est la hauteur du Soleil.*

Si la longueur de l'ombre contient 180 parties, la hauteur du style 168, et qu'on veuille se servir des logarithmes, les trois premiers termes de la proportion arithmétique seront 225527, 222531, 1000000; ainsi, la somme des moyens sera 1222531, de laquelle ôtant le premier terme, on trouvera le reste 997004, qui est un peu moins que le logarithme de la tangente de 43^d 2': ainsi, dans notre hypothèse, la hauteur du Soleil sur l'horizon est presque de 43^d. 2'. Dans cet exemple, on a retranché les deux derniers chiffres des logarithmes qui ne sont pas nécessaires dans ces sortes d'opérations.

Les anciens se servoient souvent de ces obélisques, qu'ils nommoient *Gnomons*, pour trouver la hauteur méridienne du Soleil : c'est pourquoi ils traçoient une ligne méridienne qui passoit par le pied du gnomon, c'es-à-dire, par le point du plan horizontal qui répondoit à plomb

sous

sous le sommet, et ils prenoient la longueur de l'ombre dans le têms qu'elle tomboit sur la méridienne, afin d'avoir la hauteur du Soleil à midi.

14. On peut voir, dans notre Traité de Gnomonique, la manière de trouver la hauteur du Soleil par un style attaché à un plan vertical, ou même incliné à l'horizon : mais quand la hauteur du style n'est que d'environ un ou deux pieds, il est difficile de ne pas se tromper de quelques minutes dans la détermination de la hauteur du Soleil.

15. Au reste, comme la réfraction des rayons de lumière causée par l'air, fait paroître le Soleil plus élevé qu'il n'est effectivement, il faut avoir égard à cela, et diminuer la hauteur trouvée par le quart de cercle ou par l'ombre d'un style, de la quantité marquée dans la Table suivante, tirée de l'Astronomie de LALANDE.

TABLE des augmentations causées dans la hauteur apparente du Soleil, par la réfraction des rayons que produit l'Atmosphère.

Haut.	Réfract.	Haut.	Réfract.	Haut.	Réfract.	Haut.	Réfract.
0	32′ 54″	24	2′ 7″	48	0′ 51″	72	0′ 18″
1	24 24	25	2 1	49	0 49	73	0 17
2	18 31	26	1 56	50	0 47	74	0 16
3	16 32	27	1 51	51	0 46	75	0 15
4	11 48	28	1 46	52	0 44	76	0 14
5	9 51	29	1 42	53	0 42	77	0 13
6	8 25	30	1 38	54	0 41	78	0 12
7	7 20	31	1 34	55	0 40	79	0 11
8	6 28	32	1 31	56	0 38	80	0 10
9	5 48	33	1 27	57	0 37	81	0 9
10	5 14	34	1 24	58	0 35	82	0 8
11	4 46	35	1 21	59	0 34	83	0 7
12	4 22	36	1 18	60	0 33	84	0 6
13	4 2	37	1 16	61	0 32	85	0 5
14	3 45	38	1 13	62	0 30	86	0 4
15	3 30	39	1 10	63	0 29	87	0 3
16	3 16	40	1 18	64	0 28	88	0 2
17	3 4	41	1 5	65	0 26	89	0 1
18	2 53	42	1 3	66	0 25	90	0 0
19	2 44	43	1 1	67	0 24		
20	2 35	44	0 59	68	0 23		
21	2 27	45	0 57	69	0 22		
22	2 20	46	0 55	70	0 20		
23	2 13	47	0 55	71	0 19		

Cette table fait connoître que quand la hauteur apparente du Soleil paroît nulle, ou zero, c'est-à-dire, lorsque son centre est vu à l'horizon, il est encore 32′ 54″ au-dessous de ce cercle; c'est ce qu'on appelle la réfraction horizontale. Quand sa hauteur apparente est d'un degré, sa hauteur véritable est seulement de 35′ 36″, moindre que l'apparente de 24′ 24″: de même quand il paroît élevé de 2 degrés, il ne l'est réellement que de

1^d 41′ 29″, parce que la réfraction est de 18′ 31″, &c. On voit donc que cette table marque ce qu'il faut retrancher de la hauteur qu'on aura trouvée par l'observation, afin d'avoir la hauteur véritable; par conséquent, si l'on a trouvé, par l'observation, que la hauteur apparente du Soleil est, par exemple, de 22^d 50′, il faudra chercher dans la table quelle est la réfraction qui répond à cette hauteur, ou plutôt à celle qui en approche le plus, laquelle est de 23 degrés, et on trouvera que c'est 2′ 13″: il faut donc retrancher cette quantité de 22^d 50′, et le reste 22^d 47′ 47″ sera la hauteur véritable du Soleil, quand il paroît élevé de 22^d 50′.

16. Lorsqu'on connoît la déclinaison du Soleil à midi, et la hauteur de l'équateur, qui est le complément de l'élévation du pole, il est aisé d'en conclure la hauteur méridienne du Soleil : car 1°. si la déclinaison du Soleil est nulle, c'est-à-dire, s'il répond à l'équateur, il est clair que sa hauteur à midi est égale à celle de l'équateur, puisqu'il est pour lors à la partie la plus élevée de ce cercle. 2°. Si cette déclinaison est du côté du pole élevé, la hauteur méridienne du Soleil surpassera celle de l'équateur d'une quantité égale à cette déclinaison; ainsi la hauteur du Soleil sera égale à la somme de celle de l'équateur et de la déclinaison. 3°. Enfin si la déclinaison du Soleil est vers le pole abaissé, sa hauteur sera moindre que celle de l'équateur d'une quantité égale à la déclinaison : c'est-à-dire, que la hauteur méridienne du Soleil sera égale à la différence, qui est l'excès de la hauteur de l'équateur sur la déclinaison.

17. Tout cela s'entendra aisément par la fig. 10, dans laquelle le cercle HZR*p* représente le méridien, HR l'horizon, AT l'équateur : ainsi la hauteur de l'équateur sur l'horizon est AH, qui est aussi celle du Soleil, s'il répond au point A, c'est-à-dire, à l'intersection du méridien et de l'équateur : mais si la déclinaison du Soleil est vers le pole élevé P, et qu'elle soit marquée par Fig. 10.

AS, la hauteur méridienne sera SH, qui est la somme de celle de l'équateur et de la déclinaison : enfin si la déclinaison est vers le pole abaissé *p*, et qu'elle soit désignée par A*s*, la hauteur méridienne sera *s*H, qui est la différence de la hauteur AH de l'équateur et de la déclinaison.

18. Quand le lieu pour lequel on cherche la hauteur méridienne du Soleil est situé dans la zone torride, il peut arriver que la somme de la déclinaison du Soleil et de la hauteur de l'équateur soit plus grande qu'un quart de cercle : dans ce cas la hauteur méridienne du Soleil est égale au supplément de cette somme, ou ce qui lui manque pour faire 188 degrés.

Supposons, par exemple, que l'élévation de l'équateur soit de 84 degrés, et que la déclinaison du Soleil vers le pole élevé soit de 20 degrés, la somme sera 104 degrés, dont le supplément 76 sera la hauteur méridienne du Soleil : car il est évident que si la déclinaison du Soleil avoit été seulement de 6 degrés, et que par conséquent la somme dont il s'agit eût été de 90 degrés, le Soleil à midi auroit été au zenit : donc cette somme étant plus grande que 90 degrés, la hauteur méridienne doit être de l'autre côté, et moindre que 90 degrés ; pour lors, cette hauteur et la somme trouvée contiennent la demi-circonférence du méridien : c'est-à-dire, que cette hauteur est le supplément de la somme.

Nous donnerons dans le quatrième livre la méthode de trouver la hauteur du Soleil pour tous les instans du jour, pourvu qu'on connoisse sa déclinaison et la hauteur du pole. Ce problême appartient à la trigonométrie sphérique.

Problême III.

19. *Trouver la hauteur du pole sur l'horizon.*

1°. On choisit une nuit d'hiver pendant laquelle quelqu'une des étoiles qui sont assez près du pole élevé pour qu'elles soient toujours sur l'horizon, passe deux fois par le méridien, et l'on observe quelle est la hauteur méridienne de cette étoile lorsqu'elle passe directement au-dessus du pole, et quelle est aussi sa hauteur méridienne quand elle passe au-dessous : la première de ces hauteurs est la plus grande que puisse avoir l'étoile, et la seconde est la plus petite. 2°. On ôte celle-ci de la première, et l'on partage en deux également le reste ou la différence. 3°. On ajoute la moitié du reste à la petite hauteur, ou bien on la retranche de la plus grande, et la somme ou la différence est la hauteur du pole. Supposons que la plus grande hauteur de l'étoile est de 55 degrés, et que la plus petite est de 43; on ôtera 43 de 55, et on prendra la moitié du reste 12, c'est-à-dire, que l'on ajoutera ensuite à 43, ou que l'on retranchera de 55; la somme ou la différence 49 sera la hauteur du pole.

Voici la raison de cette pratique : toutes les étoiles semblent tourner autour du pole comme centre : par conséquent, si une étoile qui est toujours sur l'horizon est dans sa plus grande hauteur, alors elle est plus élevée que le pole même, d'une quantité égale au rayon du petit cercle que l'étoile décrit autour du pole. (Nous appelons ici rayon du petit cercle l'arc d'un grand cercle, compris entre le centre du petit et la circonférence). Mais lorsque l'étoile est dans sa moindre hauteur, elle est moins élevée que le pole de la même quantité, savoir, d'un rayon du même cercle. Ainsi la différence entre la plus grande et la moindre hauteur de l'étoile, est le diamètre de la circonférence qu'elle parcourt autour du pole. Si donc on retranche la moindre hauteur de la plus grande, le reste sera l'arc du méridien égal au diamètre du cercle de l'étoile. Ainsi la moitié de ce reste est le rayon du même cercle, ou la distance de l'étoile au pole : par conséquent, si l'on ajoute cette moitié à la plus petite hauteur, ou qu'on l'ôte de la plus grande, la somme ou la différence sera la hauteur du pole sur l'horizon.

Fig. 10. 20. Cela s'entendra mieux par la fig. 10, dans laquelle le cercle HZRT représente le méridien, HR l'horizon, P le pole élevé, FGf la moitié de la circonférence qu'une étoile décrit autour du pole. Lorsque l'étoile est au point F du méridien, elle est à sa plus grande hauteur FR, et pour lors elle est plus élevée que le pole P, de la quantité FP, qui est le rayon du demi-cercle FGf: mais quand l'étoile est au point f, elle est à sa plus petite hauteur fR, qui est moindre que celle du pole, de la quantité fP, laquelle est aussi rayon du demi-cercle FGf. Ainsi la différence entre la plus grande hauteur FR et la plus petite fR, est l'arc FPf, qui est le diamètre du cercle que décrit l'étoile. Or il est évident que si on ajoute la moitié fP de cet arc à la moindre hauteur fR, ou que l'on retranche l'autre moitié FP de la plus grande hauteur FR, la somme ou la différence PR sera la hauteur du pole.

21. Puisque la latitude du lieu est toujours égale à la hauteur du pole (Liv. II, art. 16), il s'ensuit que l'on connoîtra cette latitude par le même moyen : mais on peut aussi connoître la latitude, pourvu que l'on connoisse la déclinaison du Soleil ou sa distance à l'équateur. Or on peut calculer cette déclinaison avec des Tables astronomiques : d'ailleurs on peut la trouver dans les *Ephémérides*, qui donnent pour chaque jour de l'année le mouvement et la situation des astres : on pourra aussi se servir pour cet effet des tables du quatrième Livre de la Gnomonique. Cela posé, voici comment on trouvera la latitude.

22. Qu'on observe la distance méridienne du Soleil au zenit : et si la déclinaison est vers le pole élevé, on l'ajoutera à cette distance du Soleil, ou plutôt du centre du Soleil au zenit, la somme sera la latitude ; mais si la déclinaison est vers le pole abaissé, il faut la retrancher

de cette distance au zenit, la différence sera la latitude. La raison de cette pratique est évidente, car 1°. quand le Soleil décline vers le pole élevé, il se trouve à l'instant de midi, sur le méridien entre l'équateur et le zenit : c'est pourquoi la latitude, qui est la distance depuis l'équateur jusqu'au zenit, est égale à la déclinaison du Soleil, plus à sa distance méridienne au zenit, c'est-à-dire, à l'arc du méridien compris entre l'équateur et le centre du Soleil, plus l'autre arc du même cercle compris entre ce centre et le zenit. Ainsi, pour avoir la latitude, il faut ajouter cette déclinaison à la distance méridienne du Soleil au zenit. 2°. Mais lorsque le Soleil décline vers le pole abaissé, sa distance méridienne au zenit est plus grande que la latitude, savoir de toute la déclinaison du Soleil : ainsi, pour avoir dans ce cas la latitude, il faut retrancher la déclinaison du Soleil de sa distance au zenit.

Dans la fig. 10, l'équateur est AT, le lieu du Soleil S ou *s*, le zenit Z; ainsi la déclinaison du Soleil vers le pole élevé P est AS, la déclinaison vers le pole abaissé *p* est A*s*, la distance du Soleil au zenit est SZ ou *s*Z; enfin la latitude est AZ. Or, il est évident qu'en ajoutant AS à SZ, ou qu'en ôtant A*s* de *s*Z, on aura la latitude AZ. Fig. 10.

23. S'il s'agit d'un lieu placé dans la zone torride, il y aura une exception à faire dans le premier cas de cette méthode, lorsque la déclinaison du Soleil vers le pole élevé sera plus grande que la latitude du lieu : car il faudra alors retrancher de cette déclinaison la distance méridienne du Soleil au zenit, le reste sera la latitude : par exemple, si la déclinaison du Soleil vers le pole élevé est de 15 degrés et que sa distance méridienne au zenit soit de 5 degrés, il faudra ôter 5 de 15, et le reste 10 deg. sera la latitude du lieu. Pour pratiquer cette méthode dans ces circonstances, il faut déjà connoître à-peu-près la latitude, afin de savoir si la déclinaison du Soleil est plus grande. On pourroit aussi s'assurer que la déclinai-

son du Soleil est plus grande que la latitude, en observant plusieurs jours la distance méridienne du Soleil au zenit : car, si la déclinaison augmente, cette distance doit aussi augmenter de la même quantité ; et si elle diminue, la distance diminue également.

Fig. 10. 24. Quand on connoît la déclinaison de quelque étoile, on peut aussi trouver la hauteur du pole en observant la distance méridienne de cette étoile au zenit, soit qu'elle passe par le quart de cercle ZAH, ou par l'autre ZPR. Supposons d'abord qu'elle passe par ZAH au-dessus ou au-dessous de l'équateur, par exemple, en S ou *s*, il est évident qu'on trouvera la latitude de la même manière qu'on la trouve par la distance méridienne du Soleil au zenit. Mais si l'étoile passe par le quart de cercle ZPR au-dessus ou au-dessous du pole, par exemple, en F ou en *f*, connoissant, dans le premier cas, la distance ZF, je la retranche de la déclinaison FA, que l'on suppose connue, le reste ZA sera aussi connu. Or ce reste est la latitude. Si l'étoile avoit passé par *f* au-dessous du pole, on auroit retranché la distance observée Z*f* du quart de cercle ZR, le reste auroit été la hauteur méridienne *f*R de l'étoile : ensuite il auroit fallu ôter cette hauteur de la déclinaison *f*T pour avoir le nouveau reste RT, qui est égal à l'élévation AH de l'équateur sur l'horizon. Or cette élévation est le complément de la latitude AZ (Liv. 2, art. 17).

PROBLÊME IV.

25. *Trouver la circonférence et le diamètre d'un grand cercle de la Terre.*

La circonférence d'un cercle étant de 360 degrés, si on peut trouver la grandeur d'un degré, on aura aisément celle de toute la circonférence. Or, pour connoître un arc d'un méridien terrestre, qui est un des grands cercles, on choisit deux lieux placés sur le même méridien, comme sont

sont à-peu-près Paris et Amiens ; et après cela il y a deux choses à faire : 1°. On mesure la longueur de l'arc compris entre les deux termes, c'est-à-dire, la distance qu'il y a de l'un à l'autre : ce qui se fait par la Géométrie, en employant des triangles que l'on conçoit entre différens objets élevés et remarquables, comme sont les montagnes, les tours, les clochers, &c. 2°. On détermine l'amplitude de l'arc compris entre les deux termes, c'est-à-dire, la quantité de degrés, de minutes, de secondes, &c. que cet arc contient. Or, c'est par l'Astronomie que l'on détermine ou que l'on trouve cette amplitude : pour cet effet on cherche la différence des latitudes, soit en observant le même jour la hauteur méridienne du Soleil, dans les deux lieux entre lesquels l'arc est situé, soit en observant dans ces deux lieux la hauteur méridienne d'une étoile quoiqu'en différens jours, et encore mieux, en observant la distance méridienne d'une étoile au zenit de l'un et de l'autre lieu, ce qui se peut faire aussi en différens tems. En appliquant ces deux opérations à l'arc qui est entre les parallèles de Paris et d'Amiens, on trouve par la première, que sa longeur est de 58226 toises, et par la seconde, que son amplitude est de $1^{d}\ 1'\ 13''$: d'où l'on déduit que le degré entre Paris et Amiens est de 57070, qui font 25 lieues, chacune 2283 toises. Fig. 10.

26. C'est Picard qui, en 1671, ayant mesuré la distance de Paris à Amiens avec beaucoup de soin, trouva le premier la longueur de l'arc du méridien compris entre les cathédrales de ces deux villes ; mais on a changé quelque chose à son résultat après de nouvelles vérifications, et l'on s'en occupe encore de nouveau en 1798.

27. Quand on a trouvé la valeur d'un degré, il faut la multiplier par 360, le produit est la grandeur de la circonférence ou du tour de la terre : elle contient donc 9000 lieues, en comptant 25 lieues pour le degré. Après cela, afin de connoître le diamètre, on se sert du rapport entre la circonférence et le diamètre trouvé par Archi-

M

mede, qui est de 22 à 7, ou de celui de 355 à 113, qui approche encore plus de la vérité, et l'on fait la proportion, 22. 7 :: 9000. *x*; ou plus exactement 355. 113 :: 9000. *x*; on trouvera pour quatrième terme de cette dernière proportion 2865 lieues; et par conséquent le rayon est de 1432 $\frac{1}{2}$ lieues.

28. Ces grandeurs de la circonférence et du diamètre de la terre seroient exactes si la terre étoit ronde; mais on comptoit, dès 1670, qu'elle devoit être un peu aplatie vers les poles. Afin de s'en assurer et d'en connoître l'effet par rapport à la Géographie, au Nivellement et à l'Astronomie, et à la détermination des distances des planètes à la Terre, on envoya des astronomes en 1736, aux confins de la Laponie, sous le cercle polaire, pour mesurer un arc du méridien : ce qui fut fait avec beaucoup d'exactitude. Il en résulte que le degré du méridien qui coupe le cercle polaire de la terre, contient 57422 toises, et qu'il est par conséquent plus grand que celui de la France. Les degrés du méridien augmentent donc en allant vers les poles. Or, si un degré du méridien contient plus d'étendue vers les poles que vers l'équateur, la courbure est moins grande aux poles, de même que la courbure d'une grande circonférence est moindre que celle d'une petite. Or, la courbure étant moins grande aux poles, il faut que la Terre y soit un peu aplatie.

29. Cet aplatissement n'est cependant pas bien considérable, puisque, d'après les différences de plusieurs degrés tels qu'on les a trouvés, le rapport du diamètre de l'équateur à l'axe de la Terre est égal à celui de 300 à 299. Ainsi on peut encore regarder la Terre comme ronde dans les calculs ordinaires qui ne demandent pas une grande précision.

30. La distance de l'équateur au cercle polaire arctique étant beaucoup plus grande que celle de Paris au même cercle, on voulut déterminer avec plus de certitude de combien précisément le diamètre de l'équateur surpassoit

l'axe de la Terre, en comparant les observations qui avoient été faites en Laponie avec celles d'autres astronomes de l'Académie des Sciences de Paris, qui allèrent en 1735 en Amérique, afin d'y mesurer un degré du méridien sur l'équateur. Ce n'est pas sans sujet qu'on a envoyé des astronomes dans des pays si éloignés de la France; car comme la différence d'un degré à celui qui suit immédiatement est fort petite, elle est encore peu considérable entre deux degrés qui seroient aux extrémités d'un même royaume; de sorte qu'elle auroit peut-être échappé aux observations, ou du moins elle n'auroit pas paru assez certaine.

31. Quoique la figure de la Terre diffère un peu de celle d'un globe, cela n'empêche pas néanmoins que les degrés des différens méridiens de la Terre ne soient égaux entre eux, pourvu que ces degrés soient situés entre les mêmes parallèles. Ainsi les degrés d'un même méridien diffèrent un peu en grandeur : mais les degrés d'un méridien sont égaux aux degrés d'un autre méridien, si les degrés qu'on compare sont dans le même climat, c'est-à-dire, à la même latitude. C'est le contraire pour l'équateur et les cercles qui lui sont parallèles : car tous les degrés d'un parallèle sont égaux entre eux : mais les degrés d'un parallèle ne sont pas égaux aux degrés d'un autre parallèle, puisque plus un parallèle est près de l'équateur, plus sa circonférence est grande, et par conséquent ses degrés sont aussi plus grands. On suppose ici, comme on le croit communément, que la Terre est d'une figure régulière, quoiqu'un peu aplatie vers les poles.

PROBLÊME V.

32. *Trouver la longitude d'une ville ou d'un autre lieu de la Terre, c'est-à-dire, sa distance au premier méridien;* ou, ce qui revient au même, *trouver la différence des longitudes des deux lieux.*

Ce Problême est d'une grande importance pour la Géographie et la Navigation, parce que quand on sait la latitude et la longitude d'un lieu, on connoît sa situation sur le globe de la Terre (Liv. 2. art. 20). Or, nous avons déjà donné la méthode de trouver la latitude, il ne reste qu'à expliquer la manière de connoître la longitude.

On pourra parvenir à cette connoissance, s'il y a dans le ciel quelque phénomène subit ou momentané, que l'on puisse appercevoir au même instant dans les deux lieux, comme sont le commencement ou la fin d'une éclipse de Lune. On observera donc dans chaque lieu, par le moyen d'une pendule à secondes, que l'on aura comparée avec le Soleil, à quelle heure arrive le commencement ou la fin, ou quelque autre circonstance remarquable de l'éclipse : quand on saura la différence des tems auxquels a paru la même circonstance de l'éclipse dans les deux lieux, on réduira les heures, les minutes et les secondes de tems en degrés, minutes et secondes de degrés, en prenant 15 degrés pour chaque heure, 1 degré pour 4 minutes de tems, une minute de degré pour 4 secondes de tems, et l'on aura la différence de longitude. Si, par exemple, on observe une éclipse à Paris et à Rome, et que le commencement ait paru à Paris à 10 heures du soir, et à Rome à $10^h\ 40^m\ 30''$, la différence des longitudes sera de $10^d\ 7'\ 30''$, c'est-à-dire, que Rome sera de $10^d\ 7'\ \frac{1}{2}$ plus orientale que Paris.

La raison de ce que nous venons de dire est fondée sur ce que le Soleil faisant son tour entier d'orient en occident en 24^h, il arrive à Rome avant que d'arriver à Paris : il faut qu'il parcoure la vingt-quatrième partie de son tour ou de sa circonférence en une heure. Or, la vingt-quatrième partie d'une circonférence, ou de 360 degrés, est 15 degrés : ainsi le Soleil avance de 15 degrés vers l'occident en une heure : par conséquent il est 11 heures dans un lieu lorsqu'il n'est encore que 10 heures dans un autre lieu plus occidental de 15 degrés que le premier. Si donc une éclipse commence à un lieu à 11 heures, dans un autre lieu à 10 heures, c'est une marque certaine que le second lieu est plus occidental que le premier; ou, ce qui revient au même, le premier est plus oriental que le second de 15 degrés.

33. Cette méthode de trouver la différence des longitudes de deux lieux par les éclipses, n'a pu être employée souvent jusques vers le milieu du dernier siècle, à cause de la rareté des éclipses de Lune, qui ne peuvent arriver tout au plus que 3 fois l'année, et quelquefois point du tout dans le cours d'une année : mais depuis la découverte des quatre satellites de Jupiter, qui sont des espèces de Lunes par rapport à cette planète, cette méthode est devenue d'un bien plus grand usage, parce que chacun de ces satellites est éclipsé à chaque révolution. Or, le premier, c'est-à-dire, le plus près de Jupiter, fait sa révolution autour de cette planète en 42 heures 29 minutes. Ainsi il arrive toujours une éclipse de ce satellite en 42 $\frac{1}{2}$ heures. Les éclipses des trois autres satellites sont un peu moins fréquentes, parce qu'étant plus éloignés de Jupiter, ils emploient plus de tems à faire leur révolution : mais cependant elles arrivent encore fort souvent. Il y a un autre avantage de ces éclipses sur celles de la Lune; c'est que le moment précis auquel elles se font, se détermine plus aisément que l'instant auquel commence ou finit une éclipse de Lune : car la lumière de la Lune diminue un peu avant qu'elle commence à être éclipsée, et l'on a souvent peine à s'assurer de l'instant auquel l'éclipse commence : c'est le même inconvénient pour la fin de l'éclipse.

34. On peut calculer avec les Tables le tems auquel doivent arriver toutes ces éclipses à Paris. On les trouve même toutes calculées pour chaque année dans la *Connoissance des Tems*, publiée tous les ans par le bureau des longitudes. C'est pourquoi il est facile de comparer toutes les éclipses que l'on observe ailleurs avec les mêmes calculées pour Paris, et trouver par-là quelle est la différence

des longitudes entre Paris et les lieux dans lesquels les éclipses auront été observées.

35. On se sert aussi des éclipses des étoiles par la Lune pour le même sujet : car si l'on observe en deux lieux les momens auxquels arrive l'éclipse d'une même étoile, on en pourra conclure la différence des longitudes. On trouvera l'explication de cette méthode dans l'Astronomie de Lalande.

36. Les longitudes en mer exigent d'autres méthodes : celle que nous venons d'expliquer n'est pas praticable sur mer, à cause de l'agitation continuelle du vaisseau, qui ne permet pas de diriger fixement une lunette vers Jupiter, car ces éclipses des satellites de Jupiter ne peuvent s'appercevoir sans ce secours : mais quand bien même cette méthode seroit praticable, elle seroit encore insuffisante, tant parce que Jupiter est souvent sous l'horizon dans le tems que ces éclipses arrivent, ou qu'il est caché par les nuages, qu'à cause qu'il faut une méthode dont on puisse se servir tous les jours pour trouver la longitude actuelle du vaisseau, afin d'en connoître toujours la situation sur la mer.

37. Une montre à secondes, qui iroit bien juste dans un vaisseau, seroit un moyen de connoître sa longitude. Je suppose que quand un vaisseau sort de Brest en Bretagne, la montre marque l'heure qu'il est au Soleil dans cette ville : si cette montre va bien, elle fera encore connoître dans la suite l'heure qu'il sera à la même ville dans quelque endroit que soit le vaisseau : mais d'ailleurs on pourra connoître aussi l'heure qu'il sera au Soleil dans le lieu où se trouvera le vaisseau, soit par la hauteur du Soleil, soit par les étoiles fixes : ainsi l'on saura la différence des heures à Brest, et au lieu où est le vaisseau : par conséquent l'on saura aussi la différence des longitudes. Si, par exemple, la différence des tems est de 12 minutes 24 secondes, la différence des longitudes sera de 3 degrés, 6 minutes. On a déjà des montres qui ne varient pas de deux

minutes en un mois de navigation; et dans quelques années il y a lieu de croire qu'elles seront plus communes.

Nous donnerons dans la suite un problême pour trouver la différence des longitudes de deux lieux dont on connoît les latitudes et la distance qu'il y a entre eux.

38. REMARQUE. Quoique tous les lieux qui ont le même méridien, ou plutôt le même demi-méridien, aient midi au même instant (Liv. I. art. 15.), il ne s'ensuit pas que le Soleil se lève et se couche à la même heure pour tous ces lieux : il faudroit pour cela que les jours fussent égaux dans tous ces endroits. Mais toutes les villes situées sur le même parallèle ayant les jours égaux (Liv. II. art. 61.), le Soleil se lève pour toutes à la même heure, quoique ce ne soit pas au même moment; mais successivement, et plutôt pour celles qui sont plus orientales que pour les autres.

39. On peut encore remarquer ici, que si un voyageur faisoit le tour du monde en allant vers l'orient, il compteroit à son retour un jour de plus que ceux qui seroient restés au lieu de son départ : car ce voyageur, après avoir avancé de 15 degrés vers l'orient, se trouveroit dans un lieu où il seroit midi, dans le tems qu'il ne seroit encore que 11 heures au lieu qu'il a quitté : ainsi il compteroit une heure de plus que les peuples de son pays. Pareillement, quand il auroit fait 30 degrés, il compteroit deux heures de plus. Lorsqu'il auroit fait 180 degrés, il compteroit 12 heures de plus : enfin, quand il auroit fait le tour de la terre ou 360 degrés, il compteroit 24 heures ou un jour entier de plus que ceux de son pays. Par la raison contraire, un voyageur qui feroit le tour de la terre vers l'occident, compteroit à son retour un jour de moins que ses compatriotes. Ainsi le premier nommeroit vendredi le jour qu'ils appelleroient jeudi, et le second nommeroit ce même jour mercredi. Ces deux voyageurs et leurs compatriotes appelleroient donc jeudi trois différens jours de la semaine : ainsi, on a tort, quand on dit

quelquefois en badinant, *la semaine des trois jeudis*, pour dire celle qui n'arrive jamais.

On a fait plusieurs fois le tour de la terre, depuis la découverte de l'Amérique, soit en allant d'occident en orient, soit en avançant d'orient en occident, et on a été fort surpris, les premières fois, de voir que les voyageurs comptoient les jours des semaines et des mois différemment de ceux qui étoient restés dans le pays : on crut d'abord que les voyageurs s'étoient trompés dans le compte des jours ; mais les Astronomes ont bien vu que cette différence, dans le dénombrement des jours entre les voyageurs et les autres, est une suite nécessaire de ce que nous venons de dire.

Problême VI.

40. *Trouver la grandeur du parallèle d'un lieu*, par exemple, *de la ville de Paris*, *en supposant qu'on connoît la latitude du lieu et la grandeur de l'équateur.*

On fera cette proportion : *Le sinus total est au sinus du complément de la latitude du lieu, comme l'équateur terrestre est au parallèle cherché, ou comme un degré de grand cercle est à un degré de ce parallèle.*

Fig. 11. Que la ligne AB représente l'axe de la terre, et la circonférence AEB le méridien qui passe par le point P de la surface de la terre sur lequel est situé Paris ; EC sera le rayon de l'équateur, PD le rayon du parallèle de Paris : de même l'arc EP est la latitude de Paris, et AP le complément de cette latitude : ainsi cet arc AP contient 41 degrés 9 min. puisque la latitude EP est de 48 deg. 51 min. Mais puisque les circonférences sont proportionnelles à leurs rayons, on aura l'analogie suivante, EC est à PD, *comme l'équateur de la terre est au parallèle de Paris, ou comme le degré du premier cercle est à celui du second.* Or EC est le sinus total ou le sinus du quart de cercle AE. Pareillement PD est le sinus du complément

plément AP, qui contient 41 deg. 9 min. Ainsi la proportion précédente se réduit à celle-ci : *Le sinus total est au sinus de 41 ^{d} 9′, comme l'équateur est au parallèle de Paris, ou comme le degré du premier cercle est au degré du second.*

Dans cette proportion l'on connoît les trois premiers termes : car le premier et le second se trouvent dans la Table des sinus, et le troisième, savoir le degré de l'équateur, est 25 lieues. Si on veut se servir des Logarithmes, on aura, pour les trois premiers termes de la proportion arithmétique, en retranchant les deux derniers chiffres, 1000000, 981825, 139794, dont le premier étant ôté de la somme des deux autres, on aura le quatrième terme 121619, qui est à-peu-près le logarithme de $16\frac{1}{2}$. Ainsi le degré du parallèle de Paris contient environ 16 lieues et demie.

41. REMARQUE. Il ne s'ensuit pas de-là que deux endroits placés sur le parallèle de Paris qui ont une différence de longitude d'un degré, soient éloignés l'un de l'autre de $16\frac{1}{2}$ lieues : car la distance de deux villes qui sont sur le même parallèle ne se prend pas sur l'arc de ce parallèle compris entre les deux villes, mais c'est l'arc intercepté du grand cercle qui passe par ces deux lieux, lequel arc est plus petit que celui du parallèle, parce que quand un petit cercle en coupe un grand, l'arc de ce dernier, compris entre les deux points d'intersections est moindre que celui du petit, comme il paroît par la fig. 12., dans laquelle l'arc ACB du grand cercle est moindre que l'arc ADB du petit, à cause que la convexité de ce dernier arc est plus grande que celle du premier. Fig. 12.

42. Nous supposons, dans la solution de ce problême, que les méridiens terrestres sont de véritables cercles : ce qui néanmoins n'est pas exact, parce que la terre est un peu applatie vers les poles, mais sa figure n'est pas assez

différente de la ronde pour causer une erreur sensible dans la méthode que nous avons suivie.

La grandeur du diamêtre de la terre et celle de sa circonférence étant connues, on pourra déterminer qu'elle est la distance à laquelle on peut voir une montagne dont on connoît la hauteur, ou réciproquement, quelle est la hauteur d'une montagne dont on voit seulement le sommet à une certaine distance qui est connue, par exemple, de dix lieues : c'est l'objet du problême suivant.

PROBLÊME VII.

43. *Trouver la plus grande distance de laquelle on peut voir un objet élevé*, par exemple, *une montagne dont la hauteur est connue*, ou réciproquement, *trouver la hauteur d'une montagne dont on voit le sommet à une distance connue.*

Ce Problême est le même que celui que nous avons proposé (Liv. I. art. 13.) pour trouver la longueur du demi-diamètre de l'horizon visible : car il est clair, par la fig. 2, que la plus grande distance de laquelle on peut voir la montagne, dont la hauteur est AB, est la même chose que l'arc BD terminé par le rayon visuel AD, qui touche la circonférence de la terre au point D : ainsi, pour trouver cette distance ou cet arc, on concevra le triangle ADC rectangle en D, dont les côtés CA et CD sont connus, puisque le premier est la somme du rayon de la terre CB, et de la hauteur AB, et le second est le rayon CD : on fera donc la proportion suivante : *Le côté* CA ; *qui est la somme du rayon de la terre, et de la hauteur de la montagne, est au sinus de l'angle droit* ADC *comme le côté* CD, *ou le rayon de la terre est au sinus de l'angle opposé* CAD. Cet angle étant connu, on aura aussi son complément C. On saura donc combien l'arc BD contient de minutes et de secondes ; ainsi en prenant, dans l'étendue de la France et des pays qui sont aux mêmes degrés de latitude que les différentes parties de ce royaume, environ 57070 toises pour un degré, 951 pour chaque minute, et pour une seconde, à-peu-près 15 toises 5 pieds, on aura la grandeur de cet arc, ou la plus grande distance de laquelle on peut voir une montagne dont on connoît la hauteur.

44. Mais si l'on connoît la distance de laquelle on apperçoit seulement le sommet d'une montagne, et qu'on veuille en savoir la hauteur, on commencera par réduire en degrés, minutes et secondes la distance connue, et on aura l'angle C, dont la mesure est la distance ou l'arc BD; on connoîtra donc aussi son complément CAD: ensuite on cherchera le côté CA par cette analogie, *Le sinus de l'angle* A *est au côté* CD, *comme le sinus total est au côté* CA. Ce côté CA étant trouvé, on en retranchera le rayon de la terre CB, le reste sera la hauteur de la montagne.

45. On pourra voir par ce problême, en faisant le calcul, qu'afin qu'on apperçut une montagne à la distance de 2 degrés d'un grand cercle de la terre, c'est-à-dire, de 50 lieues, il faudroit que cette montagne eût plus de 2000 toises de hauteur : le Mont-Blanc en a 2450.

46. Si l'on suppose l'observateur sur une tour ou quelqu'autre objet élevé, tel que EF, et que, du point E, il apperçoive le sommet A de la montagne par le rayon visuel ADE, qui touche la surface de la terre au point D, on pourra trouver la distance ou l'arc BDF, pourvu que l'on connoisse la hauteur de la montagne et celle de la tour. Pour cela, on cherche d'abord l'arc BD par la première proportion exprimée ci-dessus (art. 43.) : ensuite il faudra faire une proportion semblable, fondée sur le triangle rectangle CDE, pour trouver l'arc DF, en disant : *Le côté* CE *est au sinus de l'angle* D, *comme le côté* CD *est au sinus de l'angle* E, dont le complément est

DCE, qui a pour mesure l'arc DF : ainsi l'on aura la grandeur de cet arc. Or, les deux arcs BD et DF font l'arc entier BDF, qui par conséquent sera connu. Pareillement, si l'on connoît la distance ou l'arc BDF, et la hauteur de la tour EF, on trouvera celle de la montagne AB, en faisant la proportion qu'on vient de rapporter pour trouver l'arc DF, lequel étant retranché de l'arc entier BDF donne l'arc BD. Or cet arc étant connu, on trouvera la hauteur AB par la proportion de l'article 44.

PROBLÊME VIII.

47. *La latitude du lieu étant donnée avec la déclinaison du Soleil, trouver la longueur de l'ombre méridienne d'un corps perpendiculaire à l'horizon, dont la hauteur est connue.*

1°. Si la déclinaison du Soleil est vers le même pole que la latitude du lieu, on fera l'analogie suivante : *Le sinus total est à la tangente de la différence entre la latitude et la déclinaison du Soleil, comme la hauteur du corps est à la longueur de l'ombre méridienne.*

2°. Mais si la déclinaison du Soleil est vers le pole opposé à celui de la latitude, on dira : *Le sinus total est à la tangente de la somme de la latitude et de la déclinaison, comme la hauteur du corps est à la longueur de l'ombre méridienne.*

Fig. 9. Soit AP la hauteur de l'objet, le Soleil S dont le rayon qui rase le sommet du corps est SAB, la longueur de l'ombre sera PB. Si l'on conçoit la hauteur AP prolongée vers le zenit marqué par Z, on aura l'angle SAZ, qui désignera la distance du Soleil au zenit, laquelle est égale à la différence entre la latitude du lieu et la déclinaison du Soleil dans le premier cas, et dans le second à la somme de l'une et de l'autre, puisque par l'hypothèse le Soleil est au méridien. Or, cet angle SAZ est égal à l'angle opposé BAP du triangle rectangle APB, dont je considère la hauteur AP comme le sinus total qui a pour centre le point A, et le côté PB, comme la tangente de l'angle A qui lui est opposé : ainsi l'on pourra dire dans le premier cas : *Le sinus total est à la tangente de la différence entre la latitude du lieu et la déclinaison du Soleil, comme la hauteur* AP *est à la longueur de l'ombre* PB; et dans le second cas : *Le sinus total est à la tangente de la somme de la latitude du lieu et de la déclinaison du Soleil, comme la hauteur* AP *de l'objet est à la longueur de l'ombre* PB.

48. Nous avons dit que quand le Soleil est du côté du pole élevé, sa distance, ou plutôt celle de son centre au zenit est égale à la différence entre la latitude du lieu et sa déclinaison : cela paroîtra par la fig. 10, dans laquelle le Soleil étant au point S vers le pole élevé P, sa distance au zenit est ZS, sa déclinaison AS : et d'ailleurs la latitude du lieu est ZA. Or, il est évident que ZS est la différence de la latitude ZA et de la déclinaison AS. Mais quand la déclinaison du Soleil est opposée à la latitude, comme si le Soleil est au point *s*, alors la distance Z*s* du Soleil au zenit est la somme de la latitude ZA et de la déclinaison A*s*. Nous supposons le Soleil au méridien.

49. Il faut, pour la pratique de ce problême, que le terrein soit bien horizontal depuis P jusqu'à B, ou du moins que le point B soit de niveau avec P : et alors on pourra connoître par cette méthode, quelle sera, à chaque jour de l'année, la longueur de l'ombre méridienne d'un même objet; par exemple, d'un clocher, d'une tour, &c. Nous allons encore proposer un problême qui est l'inverse du précédent.

PROBLÊME IX.

50. *Connoissant la latitude du lieu et la déclinaison du Soleil, trouver la hauteur d'un objet dont on a mesuré l'ombre méridienne.*

1°. Si la déclinaison du Soleil est vers le même pole que la latitude du lieu, c'est-à-dire, vers le pole élevé, on dira : *La tangente de la différence entre la latitude et la déclinaison du Soleil est au sinus total, comme la longueur de l'ombre méridienne est à la hauteur cherchée.*

2°. Lorsque la déclinaison du Soleil est vers le pole opposé à celui de la latitude, on dira : *La tangente de la somme de la latitude et de la déclinaison est au sinus total, comme la longueur de l'ombre méridienne est à la hauteur de l'objet.*

Ces deux proportions sont les inverses de celles du problème précédent : ainsi elles sont fondées sur les mêmes principes.

LIVRE QUATRIÈME.

Contenant plusieurs Problêmes de Trigonométrie sphérique.

QUOIQUE les Problêmes que nous allons proposer appartiennent à la Trigonométrie sphérique, on pourra néanmoins entendre les pratiques des méthodes dont nous nous servirons, sans avoir appris cette partie des mathé-mathiques : mais il faudra en supposer les démonstrations. D'ailleurs, les problêmes que nous allons expliquer seront un supplément pour les traités de Trigonométrie sphérique, où l'on a omis l'application aux problêmes d'Astronomie, et à ceux où ces problêmes ne sont pas expliqués d'une manière assez élémentaire.

PROBLEME PREMIER.

Connoissant la hauteur du pole sur l'horizon, la déclinaison du Soleil et la réfraction horizontale, trouver la longueur du jour, et par conséquent l'heure du lever et du coucher du Soleil. ART. I.

Soit le méridien HZPR, qui passe par le zenit Z et par le pole P : soit aussi l'horizon HR, l'équateur AT, l'arc PSD sera le quart d'un cercle de déclinaison ou d'un méridien qui passe par le Soleil S, et ZOS sera l'arc du vertical qui passe aussi par le Soleil, qui est encore environ à 32′ 54″ au-dessous de l'horizon, quand il commence à paroître le matin, parce que la réfraction horizontale OS est à-peu-près de cette quantité, savoir, 32′ 54″. Cela posé, l'arc AD de l'équateur désignera la moitié du jour, c'est-à-dire, le tems que le Soleil emploiera Fig. 13.

à parcourir l'arc AD de l'équateur, ou un arc semblable d'un parallèle, depuis le lever du Soleil jusqu'au méridien. (Cet arc de l'équateur ou d'un parallèle s'appelle arc *Semidiurne.*) Il s'agit donc de trouver l'arc semidiurne AD, qui est la mesure de l'angle APD ou SPZ, qui a son sommet au pole. Pour cela, je considère le triangle sphérique ZPS, dont les trois côtés sont connus par les conditions du problême, savoir, 1°. PZ, qui est le complément de la hauteur du pole PR, puisque l'arc ZPR, qui s'étend depuis le zenit jusqu'à l'horizon est un quart de cercle. 2°. PS, qui est le complément de la déclinaison DS du Soleil, parce que l'arc PD compris entre le pole et l'équateur est un quart de cercle : (si le Soleil déclinoit vers le pole abaissé, P*s* seroit la somme d'un quart de cercle et de la déclinaison) : 3°. enfin, le côté ZS, qui est la somme du quart de cercle vertical ZO contenu entre le zenit et l'horizon, plus de la réfraction horizontale OS. Supposons que la hauteur du pole soit de 49 degrés, la déclinaison du Soleil de 20 degrés : dans ce cas, le côté ZP du triangle sphérique sera de 41 degrés, le côté PS de 70 degrés, et le côté ZS de $90^d\ 32'$, (je néglige les secondes). Or, quand on connoît les trois côtés d'un triangle sphérique, on peut trouver les angles par la méthode suivante, que nous allons appliquer à la recherche de l'angle ZPS.

Fig. 13. 2. 1°. On cherchera l'excès du plus grand des côtés PS et PZ sur le plus petit des deux : on ajoutera cet excès avec la base ZS, et l'on prendra la moitié de la somme. 2°. On retranchera cet excès de la même base ZS, et on prendra la moitié du reste ou de la différence : 3°. On cherchera le logarithme du sinus de la moitié de la somme, et celui du sinus de la moitié de la différence : ensuite on ajoutera ces deux logarithmes avec le double du logarithme du rayon qui est le sinus total, ou de 90 degrés, pour en avoir la somme. 4°. On ôtera de cette dernière somme celle des logarithmes des sinus des deux côtés, qui comprennent

prennent l'angle P, la moitié du reste sera le logarithme du sinus de la moitié de l'angle P.

Dans notre exemple, les côtés PS et PZ sont, comme nous avons dit, l'un de 70 degrés, et l'autre de 41 degrés. Ainsi, 1°. l'excès de PS sur PZ sera 29 degrés; par conséquent la somme de cet excès et de la base ZS, qui contient 90ᵈ 32′, sera 119ᵈ 32′, dont la moitié est 59ᵈ 46′. 2°. La différence de la même base et de l'excès sera 61ᵈ 32′, dont la moitié est 30ᵈ 46′. 3°. Les logarithmes des sinus de 59ᵈ 46′ et de 30ᵈ 46′ sont 993650 et 970888, lesquels étant ajoutés avec 2000000, qui est le double du logarithme de 90 degrés (je retranche les deux derniers chifres de tous les logarithmes.), donnent la somme 3964538. 4°. Si de cette somme on ôte 1978993, qui est celle des logarithmes des sinus des côtés PS et PZ, il restera 1985545, dont la moitié 992772 est le sinus de 57ᵈ 51′ : ainsi l'angle P ou l'arc semi-diurne AD est double de 57ᵈ 51′, cet arc est donc de 115ᵈ 42′.

3. Quand on aura trouvé l'angle P, ou l'arc AD qui en est la mesure, on le réduira en heures, en minutes et secondes d'heure : pour cet effet, on comptera une heure pour 15 degrés et 4 minutes d'heure ou de tems pour un degré : ainsi, dans notre exemple, l'arc semi-diurne étant de 115ᵈ 42′, il donnera presque 7ʰ 43ᵐ : ainsi la moitié du jour est de 7ʰ 43ᵐ : par conséquent le Soleil se lève à 4ʰ 17ᵐ, ou se couche à 7ʰ 43ᵐ.

4. Cette méthode est fondée sur une proportion géométrique, démontrée dans la Trigonométrie sphérique, dont voici les quatre termes : le premier est le produit des sinus des deux côtés PS et PZ. Pour désigner le second, je suppose PS plus grand que PZ, et j'appelle l'excès SX : cela posé, le second terme est le sinus de la moitié de la somme de ZS plus SX multiplié par le sinus de la moitié de la différence de ZS à SX. Le troisième terme est le quarré du rayon; et enfin, le quatrième est le quarré du sinus de la moitié de l'angle P. On peut voir la

démonstration de cette proportion dans l'Astronomie de Lalande et ailleurs. Cette proportion étant supposée, on déduira facilement la méthode précédente, en faisant attention que la propriété des logarithmes est de convertir la multiplication en addition, et la division en soustraction ; car cela posé, on verra aisément que les trois premiers articles de la méthode tendent à représenter le produit des moyens, et que par le quatrième on fait la même chose que si on divisoit ce produit par le premier terme.

Il y a une autre méthode de trouver les angles d'un triangle sphérique dont on connoît les trois côtés. Nous l'avons expliquée au Problème V qui est vers la fin de la troisième section du Traité qui précède les Tables des Sinus, des Tangentes et des Logarithmes, que nous avons fait imprimer.

5. Si les deux côtés PS et PZ de l'angle P étoient égaux, on trouveroit cet angle par une seule analogie.

6. On peut, par le moyen de ce Problême, trouver le plus long jour de l'année pour chaque latitude : car ce plus long jour arrive lorsque le Soleil est au tropique le plus proche du pole élevé, et que, par conséquent, sa déclinaison est d'environ $23^d\ 28'$. Ainsi, quand on veut chercher quel est le plus grand jour de l'année pour Paris, dont la latitude est de $48^d\ 51'$, voici quels seront les trois côtés du triangle sphérique ZPS; PZ sera de $41^d\ 9'$, PS de $66^d\ 32'$, et ZS contiendra toujours $90^d\ 32'$. Cela étant, on trouvera que l'angle P ou l'arc semi-diurne AD qui en est la mesure, étant réduit en heures, donne $8^h\ 3^m$: d'où il suit que le plus long jour de l'année à Paris est de $16^h\ 6^m$.

7. Les arcs semi-diurnes faisant connoître la longueur des jours, et l'heure à laquelle le Soleil se lève ou se couche, ce qui peut servir à regler des horloges et des montres, j'ai cru qu'il étoit à propos de placer ici une table de ces arcs pour les dix degrés de latitude qui comprennent toute

l'étendue de la France, et un peu davantage. On a mis dans chaque colonne sous chacun des dix degrés de latitude marqués en haut, les arcs semi-diurnes réduits en heures pour chaque degré de déclinaison du Soleil jusqu'au douzième, et depuis le douzième degré, on a mis les arcs de demi-degré en demi-degré, en prenant seulement la déclinaison vers le pole élevé. Cette Table, qui montre la durée de la moitié du jour, y compris l'effet de la réfraction, est tirée en partie du livre de la *Connoissance des Tems* de 1759 et des années précédentes.

8. Il est facile de voir, à l'aide de cette Table, à quelle heure le Soleil se lève à un lieu dont on connoît la latitude contenue dans la Table, pourvu qu'on sache d'ailleurs la déclinaison du Soleil. Supposons, par exemple, qu'on veuille savoir à quelle heure le Soleil se lève pour un lieu qui est à 45 degrés de latitude lorsque le Soleil décline de 16^{d} vers le pole élevé : on cherchera dans la colonne qui est sous le 45me degré, le nombre qui est vis-à-vis de 16^{d} de déclinaison marqués dans la première colonne à gauche, on trouvera 7^{h} 10^{m}, il faut les ôter de 12^{h}, le reste 4^{h} 50^{m} fera connoître que le Soleil se lève pour lors à 4^{h} 50^{m}.

9. On peut aussi se servir de cette Table pour connoître, sans erreur sensible, l'heure du lever du Soleil dans les endroits dont la latitude est entre deux degrés qui sont dans la Table. Il s'agit, par exemple, de savoir à quelle heure le Soleil se lève à une ville qui a environ 51^{d} $45'$ de latitude, lorsque la déclinaison du Soleil est de 20^{d} vers le pole élevé : je cherche quelles sont les heures marquées vis-à-vis de 20 degrés de déclinaison dans les colonnes qui sont sous 51 et 52 degrés de latitude ; je trouve que c'est 7 heures 51 minutes, et 7 heures 55 minutes, dont la différence est 4 minutes ; et comme il s'agit d'une latitude qui excède 51^{d} de $45'$, c'est-à-dire, des trois quarts d'un degré, je prends les trois quarts de la différence, savoir, 3^{m} que j'ajoute à 7^{h} 51^{m}, la somme

7^h 54^m sera la moitié du jour dans l'endroit proposé au tems de la déclinaison marquée : par conséquent le Soleil s'y lèvera pour lors à 4^h 6^m.

10. Si on veut faire une proportion pour trouver la même chose, on dira : *Comme la différence de 51 à* 52^d *ou comme 60' sont à 45', ainsi la différence 4 est à un quatrième terme 3, qu'il faut ajouter à* 7^h 51^m, *que donne l'arc semi-diurne de* 51^d, *on aura la somme* 7^h 54^m.

11. On pourra trouver, par une méthode semblable, à quelle heure le Soleil se lèvera quand sa déclinaison sera entre celles qui sont marquées dans la Table, par exemple, quand elle sera de 18^d 20' vers le pole élevé, pourvu que la latitude du lieu soit dans la Table, ou du moins entre celles qui y sont marquées.

Table des Arcs semi-diurnes réduits en heures.

Latitudes ou hauteurs du Pole.

Déclinaison boréale du Soleil.

D.	M.	43 d. H.	43 d. M.	44 d. H.	44 d. M.	45 d. H.	45 d. M.	46 d. H.	46 d. M.	47 d. H.	47 d. M.
1		6	7	6	7	6	7	6	7	6	7
2		6	10	6	11	6	11	6	11	6	12
3		6	14	6	15	6	15	6	15	6	16
4		6	18	6	18	6	19	6	20	6	20
5		6	22	6	22	6	23	6	24	6	25
6		6	25	6	26	6	27	6	28	6	29
7		6	29	6	30	6	31	6	32	6	33
8		6	33	6	34	6	35	6	37	6	38
9		6	37	6	38	6	40	6	41	6	42
10		6	41	6	42	6	44	6	45	6	47
11		6	45	6	46	6	48	6	50	6	51
12		6	49	6	50	6	52	6	54	6	56
12	30	6	51	6	53	6	54	6	56	6	58
13		6	53	6	55	6	57	6	59	7	1
13	30	6	55	6	57	6	59	7	1	7	3
14		6	57	6	59	7	1	7	3	7	5
14	30	6	59	7	1	7	3	7	5	7	8
15		7	1	7	3	7	5	7	8	7	10
15	30	7	3	7	5	7	8	7	10	7	13
16		7	5	7	7	7	10	7	12	7	15
16	30	7	7	7	10	7	12	7	15	7	18
17		7	9	7	12	7	14	7	17	7	20
17	30	7	12	7	14	7	17	7	20	7	22
18		7	14	7	16	7	19	7	22	7	25
18	30	7	16	7	19	7	22	7	25	7	28
19		7	18	7	21	7	24	7	27	7	30
19	30	7	20	7	23	7	26	7	30	7	33
20		7	23	7	26	7	29	7	32	7	35
20	30	7	25	7	28	7	31	7	35	7	38
21		7	27	7	30	7	34	7	37	7	41
21	30	7	30	7	33	7	36	7	40	7	44
22		7	32	7	35	7	39	7	43	7	46
22	30	7	35	7	38	7	41	7	45	7	49
23		7	37	7	40	7	44	7	48	7	52
23	28	7	39	7	43	7	47	7	51	7	55

Suite de la Table des Arcs semi-diurnes réduits en heures.

Latitudes ou hauteurs du Pole.

Déclinaison boréale du Soleil.		48 d.		49 d.		50 d.		51 d.		52 d.	
D.	*M.*	*H.*	*M.*	*H.*	*M.*	*H.*	*M.*	*H.*	*M.*	*H.*	*M.*
1		6	8	6	8	6	8	6	8	6	9
2		6	12	6	12	6	13	6	13	6	14
3		6	17	6	17	6	18	6	18	6	19
4		6	21	6	22	6	22	6	22	6	24
5		6	25	6	26	6	27	6	27	6	29
6		6	30	6	31	6	32	6	33	6	34
7		6	34	6	36	6	37	6	38	6	40
8		6	39	6	41	6	42	6	43	6	45
9		6	44	6	45	6	47	6	48	6	50
10		6	48	6	50	6	52	6	54	6	56
11		6	53	6	55	6	57	6	59	7	1
12		6	58	7	0	7	2	7	4	7	7
12	30	7	0	7	3	7	5	7	7	7	10
13		7	3	7	5	7	7	7	10	7	12
13	30	7	5	7	8	7	10	7	13	7	15
14		7	8	7	10	7	13	7	15	7	18
14	30	7	10	7	13	7	15	7	18	7	21
15		7	13	7	15	7	18	7	21	7	24
15	30	7	15	7	18	7	21	7	24	7	27
16		7	18	7	21	7	24	7	27	7	30
16	30	7	20	7	23	7	26	7	30	7	33
17		7	23	7	26	7	29	7	33	7	36
17	30	7	26	7	29	7	32	7	36	7	39
18		7	28	7	31	7	35	7	38	7	42
18	30	7	31	7	34	7	38	7	42	7	45
19		7	34	7	37	7	41	7	45	7	49
19	30	7	36	7	40	7	44	7	48	7	52
20		7	39	7	43	7	47	7	51	7	55
20	30	7	42	7	46	7	50	7	54	7	58
21		7	45	7	49	7	53	7	57	7	2
21	30	7	48	7	52	7	56	8	1	8	5
22		7	50	7	55	7	59	8	4	8	9
22	30	7	53	7	58	8	2	8	7	8	13
23		7	56	8	1	8	6	8	11	8	16
23	28	8	0	8	4	8	9	8	14	8	20

Suite de la Table des Arcs semi-diurnes réduits en heures.

Déclinaison Australe du Soleil.

Latitud.	43°.		44°.		45°.		46°.		47°.	
D.	*H.*	*M.*	*H.*	*M.*	*H.*	*M.*	*H.*	*M.*	*H.*	*M.*
1	5	59	5	59	5	59	5	59	5	59
2	5	55	5	55	5	55	5	55	5	55
3	5	52	5	51	5	51	5	51	5	50
4	5	48	5	47	5	47	5	46	5	46
5	5	44	5	44	5	43	5	42	5	42
6	5	40	5	40	5	39	5	38	5	37
7	5	37	5	36	5	35	5	34	5	33
8	5	33	5	32	5	31	5	30	5	28
9	5	29	5	28	5	27	5	25	5	24
10	5	25	5	24	5	22	5	21	5	20
11	5	21	5	20	5	18	5	17	5	15
12	5	17	5	16	5	14	5	12	5	11
13	5	13	5	12	5	10	5	8	5	6
14	5	9	5	7	5	5	5	3	5	1
15	5	5	5	3	5	1	4	59	4	57
16	5	1	4	59	4	57	4	54	4	52
17	4	57	4	55	4	52	4	50	4	47
18	4	53	4	50	4	47	4	45	4	42
19	4	48	4	46	4	43	4	40	4	37
20	4	44	4	41	4	38	4	35	4	32
21	4	39	4	36	4	33	4	30	4	26
22	4	35	4	32	4	28	4	25	4	21
23	4	30	4	27	4	23	4	19	4	15
23½	4	27	4	24	4	21	4	17	4	12

Suite de la Table des Arcs semi-diurnes réduits en heures.

Déclinaison Australe du Soleil.

Latitud.	48°.		49°.		50°.		51°.		52°.	
D.	*H.*	*M.*	*H.*	*M.*	*H.*	*M.*	*H.*	*M.*	*H.*	*M.*
1	5	59	5	59	5	59	5	58	5	58
2	5	54	5	54	5	54	5	53	5	53
3	5	50	5	49	5	49	5	49	5	48
4	5	45	5	45	5	44	5	44	5	43
5	5	41	5	40	5	39	5	39	5	38
6	5	36	5	35	5	35	5	34	5	33
7	5	32	5	31	5	30	5	29	5	27
8	5	27	5	26	5	25	5	23	5	22
9	5	23	5	21	5	20	5	18	5	17
10	5	18	5	17	5	15	5	13	5	11
11	5	13	5	12	5	10	5	8	5	6
12	5	9	5	7	5	5	5	3	5	0
13	5	4	5	2	5	0	4	57	4	55
14	4	59	4	57	4	54	4	52	4	49
15	4	54	4	52	4	49	4	46	4	44
16	4	49	4	46	4	45	4	41	4	38
17	4	44	4	41	4	38	4	35	4	32
18	4	39	4	36	4	33	4	29	4	26
19	4	34	4	30	4	27	4	23	4	19
20	4	28	4	25	4	21	4	17	4	13
21	4	23	4	19	4	15	4	11	4	6
22	4	17	4	13	4	9	4	4	4	0
23	4	11	4	7	4	3	3	58	3	53
23½	4	8	4	4	3	59	3	53	3	49

12. Cette Table et le problême précédent peuvent aussi servir à connoître si une horloge ou une montre marque l'heure conformément au Soleil : pour cela on observera d'abord quelle heure il est à la montre quand le bord supérieur du Soleil commence à paroître, ensuite on examinera à quelle heure le bord inférieur se lève ; l'instant également éloigné de ces deux momens est le tems auquel le centre du Soleil s'est levé. Si donc ce tems est le même que celui qu'on trouve par le calcul ou dans la Table, c'est une marque que la montre est sur le Soleil : mais si ce tems est différent de l'heure trouvée par le calcul ou dans la Table, on connoîtra que la montre précède le Soleil ou le suit, et de combien. Je suppose, par exemple, que le bord supérieur du Soleil s'est levé lorsque la montre marquoit 4 heures 8 minutes, et que l'autre bord a paru sur l'horizon lorsqu'il étoit $4^h\ 10^m$ à la montre. Dans cette hypothèse, le centre du Soleil s'est levé à $4^h\ 9^m$, parce que ce moment est également distant de $4^h\ 8^m$ et de $4^h\ 10^m$: c'est pourquoi si on a trouvé par le calcul ou dans la Table, que le Soleil doit se lever ce même jour à $4^h\ 9^m$, la montre est sur le Soleil : mais si le calcul, ou la Table annonce le lever du Soleil à $4^h\ 5^m$, on connoîtra que la montre précède le Soleil de 4^m, puisqu'elle marque 9^m quoiqu'il n'en soit que 5.

13. On suppose ici que l'on puisse voir l'horizon dans l'endroit où le Soleil se lève ou se couche : c'est pourquoi lorsqu'il y a quelque montagne voisine vers l'orient ou vers l'occident, on est obligé de monter sur quelque hauteur. Pour regarder le Soleil sans danger de se blesser la vue, il faut avoir un verre noirci d'un côté par la fumée d'une chandelle, sur laquelle on passe lentement ce verre ; et afin que la couche de fumée qui s'y est attachée ne soit pas enlevée par l'attouchement des doigts ou des autres corps, on peut joindre un second verre au côté noirci du premier, une bordure de carte entre deux, et les assembler avec de la cire à cacheter ou du papier collé sur les bords.

14. Une montre peut marquer la même heure que le Soleil dans un tems, quoique son mouvement ne soit pas réglé sur celui du Soleil. Supposons, par exemple, que la montre marque la véritable heure du lever du Soleil, et qu'elle marque 4 minutes de plus qu'il n'est quand le Soleil se couche, alors le mouvement de la montre n'est pas réglé sur celui du Soleil, quoiqu'elle se soit rencontrée le matin avec cet astre : réciproquement il se peut faire qu'une montre ou une pendule ne marque pas la même heure que le Soleil : comme si la pendule marquoit 4 minutes de plus qu'il n'est au Soleil, tant à son lever qu'à son coucher. On peut dire, dans ce cas, que la pendule *précède* le Soleil; on dit aussi alors qu'elle *avance :* mais on se sert souvent de ce dernier terme pour exprimer que dans le même espace de tems elle marque plus d'heures et de minutes que le Soleil, comme il arrive dans le premier cas. Nous prendrons le terme *avancer* dans ce dernier sens; ainsi avancer et aller trop vîte signifieront la même chose. Or, en donnant ces significations à ces termes, une montre pourra précéder le Soleil sans avancer ou aller plus vîte que lui : mais si elle avance sur le Soleil, il faut qu'à la suite du tems elle le précède. On peut mettre la même différence entre *retarder* sur le Soleil et le suivre.

15. Cela posé, le problême précédent et la Table pourront aussi servir à connoître si le mouvement d'une montre est réglé sur celui du Soleil : car, par exemple, si elle précède autant le Soleil à son lever qu'à son coucher, ou bien au lever d'un jour, qu'à celui du suivant, c'est une marque que la montre est réglée sur le Soleil. (Je néglige ici l'augmentation ou la diminution qui arrive dans la durée d'un jour par le changement de la déclinaison du Soleil).

16. La méthode du premier problême est la même que celle dont on se sert pour trouver quelle heure il est à un instant pour lequel on connoît la hauteur du Soleil sur l'horizon, pourvu que l'on connoisse aussi sa décli-

naison et la latitude du lieu : car dans le triangle ZPS, le côté ZS, qui pour lors est moindre que le quart de cercle ZO, est le complément de la hauteur SO du Soleil : ainsi l'on connoît les trois côtés de ce triangle ; par conséquent on peut trouver l'angle P de la manière expliquée dans le problême. Or la mesure de cet angle est l'arc AD de l'équateur, qui étant réduit en heures et en minutes, donne le tems qu'il y a depuis l'instant pour lequel on connoît la hauteur du Soleil jusqu'à midi, si c'est le matin : ou depuis midi jusqu'à cet instant, si c'est au soir. Nous avons enseigné la méthode de prendre la hauteur du Soleil (art. 12 et 13 du troisième Livre).

Ces mots abrégés s. ar. que l'on trouvera dans les calculs suivans signifient *sinus artificiel*, c'est-à-dire logarit. du sinus : ainsi cette expression 70ᵈ s. ar. 997299 veut dire que l'arc ou l'angle de 70 degrés a pour sinus artificiel le nombre 997299, c'est le logarit. du sinus.

Voici un exemple dans lequel nous supposerons la latitude de 49ᵈ, la déclinaison du Soleil de 20ᵈ vers le pole élevé, et sa hauteur sur l'horizon de 42ᵈ.

EXEMPLE.

PS = 70ᵈ s. ar. 997299   ZS = 48ᵈ
PZ = 41 s. ar. 981694   PS — PZ = 29

PS — PZ = 27ᵈ som. 1978993   différence 19
ZS = 48   moit. de la diff. 9 30′

somme 77ᵈ
moit. de la som. 38ᵈ 30′ s. ar. 979415
moit. de la diff. 9 30′ s. ar. 921761
double du log. du rayon 2000000

somme 3901176
som. des s. ar. de PS et de PZ 1978993

reste 1922183   24ᵈ 6′
moit. du reste 961091 s. ar. de 24ᵈ 6

l'angle ZPS ou l'arc AD = 48ᵈ 12′.

Fig. 15. L'arc AD étoit donc alors de $48^d\ 12'$, qui étant réduits en heures, donnent presque trois heures 13 min. Si on suppose que la hauteur du Soleil a été prise avant midi, il faut retrancher ces 3 heures 13 minutes de 12 heures, et le reste $8^h 47^m$ est l'heure qu'il étoit dans l'instant que le Soleil étoit élevé de 42 degrés sur l'horizon. Si la hauteur du Soleil avoit été prise après midi, on en auroit conclu qu'il étoit dans ce moment 3 heures 13 minutes du soir.

Avant de passer au problême suivant, nous exposerons ici quelques propositions de Trigonométrie sphérique qui feront mieux entendre ce que nous avons à dire.

17. 1°. Dans un triangle sphérique rectangle, comme SXP rectangle en X, les côtés de l'angle droit sont de même espèce que les angles auxquels ils sont opposés, c'est-à-dire, que si un de ces angles, comme P, est aigu ou moindre que 90^d, le côté opposé SX est aussi moindre que 90^d; et si l'angle PSX est obtus, le côté PX est plus grand que 90^d ou qu'un quart de cercle: si donc les deux angles opposés au côté de l'angle droit sont aigus, ces deux côtés sont chacun moindres que 90^d: si ces deux angles sont obtus, les deux côtés sont chacun plus grands que 90^d: si un de ces angles est aigu et l'autre obtus, le côté opposé au premier est moindre qu'un quart de cercle, et celui qui est opposé au second est plus grand. Il pourroit se faire aussi que dans un triangle sphérique deux angles ou même les trois fussent droits.

18. 2°. Lorsque l'hypotenuse d'un triangle rectangle est moindre qu'un quart de cercle, les deux côtés de l'angle droit sont de même espèce, c'est-à-dire, qu'ils sont tous les deux moindres, ou tous les deux plus grands que 90^d: mais si l'hypoténuse est plus grande qu'un quart de cercle, les deux côtés sont de différentes espèces, l'un est plus grand et l'autre plus petit.

19. Pour abréger le discours, nous appellerons avec plusieurs auteurs, *cosinus et cotangentes* d'un arc ou d'un

angle, le sinus et la tangente du complément de cet angle: ainsi le cosinus ou la cotangente d'un angle de 56^d 12' est le sinus ou la tangente d'un angle de 33^d 48'. On donne la même dénomination aux sécantes.

Quand on a besoin du logarithme du cosinus ou de la cotangente d'un angle ou d'un arc, par exemple de 56^d 12', il n'est pas nécessaire de s'assurer d'abord quel est le complément de cet angle, afin de chercher ensuite dans les Tables le logarithme du sinus ou de la tangente de ce complément. Il suffit de chercher dans ces Tables 56^d 12', car on trouvera vis-à-vis, dans la même page, à la gauche, le logarithme qu'on cherche. Le logarithme du cosinus de 56^d 12' est 974531, celui de la cotangente est 982571. Les logarithmes des sinus et des tangentes sont appelés sinus *artificiels* et tangentes *artificielles*, pour les distinguer des sinus naturels et des tangentes qu'on appelle simplement sinus et tangentes; il en est de même des sécantes.

Nous allons proposer un second problême pour connoître la longueur des jours sans y comprendre l'augmentation causée par la réfraction, à laquelle on n'a point d'égard quand on veut déterminer la fin ou le commencement des climats.

PROBLÊME II.

20. *La hauteur du pole ou la latitude d'un lieu étant donnée avec la déclinaison du Soleil, trouver la longueur du jour pour ce lieu, sans y comprendre l'augmentation causée par la réfraction.*

Dans l'hypothèse de ce problême le jour ne commence que quand le Soleil est à l'horizon: ainsi, les deux arcs PS et ZS se rencontrent sur un point S de l'horizon. Cela supposé, il faut concevoir un arc d'un grand cercle tiré du point S perpendiculairement sur le méridien: cet arc ne sera pas différent de la partie SR de l'horizon, puis- Fig. 14.

que l'horizon est perpendiculaire au méridien. (Nous supposons la déclinaison du Soleil vers le pole élevé.) On aura donc le triangle sphérique rectangle SRP dont on connoît le côté PR qui est la hauteur du pole, l'hypotenuse PS complément de la déclinaison du Soleil, et l'angle droit R : ainsi, on trouvera l'angle SPR supplément de ZPS ou de l'arc AD en disant :

La cotangente du côté PR *est à la cotangente de l'hypotenuse* PS, *comme le sinus total est au cosinus de l'angle* SPR, *adjacent au côté connu* PR. Cet angle sera aigu, à cause qu'il est opposé au côté ou à l'arc perpendiculaire SR, qui est moindre qu'un quart de cercle.

Si la hauteur du pole est de 49ᵈ et la déclinaison du Soleil de 20ᵈ, le côté PR sera de 49ᵈ, et l'hypotenuse PS complément de la déclinaison, sera de 70ᵈ. Ainsi, les logarithmes des trois premiers termes de l'analogie seront 993916, 956107, 1000000, dont le premier étant ôté de la somme des deux autres, il laissera le reste 962191 qui est le cosinus artificiel de 65ᵈ 15′ : l'angle SPR sera donc de 65ᵈ 15′. Il faut l'ôter de 180ᵈ, le supplément sera de 114ᵈ 45′ ; c'est la valeur de l'angle SPZ ou de l'arc AD, qui étant réduit en heures, donne 7 heures 39 minutes, au lieu de 7 heures 43 minutes que nous avons trouvées en y comprenant l'augmentation qui vient de la réfraction.

21. Si le Soleil décline vers le pole abaissé, P*s* sera égal à P*d*+*ds*, c'est-à-dire, à la somme d'un quart de cercle et de la déclinaison du Soleil, et alors l'arc perpendiculaire moindre qu'un quart de cercle, sera *s*H, et le triangle rectangle à résoudre sera *s*HP dont on connoît le côté PH supplément de la hauteur du pole, l'hypotenuse P*s* et l'angle droit en H. Ainsi on trouvera l'angle cherché *s*PH par l'analogie précédente. Si donc la hauteur du pole est de 49ᵈ, et que la déclinaison du Soleil vers le pole inférieur soit de 20ᵈ, les trois premiers termes de la proportion seront les cotangentes de 131ᵈ ou plutôt du

supplémeut 49^d, celle de 110^d ou plutôt de 70^d, le sinus total et le cosinus de l'angle cherché.

22. A la place de l'analogie précédente on peut faire celle-ci : *La tangente de l'hypotenuse* PS *est à la tangente du côté* PR, *comme le sinus total est au cosinus de l'angle* SPR.

On voit bien que ces deux problêmes peuvent s'appliquer aux autres astres dont on connoît la déclinaison, de même qu'au Soleil.

23. On peut résoudre ce second problême par une autre méthode, en employant le triangle CDS, qui est rectangle en D, parce que le cercle de déclinaison PD est perpendiculaire à l'équateur AT. On connoît trois choses dans ce triangle : 1°. le côté DS qui est la déclinaison du Soleil; 2°. l'angle opposé SCD égal à l'angle ACH, qui a pour mesure l'élévation AH de l'équateur, laquelle est toujours le complément de la latitude ZA; 3°. enfin, l'angle en D qui est droit. Ainsi on pourra trouver le côté CD; c'est l'arc de l'equateur qui fait connoître de combien la durée de la moitié du jour surpasse six heures, lesquelles répondent au quart de cercle AC : car puisque l'arc semi-diurne est AD, et que le quart de cercle AC donne six heures, l'arc CD, qui est l'autre partie de AD, marquera l'excès de la moitié du jour sur 6^h. Voici la proportion qui fera trouver l'arc CD : *La tangente de l'angle* C *est à la tangente de l'arc* SD, *comme le sinus total est au sinus de l'arc* CD : c'est-à-dire, *la tangente du complément de la latitude est à la tangente de la déclinaison du Soleil, comme le sinus total est au sinus de l'arc cherché.*

En supposant que la latitude est de 49^d et la déclinaison du Soleil de 20^d vers le pole élevé, on trouvera que l'arc cherché CD est de 24^d $45'$, qui étant réduits en heures, donnent 1^h 39^m. Il faut donc ajouter 1^h 39^m à 6^h, la somme 7^h 39^m sera l'arc semi-diurne qu'on cherche. Si la déclinaison du Soleil avoit été vers le pole abaissé, il auroit fallu ôter 1^h 39^m de six heures, le reste 5^h 21^m auroit été l'arc semi-diurne.

24. L'arc CD est ce qu'on appelle la différence ascensionnelle (Liv. I. art. 57), parce que le point C de l'équateur étant dans le plan de l'horizon en même-tems que le point S, cet arc est compris entre le point C de l'équateur qui se lève sur l'horizon en même-tems que le Soleil, et le cercle de déclinaison de cet astre. Ainsi, pour trouver la différence ascensionnelle du Soleil ou d'un autre astre, il faut dire : *La tangente du complément de la latitude est à la tangente de la déclinaison de l'astre, comme le sinus total est au sinus de la différence ascensionnelle.*

25. Nous passons présentement au problême suivant, qui enseigne à déterminer l'amplitude, soit orientale, soit occidentale du Soleil ou de quelque autre astre dont on connoît la déclinaison. Il faut se souvenir que l'amplitude d'un astre est l'arc de l'horizon compris entre l'équateur et l'endroit où cet astre, par exemple, le Soleil, se lève ou se couche; ou, ce qui revient au même, l'amplitude orientale du Soleil est la distance de l'*est* ou du vrai orient au point où le Soleil se lève; et l'amplitude occidentale est la distance de l'*ouest* ou du vrai occident au point où le Soleil se couche.

PROBLÊME III.

26. *La latitude du lieu ou la hauteur du pole étant donnée, avec la déclinaison du Soleil et la réfraction horizontale, trouver l'amplitude orientale ou occidentale du Soleil.*

Fig. 13. Soit le méridien HZPR qui passe par le zenit Z et le pole P : soit aussi l'horizon HR, l'équateur AT le parallèle que décrit le Soleil ESF, et le Soleil S, que l'on voit le matin avant qu'il soit arrivé à l'horizon HR, parce que la réfraction le fait paroître plus élevé qu'il n'est effectivement : l'élévation qui est l'effet de la réfraction, est mesurée par l'arc SO du vertical ZOS, que l'on conçoit passer

passer par le Soleil : l'arc PSD sera un quart de cercle de déclinaison qui passe aussi par le Soleil. Cela posé, on connoît, comme dans le dernier problême, les trois côtés du triangle sphérique ZPS, savoir PS, qui est le complément de la déclinaison DS vers le pole élevé ; ZP qui est le complément de la hauteur du pole PR ; et enfin ZOS, somme du quart de cercle ZO, plus de la réfraction horizontale SO, qui est de 33'. Ainsi, on pourra trouver l'angle PZS, dont la mesure est l'arc OR de l'horizon. Mais d'ailleurs l'amplitude est l'arc CO, parce qu'il est compris entre le point C qui est l'intersection de l'équateur avec l'horizon et le point O où le Soleil se lève. Or cet arc CO est le complément de l'arc OR, parce que l'arc CR de l'horizon est un quart de cercle compris entre l'équateur et le méridien. Par conséquent l'amplitude est le complément de l'angle PZS, lorsque la déclinaison du Soleil est vers le pole élevé. Mais si le Soleil décline du côté du pole abaissé, l'amplitude sera la différence ou l'excès de l'angle PZ*s*, ou de sa mesure *o*R, sur un quart de cercle ; car, en concevant le Soleil au point *s* du parallèle I*s*L, l'amplitude est l'arc C*o* de l'horizon, et la mesure de l'angle PZ*s* est *o*R. Or il est évident que C*o* est l'excès de *o*R sur le quart de cercle CR.

27. Pour trouver l'angle PZS, 1°. on cherchera l'excès du plus grand côté ZS sur le plus petit ZP, et on l'ajoutera à la base PS, puis on prendra la moitié de la somme. 2°. On retranchera cet excès de la même base, et on prendra la moitié de la différence : et le reste comme dans le premier problême. Voici un exemple dans lequel on suppose la latitude de 49^d, et la déclinaison de $23^d 28'$: cette déclinaison est vers le pole élevé, et par conséquent PS est de $66^d 32'$ parce qu'il est le complément de la déclinaison. Ce seroit la somme de la déclinaison et de 90^d, si le Soleil étoit au midi de l'équateur, ou qu'il eût une déclinaison australe, comme cela arrive en automne et en hiver.

EXEMPLE.

$ZS = 90^d 32'$	s. ar. 999998.		$PS = 66^d 32'$.
$ZP = 4^d$	s. ar. 981694.		$ZS - ZP = 49^d 32'$.
$ZS - ZP = 49^d 32'$	som. 1981692.		différence, $17^d 0'$.
$PS = 66^d 32'$			moit. de la dif. $8^d 30'$.
somme, $116^d 4'$			
moit. de la som. 58 2	s. ar. 992858.		
moitié de la dif. 8 30	s. ar. 916970.		
double du logar. du rayon	2000000.		
somme	3909828.		
som. des s. ar. de ZS et ZP	1981692.		
reste	1928136.		$25^d 55' \frac{1}{2}$.
moitié du reste	964068.	s. ar. de	$25^d 55' \frac{1}{2}$.
		somme	$51^d 51'$.

Le complément de $51^d 51'$ est $38^d 9'$; ainsi l'amplitude est $38^d 9'$.

28. Si on n'avoit point d'égard à l'effet de la réfraction, il faudroit concevoir le Soleil au plan de l'horizon, et pour lors ZS ne seroit que de 90^d : mais on trouveroit l'amplitude en suivant la même méthode $37^d 22'$.

29. Quand on a égard à la réfraction, on trouve l'amplitude vers le pole élevé plus grande que celle qui est du côté du pole abaissé, la déclinaison du Soleil étant la même vers l'un et l'autre pole. La raison de cette diversité devient sensible par la figure 13 : car s'il n'y avoit point de réfraction, le Soleil ne paroîtroit que quand il est arrivé aux points M et *m*, qui sont les points d'intersection des parallèles EF et IL avec l'horizon ; et par conséquent les deux amplitudes auroient été CM et C*m* qui sont égales, parce que les parallèles sont également éloignés de l'équateur. Or, il est évident que par la réfraction l'amplitude CO devient plus grande que CM ; et qu'au contraire l'autre amplitude C*o* devient moindre que C*m*.

30. Mais l'augmentation d'une part, est égale à la diminution de l'autre : c'est pourquoi si l'on ajoutoit les deux amplitudes CO et C*o* causées par la réfraction, et qu'on prît la moitié de la somme, cette moitié seroit égale à l'amplitude CM ou C*m*, que le Soleil auroit s'il n'y avoit point de réfraction.

31. Lorsqu'on n'a point d'égard à la réfraction, on peut trouver l'amplitude CS plus aisément par le moyen du triangle CDS rectangle en D, dont on connoît 1°. le côté DS, qui est la déclinaison du Soleil ; 2°. l'angle opposé SCD égal à l'élévation ACH de l'équateur, laquelle est le complément de la latitude; 3°. enfin, l'angle en D, qui est droit à cause du cercle de déclinaison PD qui est perpendiculaire à l'équateur. Ainsi, pour trouver l'amplitude CS, il n'y aura qu'à faire cette proportion : *Le sinus de l'angle* C, *complément de la latitude*, *est au sinus de la déclinaison* DS, *comme le sinus total est au sinus de l'amplitude*. Dans l'exemple que nous avons donné, le complément de la latitude est de 41^d, la déclinaison du Soleil est de 23^d 28′; par conséquent les logarithmes des trois premiers termes de l'analogie marquée seront 981694, 960012, 1000000, dont le premier étant ôté de la somme des deux autres, le reste sera le nombre 978318, qui est le logarithme du sinus de 37^d 22′.

PROBLÊME IV.

32. *Connoissant la hauteur du pole avec la déclinaison du Soleil, trouver la hauteur sur l'horizon à quelque heure que ce soit du jour*. Ce problême est l'inverse de l'art. 16.

Soit le méridien HZPR qui passe par le zenit Z et par le pole P : soit aussi l'horizon HR, l'équateur AT et le Soleil au point S, l'arc PSD sera un quart de cercle de déclinaison qui passe par le Soleil, et ZSO sera un autre quart de cercle du vertical qui passe aussi par le Soleil. Cela étant, il s'agit de trouver l'arc SO, qui mesure la hauteur du Soleil sur l'horizon. Or, on trouvera ZS, qui est le complément de cet arc, par le triangle sphérique ZPS : car dans ce triangle on connoît trois choses, savoir, le côté PZ, complément de la latitude ZA; le côté PS, complément de la déclinaison du Soleil SD; et enfin l'angle ZPS ou APD mesuré par l'arc AD, dont on connoît les degrés par le tems qui est entre midi et le moment pour lequel on veut savoir la hauteur du Soleil, en prenant 15 degrés pour chaque heure (Liv. III. art. 32): si, par exemple, on veut savoir la hauteur du Soleil à $8^{h}\frac{1}{2}$ du matin, comme il y a $3^{h}\frac{1}{2}$ depuis ce moment jusqu'à midi, l'arc AD sera de $52^{d}\,30'$. Ainsi, dans le triangle ZPS on connoît deux côtés et l'angle qu'ils comprennent. On cherchera donc la hauteur SO, complément du côté ZS, par ce côté qui est opposé à l'angle ZPS. Il faut concevoir l'arc SX tiré perpendiculairement sur le côté PZ prolongé, s'il est nécessaire, ou du côté de P, ou du côté de Z : cet arc perpendiculaire, que nous supposons moindre que 90^{d}, tombera du côté de l'angle aigu formé par SP et par PZ prolongé, comme on vient de le dire : c'est pourquoi si l'angle SPZ est aigu, l'arc SX tombera du côté de cet angle; mais si l'angle SPZ est obtus, l'arc perpendiculaire tombera de l'autre côté. Cela posé, on cherchera d'abord le premier segment PX, que l'on trouvera par l'analogie suivante, tirée du triangle sphérique SXP rectangle en X, dont on connoît l'hypotenuse PS et l'angle XPS ou APD.

33. *Le cosinus de l'angle* P, c'est-à-dire, *le sinus du complément de cet angle, est au sinus total, comme la cotangente de l'hypotenuse* PS *est à la cotangente du côté* PX.

34. Le quatrième terme qu'on trouvera, peut convenir à un arc plus grand que 90^{d}, ou au supplément de cet arc. Or, on connoîtra que l'arc ou le segment PX est plus grand que 90 degrés, lorsque l'hypotenuse PS est plus grande qu'un quart de cercle : car comme le côté ou l'arc

perpendiculaire SX est pris moindre que 90 degrés, si on suppose l'hypotenuse PS plus grande que 90^d, il faut que l'autre côté PX soit aussi plus grand que 90^d (18) : mais si PS est moindre que 90^d, le segment PX est aussi plus petit que 90^d; en un mot, le segment PX est de même espèce que l'hypotenuse PS : d'où il suit que PX ne peut surpasser 90^d que quand le Soleil décline vers le pole abaissé ou inférieur.

35. Quand on aura trouvé PX, comme d'ailleurs on connoît le côté PZ, on trouvera aussi l'autre segment ZX: car 1°. si l'angle connu P est aigu, et que PX soit moindre que PZ, il faudra ôter PX de PZ, le reste sera ZX, parce que, dans ce cas, l'arc perpendiculaire SX tombe en dedans du triangle PSZ. 2°. Si l'angle P, étant encore aigu, PX est plus grand que PZ, il faudra ôter PZ de PX, le reste sera ZX; car alors l'arc SX tombe hors du triangle PSZ du côté de Z. 3°. Enfin, si l'angle P est obtus, on ajoutera PZ à PX, la somme sera ZX, parce que pour lors l'arc perpendiculaire tombe hors du triangle PSZ du côté de P. Le segment ZX étant connu, on trouvera le côté ZS par cette seconde analogie.

Le cosinus de l'arc PX *est au cosinus de* ZX, *comme le cosinus du côté* PS *est au cosinus du côté* ZS c'est-à-dire, *au sinus de l'arc* SO, qui est la hauteur du Soleil pour le moment supposé.

Si la latitude est de $48^d\ 51'$, la déclinaison du Soleil de $23^d\ 28'$, et qu'on veuille connoître la hauteur du Soleil à $8^h\frac{1}{2}$ du matin, les trois premiers termes de la première proportion seront le cosinus de $52^d\ 30'$: valeur de l'angle P, le sinus total et la cotangente de $66^d\ 32' = \text{PS}$, dont les logarithmes sont 978445, 1000,000, 963761, qui feront trouver le nombre 985316 cotangente artificielle de $54^d\ 30'$, qui est la valeur du segment PX. Ainsi ce segment est plus grand que PZ, qui n'est que de $41^d\ 9'$: il faut donc retrancher PZ de PX, et le reste $13^d 21'$ sera l'autre segment ZX. Après cela on viendra à la seconde proportion, dont les trois premiers termes sont le cosinus de $54^d\ 30'$, celui de $13^d\ 21'$, et celui de $66^d\ 32'$, lesquels ont pour logarithmes 976395, 998810, 960012. Or, le premier de ces logarithmes étant retranché de la somme des deux autres, le reste sera de 982427, qui est le sinus artificiel de $41^d\ 51'$. Ainsi la hauteur SO du Soleil, qui est le complément du côté ZS, est de $41^d\ 51'$ à $8^h \frac{1}{2}$ du matin, la latitude du lieu étant de $48^d \frac{1}{2}\ 51'$, et la déclinaison du Soleil de $23^d\ 28'$ vers le pole élevé.

Si la déclinaison du Soleil avoit été du côté du pole inférieur, le segment PX auroit été (34) le supplément de $54^d\ 30'$, parce que dans ce cas le côté PS auroit été plus grand que 90^d.

36. Quand quelqu'un des termes connus dont on prend le complément dans une analogie est plus grand que 90^d, alors ce complément est celui du supplément de ce terme. Or, ce complément est la même chose que l'excès du même terme sur 90^d : par exemple, si l'angle ZPS est de 105^d, le supplément sera 75, dont le complément est 15. Or, 15 est l'excès de 105 sur 90.

La latitude du lieu et la déclinaison du Soleil étant supposées les mêmes que dans l'exemple précédent, si l'on veut savoir, la hauteur du Soleil à 5^h du matin, c'est-à-dire, quand l'angle ZPS est de 105^d, on trouvera $8^d.\ 16'$.

37. Au lieu de l'analogie de l'art. 33, on auroit pu se servir de celle-ci pour trouver le segment PX : *Le sinus total est au cosinus de l'angle* P, c'est-à-dire, *au sinus du complément de cet angle, comme la tangente du côté* PS *est à la tangente du segment* PX.

38. Quand l'angle ZPS est aigu, s'il arrivoit que le segment PX fût égal au côté PZ, alors l'arc perpendiculaire SX se confondroit avec le côté SZ, qui feroit par conséquent le triangle ZPS rectangle en Z : dans ce cas, on trouveroit ZS complément de la hauteur, par une analogie dans laquelle on compareroit les sinus des angles avec les sinus des côtés opposés, en disant :

Le sinus de l'angle droit PZS, *ou le sinus total, est au sinus du côté opposé* PS, *comme le sinus de l'angle* P *est au sinus du côté opposé* ZS.

39. Si on veut trouver la hauteur du Soleil à 6 heures, soit du matin, soit du soir, l'angle P sera droit; et pour lors on trouvera ZS qui sera l'hypotenuse par une seule analogie, en disant : *Le sinus total est au cosinus de* PZ, *comme le cosinus* PS *est au cosinus de* ZS; c'est-à-dire, *le sinus total est au sinus de la latitude, comme le sinus de la déclinaison du Soleil est au sinus de sa hauteur.* Si on suppose la latitude de 49^d, et la déclinaison du Soleil de 20^d, on trouvera la hauteur de 14^d 58'.

40. Nous avons expliqué comment on trouve la hauteur du Soleil par observation dans le second problême du troisième Livre; et nous avons dit dans le même problême, art. 16, qu'on peut connoître tous les jours la hauteur du Soleil à midi, sans observation et sans calcul, pourvu qu'on connoisse sa déclinaison et l'élévation de l'équateur sur l'horizon; car s'il décline vers le pole élevé, sa hauteur méridienne est égale à la somme de sa déclinaison et de l'élévation de l'équateur : s'il décline vers le pole inférieur, sa hauteur est égale à la différence de ces deux quantités : et enfin, si sa déclinaison est nulle, c'est-à-dire, s'il répond à l'équateur, sa hauteur méridienne est égale à l'élévation de ce cercle.

41. Pour faire entendre plus facilement le problême V, nous ajouterons ce qui suit. Supposons que le cercle OMVN représente un plan horizontal; le diamètre MN le méridien, et les deux extrémités M et N le midi et le nord; que le diamètre OV désigne aussi le premier vertical, et les deux extrémités O et V l'orient et l'occident; enfin, que les deux diamètres AR, BT représentent deux autres verticaux, et le centre C le zenit par lequel passent tous les verticaux. Tous ces cercles étant perpendiculaires au plan horizontal, les lignes qui sont les intersections communes des cercles verticaux avec ce plan, font entre

elles les mêmes angles que ces verticaux font les uns avec les autres. Ainsi les lignes AR et BT font, avec la méridienne MN, les mêmes angles que les verticaux représentés par ces lignes, font avec le méridien. Si on suppose qu'il y ait un style perpendiculaire élevé du point C, et que le Soleil S réponde au vertical désigné par AR, l'ombre du style sera dirigée selon la même ligne CA : de même, si le Soleil *s* répond au vertical BT, l'ombre du style tombera sur CB, dans la partie opposée au Soleil; en sorte que le Soleil étant toujours vers le midi par rapport à nous, l'ombre du style sera toujours dirigée vers le nord, quoique ce ne soit pas directement.

42. Cela posé, puisque la ligne d'ombre du style tombe sur celle qui représente le vertical du Soleil, il paroît que l'angle DCA, que doit faire la méridienne CD avec la ligne d'ombre CA, est le même que celui qui est compris entre le méridien et le vertical du Soleil du côté du nord, ou plutôt du pole boréal, qui est le pole élevé pour nous. Or, cet angle est opposé par le sommet, et par conséquent égal à un autre qui est compris entre les mêmes cercles, et qui regarde le pole abaissé. Il suffit donc de connoître la valeur de ce dernier angle, afin d'avoir celui que doit former la méridienne avec la ligne d'ombre. Or, cet angle étant donné, on tracera aisément la méridienne, comme nous l'allons dire dans le problême suivant, qui ne suppose pas que le style soit perpendiculaire au plan : il est même plus commode dans la pratique de le faire courbe, ou du moins oblique.

PROBLÊME V.

43. *Tracer une méridienne sur un plan horizontal par un seul point d'ombre de l'extrémité d'un style, la hauteur du pole étant connue avec la déclinaison du Soleil et sa hauteur sur l'horizon.*

On suppose que l'on a trouvé par la méthode de l'article

ticle 6, Livre III, le pied du style, qui est le point C, fig. 7, et que l'on a pris le point d'ombre A ou B, auquel on a tiré la ligne d'ombre CA ou CB. Il s'agit donc de trouver quel angle doit faire la méridienne avec la ligne d'ombre, afin de tirer du point C une ligne CD, qui fasse, avec CA ou CB, un angle DCA ou DCB, égal à celui qu'on aura trouvé, cette ligne CD sera la méridienne cherchée. Or, cet angle que doit faire la méridienne avec la ligne d'ombre, est le même (41) que l'angle compris entre le méridien et le vertical auquel répond le Soleil, soit qu'on prenne cet angle du côté du pole élevé ou du côté du pole abaissé. Soit le méridien HZPR, fig. 15, le vertical ZSO, auquel répond le Soleil S, l'angle AZS qui regarde le pole inférieur, est celui qu'il faut chercher : cet angle est le supplément de PZS. Or, on trouvera l'angle PZS par le triangle sphérique ZPS, dont on connoît les trois côtés, savoir, ZP complément de la latitude, PS complément de la déclinaison du Soleil, et ZS complément de la hauteur du Soleil: on se servira, pour cet effet, de la méthode expliquée dans le troisième problême (27); et quand cet angle sera connu, on prendra son supplément AZS : c'est celui auquel doit être égal l'angle DAC, ou DCB de la fig. 7; mais on observera qu'il faut tirer la méridienne CD à l'orient de la ligne d'ombre, si le point d'ombre a été marqué avant midi; et à l'occident de cette ligne, si le point d'ombre a été pris après midi. Il est à propos de faire le calcul sur plusieurs points d'ombre, afin de s'assurer davantage de l'exactitude de l'opération. Fig. 15.

On peut se servir du point d'ombre A ou B pour trouver la hauteur du Soleil, selon la méthode expliquée dans le second problême du troisième Livre : ou si l'on connoît l'heure précise à laquelle on a marqué le point d'ombre, on trouvera la hauteur du Soleil par le problême précédent.

PROBLÊME VI.

44. *Connoissant l'obliquité de l'écliptique et la déclinaison du Soleil, trouver son ascension droite.*

L'ascension droite du Soleil n'est autre chose que l'arc de l'équateur compris entre l'équinoxe ou le commencement d'*aries* et le Soleil, en allant, selon la suite des signes, c'est-à-dire, d'occident en orient. Le Soleil peut être ou dans le premier quart de cercle de l'écliptique, lequel s'étend depuis le point équinoxial du printems jusqu'au point du solstice d'été; ou dans le second, qui est depuis ce dernier point jusqu'à celui de l'équinoxe d'automne; ou dans le troisième, qui est le suivant; ou enfin dans le quatrième. Il s'agit de savoir comment on trouve l'ascension droite dans chacun de ces quatre cas.

Fig. 16. Soit le méridien AZPT, le pole du monde P, l'équateur AT, l'écliptique EL qui coupe l'équateur au point I, le cercle de déclinaison PSD qui passe par le Soleil S, qui est tantôt à l'orient, tantôt à l'occident de l'intersection de l'équateur avec l'écliptique; on aura le triangle SDI rectangle en D, parce que tout cercle de déclinaison est perpendiculaire à l'équateur. Or, dans ce triangle sphérique on connoît trois choses, savoir le côté SD qui est la déclinaison du Soleil, l'angle opposé I qui est l'obliquité de l'écliptique ou l'angle de l'écliptique avec l'équateur $23^d 28'$, et enfin l'angle droit. On pourra donc trouver l'arc ID de l'équateur par l'analogie suivante.

La tangente de l'angle I *est à la tangente du côté opposé* SD, *comme le sinus total au sinus du côté* ID, c'est-à-dire, *la tangente de l'obliquité de l'écliptique est à la tangente de la déclinaison du Soleil, comme le sinus total au sinus de l'arc* ID.

45. Quand le Soleil est dans le premier et le quatrième quart de cercle, c'est-à-dire, au printems et en hiver, il faut concevoir que le point d'intersection I est le com-

mencement du bélier ; et quand il est dans le second ou le troisième quart de cercle, savoir en été et en automne, il faut regarder ce point I comme l'équinoxe d'automne ou le commencement de la balance. De plus, lorsque le Soleil est dans le premier quart de cercle, l'arc ID est son ascension droite : quand il est dans le second, l'ascension est le supplément de l'arc ID : lorsqu'il est dans le troisième quart de cercle, l'ascension est la somme de la demi-circonférence qu'il a déjà passée, et de l'arc ID : et quand il est dans le quatrième, l'ascension est la somme des trois quarts de cercle au-delà desquels il se trouve, c'est-à-dire, de 270^d, et du complément de l'arc ID.

En supposant la déclinaison du Soleil de 20^d, les logarithmes des trois premiers termes de l'analogie seront 963761, 956107, 1000000 : le premier étant retranché de la somme des deux autres, le reste sera 992346, qui est le sinus artificiel de 56^d 58'. L'arc ID, dans cette hypothèse, est donc de 56^d 58'. Par conséquent ce sera l'ascension droite dans le premier cas. Dans le second l'ascension droite sera le supplément 123^d 2' : dans le troisième cas ce sera 236^d 58', et dans le quatrième 303^d 2'.

PROBLÈME VII.

46. *La durée d'un jour pour quelque lieu étant connue avec la déclinaison du Soleil, trouver la latitude du lieu.*

Quand il s'agit de la durée d'un jour, on y renferme souvent l'augmentation causée par la réfraction, et quelquefois on n'y a point d'égard, c'est-à-dire, qu'on prend la durée d'un jour pour celle qu'il auroit, s'il n'y avoit point de réfraction. Nous supposerons d'abord qu'on y ait égard, en comptant la durée du jour depuis le moment que le centre du Soleil paroît sur l'horizon, jusqu'à l'instant auquel il disparoît. Nous examinerons ensuite le second cas.

I. CAS. Il faut prendre la moitié du jour, qu'on réduira

en degrés, en comptant 15 degrés pour chaque heure (Liv. 3, art. 32); et on aura l'arc de l'équateur compris entre le méridien et le cercle de déclinaison qui passe par le Soleil dans l'instant qu'il se lève ou qu'il se couche: par exemple, si la moitié du jour est $7^h 43^m$, cet arc sera $115^d 45'$; d'ailleurs on connoît, par l'hypothèse, la déclinaison du Soleil au tems de son lever ou de son coucher.

Fig. 13. Cela posé, soit le Soleil au point S, fig. 13, dans le moment qu'il paroît sur l'horizon HR, quoiqu'il soit encore au-dessous, la réfraction horizontale sera l'arc SO du vertical ZOS, qui passe par le zenit Z: en concevant un cercle de déclinaison PSD, qui soit tiré du pole P de l'équateur ou du monde, et qui passe par le Soleil, on aura le triangle sphérique PZS, dans lequel on connoît trois choses, 1°. l'angle ZPS ou APD mesuré par l'arc AD de l'équateur, lequel arc sera connu en prenant 15 degrés pour chaque heure; 2°. le côté PS, qui est le complément de la déclinaison du Soleil, s'il est du côté du pole élevé; mais s'il décline vers le pole abaissé, ce côté est la somme d'un quart de cercle et de la déclinaison; 3°. le côté ZS, somme du quart de cercle ZO et de la réfraction horizontale SO, qui est de 32'. Il s'agit de connoître le troisième côté ZP, qui est le complément de la latitude ZA.

47. Pour cela on se servira des deux analogies du problême IV: on imaginera donc un arc de grand cercle, comme SX, tiré du point S perpendiculairement sur le côté ZP prolongé, selon qu'il est nécessaire, ou vers P, ou vers Z: cet arc perpendiculaire que nous supposons moindre qu'un quart de cercle, et qui tombera par conséquent du côté de l'angle ZPS, s'il est aigu, et de l'autre côté, s'il est obtus, formera les deux segmens PX, ZX, et fera le triangle rectangle SXP, par lequel on trouvera le segment PX en disant: *Le cosinus de l'angle* P, c'est-à-dire, *le sinus du complément de cet angle, est au sinus total, comme la cotangente de l'hypotenuse* PS

est à la cotangente du côté PX, qui est de même espèce que PS (34).

48. Quand on connoîtra PX, on cherchera XZ par cette autre analogie : *Le cosinus de* PS *est au cosinus de l'autre côté connu* ZS, *comme le cosinus de* PX *est au cosinus de* ZX. Ce second segment ZX sera toujours plus grand qu'un quart de cercle : car dans le triangle rectangle SXZ, l'hypotenuse ZS étant plus grande qu'un quart de cercle, les deux côtés SX et ZX sont de différente espèce (18). Or, l'arc perpendiculaire SX est moindre que 90 degrés ; ainsi l'autre côté ZX est plus grand qu'un quart de cercle. D'où il suit que l'arc SX tombe toujours hors du triangle PZS, soit vers P, soit vers Z, selon que l'angle ZPS est obtus ou aigu. Les deux segmens PX et ZX étant connus, on trouvera le côté PZ en comparant ensemble ces deux segmens ; car, si on retranche le plus petit du plus grand, le reste sera le côté PZ : or, le complément de PZ est la latitude de ZA. Ainsi, ce premier cas, qui est l'inverse du premier problême, contient une méthode pour trouver la hauteur du pole, différente de celles que nous avons données dans le problême III du troisième Livre. Fig. 13.

Voici un exemple dans lequel nous supposons que la moitié du jour, y compris l'effet de la réfraction, est de 7 heures 43 minutes, la déclinaison du Soleil étant de 20 degrés. On réduira d'abord 7 heures 43 minutes en degrés. On aura $115^{d}45'$, qui sont la valeur de l'angle ZPS : d'ailleurs PS, complément de la déclinaison, est de 70 degrés et ZS est de $90^{d}32'$: ainsi, les logarithmes des trois premiers termes de la première analogie sont les nombres 963794, 1000000, 956107, qui feront trouver le quatrième 992313, cotangente artificielle de $50^{d}3'$, qui est la valeur du segment PX : après cela on viendra à la seconde analogie, dont les trois premiers termes ont pour logarithmes 953405, 796887, 980762. Or, le premier de ces logarithmes étant retranché de la somme des deux autres, on aura le reste 824244, qui est le cosinus artificiel de 90 degrès, mais comme ZX doit être plus grand que 90 degrés, il sera égal à 91^d, supplément de 89^d. A présent; si l'on retranche PX de ZX, c'est-à-dire, $50^d\ 3'$ de 91^d, le reste $40^d 57'$ sera le côté PZ, et le complément $49^d\ 3'$ sera la latitude ZA.

49. II. CAS. On peut se servir de la même méthode quand on n'a point d'égard à la réfraction : dans ce cas, elle devient beaucoup plus courte; car, le point S étant alors à l'horizon, l'arc perpendiculaire SX est la partie
Fig. 14. SR de l'horizon (fig. 14), puisque l'horizon est perpendiculaire au méridien HZPR; et par consequent on trouvera la hauteur du pole PR par le triangle rectangle PRS, dont on connoît l'hypotenuse PS, l'angle SPR supplément de ZPS, et l'angle droit R : il faudra dire : *Le sinus total est au cosinus de l'angle* SPR, *comme la tangente de l'hypotenuse* PS *à la tangente du côté* PR. Si la durée de la moitié du jour est de 7 heures 39 minutes, et la déclinaison du Soleil de 20 degrés, les logarithmes des trois premiers termes de cette proportion seront 1000000, 9621186, 1043893 : or, le premier de ces trois nombres étant retranché de la somme des deux autres, on trouve le reste 1006079, qui est la tangente artificielle de 90 degrés : c'est la hauteur du pole PR.

50. Voici encore une autre méthode pour le second cas : on prendra la moitie du jour, et on réduira la différence de cette moitié avec 6 heures en degrés, minutes et secondes, en prenant 15 degrés pour une heure (Liv. 3, art. 32) : cette différence ainsi réduite sera la différence ascensionnelle, c'est-à-dire l'arc de l'équateur compris entre le cercle de déclinaison du Soleil et le point de l'équateur qui se lève ou se couche en même tems que le Soleil : si, par exemple, la moitié du jour est de $7^h\ 39^m$, on réduira la différence $1^h\ 39^m$ en degrés, et l'on aura la différence ascensionnelle égale à $24^d\ 45'$.

Dans la fig. 14, le cercle HZPR représente le méridien, les points Z et P, le zenit et le pole du monde, HR l'horizon, AT l'équateur, S le Soleil, SD sa déclinaison; l'arc CD sera donc la différence ascensionnelle, parce que c'est l'arc de l'équateur compris entre le cercle de déclinaison du Soleil et le point C, qui se lève ou se couche en même tems que le Soleil S, puisque ces deux points C et S sont tous les deux ensemble à l'horizon : ainsi dans le triangle CDS, rectangle en D, on connoît trois choses, le côté CD, le côté SD, et l'angle droit D; par conséquent, l'on pourra trouver l'angle SCD égal à l'angle ACH, qui est l'élévation de l'équateur sur l'horizon, et dont la mesure est l'arc AH complément de la latitude AZ. Voici l'analogie qui fera trouver l'angle C. *Le sinus du côté* CD *est au sinus total, comme la tangente du côté* SD *est à la tangente de l'angle opposé* C, c'est-à-dire, *le sinus de la différence ascensionnelle est au sinus total, comme la tangente de la déclinaison du Soleil est à la tangente du complément de la latitude.*

Voici l'exemple qu'on a déjà rapporté : la moitié du jour est de 7 heures 39 minutes, et par conséquent la différence ascensionnelle sera de $24^d 45'$: d'ailleurs la déclinaison du Soleil soit de 20 degrés, les logarithmes des trois premiers termes de la proportion seront 962186, 1000000, 956107; le premier étant ôté de la somme des deux autres, on trouvera le reste 993921, qui est la tangente artificielle de 41^d dont le complément 49^d est la latitude du lieu dans lequel la moitié du jour est de $7^h 39^m$, lorsque le Soleil décline de 20 degrés vers le pole élevé.

51. REMARQUES. 1°. La réfraction des rayons du Soleil causée par l'air, augmente, dans l'hypothèse présente, la moitié du jour d'environ 4 minutes, c'est-à-dire, qu'à cause de la réfraction, la durée du demi-jour est de 7 heures 43 minutes (3 et 20), au lieu qu'elle ne seroit que de 7 heures 39 minutes s'il n'y avoit point de réfraction. 2°. Ce second cas est l'inverse du second problème,

et l'analogie que nous employons ici est l'inverse de celle dont nous nous sommes servis dans l'article 23.

52. C'est par le second cas de ce probléme que l'on détermine le commencement, la fin et la latitude ou la largeur des climats d'heures, ou plutot de demi-heures. On veut savoir, par exemple, quelle est la largeur du huitième climat, c'est-à-dire, de celui à la fin duquel le plus long jour est de 12 heures plus 8 demies, ou de 16 heures, sans y comprendre la réfraction, car dans la détermination des climats on n'a point d'égard à la réfraction. Pour cela on cherche quelles sont les latitudes de deux lieux, dans l'un desquels la durée du jour est de $15^h\,30^m$, et dans l'autre de 16^h, lorsque la déclinaison du Soleil vers le pole élevé est de $23^d\,28'$, auquel tems arrive le plus long jour de l'année : la différence de ces deux latitudes sera la largeur du huitième climat : on la trouvera d'environ $3^d\,30'$. De plus, la latitude du premier lieu montrera le commencement de ce climat, et celle du second en marquera la fin.

PROBLÊME VIII.

53. *Trouver le commencement, la fin et la largeur des climats de mois.*

La largeur de ces climats dépend de la grandeur de l'arc de l'écliptique qui reste toujours sur l'horizon dans les lieux qui sont à la fin des climats, quoique la sphère fasse sa révolution journalière d'orient en occident. Ainsi, par exemple, pour qu'un lieu soit à la fin du premier climat de mois il faut que l'arc de l'écliptique qui demeure toujours sur l'horizon de ce lieu, soit assez grand pour que le Soleil emploie un mois à le parcourir ; car alors, le jour sera d'un mois sur cet horizon ; ainsi des autres climats de mois. Cet arc qui demeure toujours sur l'horizon d'un lieu sans jamais descendre au-dessous, nous l'appellerons *supérieur*. L'arc supérieur de la fin du premier climat

climat est à-peu-près de 30 degrés celui de la fin du second climat est de 60[d], &c. Donc pour déterminer la fin d'un climat de mois, par exemple, du premier, il faut chercher quelle est la latitude du lieu dont l'arc supérieur est de 30 degrés. Or, pour cet effet on observera que le milieu de l'arc supérieur est le point du solstice le plus près du pole élevé. Ainsi entre le milieu de cet arc et le point équinoxial il y a un quart de cercle de l'écliptique que l'on doit concevoir coupé par un cercle de déclinaison, au point qui termine l'arc supérieur.

54. Pour mieux entendre ce dont il s'agit, l'on considérera la fig. 17, dans laquelle le méridien est HZPR, l'horizon HR, l'équateur AT, les deux tropiques EF et IL : si on conçoit que par la révolution de la sphère d'orient en occident, l'extrémité de l'arc supérieur réponde au méridien PRT, qui est un cercle de déclinaison. (cela arrive lorsque cette extrémité touche l'horizon), RT sera la déclinaison de ce point de l'écliptique qui termine cet arc. Or, RT est le complément de la hauteur du pole PR, puisque l'arc PRT est un quart de cercle qui s'étend depuis le pole jusqu'à l'équateur. Par conséquent, si l'on peut trouver la valeur de la déclinaison RT, on aura la hauteur du pole PR, nécessaire pour que l'arc supérieur contienne 30 degrés. Voici comment on trouvera la déclinaison RT de l'extrémité de cet arc. Concevons que dans la fig. 16 l'arc SD représente la déclinaison RT de l'extrémité de l'arc supérieur, et que le point L de l'écliptique EL est l'extrémité de l'arc supérieur, en sorte que IS soit le complément de la moitié de cet arc, alors on connoîtra trois choses dans le triangle sphérique SID rectangle en D, savoir, l'angle droit, l'angle I qui est l'obliquité de l'écliptique, et le côté IS, qui, dans notre exemple, est de 75 degrés, parce que c'est le complément de 15 degrés, moitié de l'arc supérieur qu'on suppose de 30 degrés. Ainsi l'on trouvera la déclinaison SD du point S par cette analogie : *Le sinus total est au sinus de l'hypo-* Fig. 16.

tenuse IS, *comme le sinus de l'obliquité de l'écliptique est au sinus de l'arc* SD, *qui est la déclinaison du point* S, complément de la hauteur du pole : elle se trouvera de 67° 23'.

On trouvera de la même manière, que la fin du second climat est à 69^d 50' de latitude ; que la fin du troisième climat est à 73^d 39' ; que la fin du quatrième est à 78^d 31' ; que la fin du cinquième est à 84^d 5'. Pour le sixième il finit au pole. Le commencement du premier climat est au cercle polaire ; celui du second est à la fin du premier ; celui du troisième est à la fin du second, ainsi de suite. Or, en prenant la différence des latitudes du commencement et de la fin de chaque climat, l'on aura sa largeur : celle du premier est 51', celle du second est 2^d 27', celle du troisième 3^d 49', celle du quatrième 4^d 52', celle du cinquième 5^d 34', celle du sixième 5^d 55'.

55. On peut aussi, par une analogie qui ne diffère pas de la précédente, trouver la grandeur de l'arc supérieur, et par conséquent la durée du plus long jour d'un lieu dont on connoît la hauteur du pole. Pour cela on dira : *L'obliquité de l'écliptique est à la déclinaison* SD *complément de la hauteur du pole, comme le sinus total est au sinus de l'hypotenuse* IS, *complément de la moitié de l'arc supérieur.* On sent bien que cela ne convient qu'aux différens lieux de la zone froide.

56. Nous avons dit (Liv. 2. art. 12) que les climats d'heure, ou plutôt de demi-heure, sont d'autant moins larges, qu'ils sont plus éloignés de l'équateur, ou plus près des cercles polaires. Pour en concevoir la raison, il faut faire attention que la durée du plus long jour de ces climats dépend de la partie supérieure du tropique qui est vers le pole élevé : par conséquent, le Soleil décrivant le tropique et chaque parallèle en 24 heures, si l'arc supérieur ou diurne du tropique du Cancer contient 7^d 30' de plus pour un lieu que pour un autre, il est nécessaire que le 21 juin, jour auquel le Soleil décrit ce tropique, et

qui est le plus grand de toute l'année dans la sphère boréale, soit plus long d'une demi-heure dans le premier lieu que dans le second. Or, l'on voit aisément, par le moyen d'une sphère, qu'il faut moins élever le pole pour augmenter de $7^d\ 30'$ l'arc diurne du tropique, quand la latitude est plus grande, que lorsqu'elle l'est moins; et d'ailleurs on sait que la latitude croît autant que l'élévation du pole. Ainsi il faut une moindre différence de latitude pour causer une demi-heure de plus ou de moins dans la durée du plus long jour, lorsque le lieu est plus éloigné de l'équateur que quand il l'est moins. Par conséquent, la latitude des climats de demi-heure est moindre vers les cercles polaires que vers l'équateur.

57. Au contraire, la latitude des climats de mois va en augmentant vers les poles. Observons d'abord que la durée des jours dans ces climats ne dépend plus de la grandeur de l'arc diurne du tropique, mais de celle de l'arc supérieur de l'écliptique, c'est-à-dire, celui qui demeure toujours sur l'horizon pendant la révolution entière de la sphère, à cause de la grande élévation du pole. Cela posé, concevons que la hauteur du pole est de $66^d\ 32'$: dans cette situation le point de l'écliptique le plus proche du pole élevé ne peut descendre sous l'horizon, puisqu'il n'est éloigné de ce pole que de $66^d\ 32'$; mais si le pole est élevé de 51 minutes de plus, il y aura un arc de 30^d de l'écliptique qui demeurera toujours sur l'horizon, quoique la sphère fasse sa révolution; par conséquent le Soleil restera continuellement sur l'horizon tandis qu'il parcourra cet arc, c'est-à-dire, pendant un mois. Présentement, si l'on veut que l'arc de l'écliptique qui demeure toujours sur l'horizon soit de 60^d, il faudra élever le pole de la sphère de plus d'un degré et demi (je suppose que la hauteur du pole est déjà environ de $67^d\ 23'$, telle qu'elle doit être à la fin du premier climat de mois) : la différence de la hauteur du pole doit encore être plus grande pour passer de la fin du second climat à celle du troisième, que pour

passer de la fin du premier climat à celle du second; ainsi de suite. Tout cela dépend de la situation de l'écliptique, et peut s'entendre quand on a une sphère devant les yeux.

PROBLÊME IX.

58. *Trouver la distance de deux lieux, par exemple, de deux villes dont on connoît la latitude et la longitude.*

Fig. 18. Soient les deux villes B et C placées sur les méridiens PA et PE qui se coupent au pole P : soit AE l'arc de l'équateur compris entre les deux méridiens : les deux arcs AB et EC seront les latitudes que je suppose de même nom, c'est-à-dire, ou toutes deux septentrionales, ou toutes deux méridionales : ainsi les deux arcs PB et PC seront les complémens des latitudes, parce que les deux arcs PA et PE qui s'étendent depuis un pole jusqu'à l'équateur sont des quarts de cercles. Par conséquent l'on connoît trois choses dans le triangle sphérique BPC, savoir, les deux côtés PB et PC, et l'angle P compris entre ces côtés, lequel a pour mesure l'arc AE de l'équateur, c'est-à-dire, la différence des méridiens : ainsi l'on pourra trouver le troisième côté BC, qui est la distance des deux villes. Pour cela, il faudra concevoir un arc BX d'un grand cercle tiré perpendiculairement de l'extrémité du côté PB, que je suppose moindre que l'autre côté PC : cet arc tombera nécessairement du côté de l'angle aigu : ainsi, quand l'angle BPC est aigu, l'arc tombe du côté de cet angle; et si BPC est obtus, l'arc tombe de l'autre côté; auquel cas il faut imaginer le côté PC prolongé vers P. L'arc perpendiculaire BX tombant sur le côté PC, prolongé vers P, si cela est nécessaire, forme deux segmens PX et CX. Or, on trouvera d'abord PX par cette première analogie, tirée du triangle rectangle PXB.

59. *Le cosinus de l'angle* P *est au sinus total, comme la cotangente de l'hypotenuse* PB *est à la cotangente de* PX, qui est de même espèce que PB.

Par cette proportion, l'on trouvera le premier segment PX, qui fera aussi connoître le second segment CX, en comparant le premier segment PX avec le côté PC, et retranchant l'un de l'autre, si l'angle BPC est aigu : mais si cet angle est obtus, on ajoutera PX avec PC : dans le premier cas, le reste ou la différence de PX à PC, sera l'autre segment CX : dans le second cas, ce segment sera la somme de PX et de PC. Quand CX sera connu, on fera cette seconde analogie pour trouver le côté cherché BC. Fig. 18.

60. *Le cosinus du premier segment* PX *est au cosinus de l'autre segment* CX, *comme le cosinus de* PB *est au cosinus de* BC. Ce côté BC, qui est l'hypotenuse du triangle rectangle BXC, sera plus petit qu'un quart de cercle, si le segment CX, côté de l'angle droit, est moindre que 90 degrés, parce que l'arc perpendiculaire BX, qui est l'autre côté de cet angle droit, est aussi plus petit que 90 degrés : mais l'hypotenuse BC sera plus grande qu'un quart de cercle, si le segment CX est plus grand que 90 degrés; en un mot, le côté cherché BC est de même espèce que le segment CX.

Voici un exemple dans lequel nous chercherons la distance de Paris à Constantinople, en supposant la latitude de Paris de $48^d\ 51'$, celle de Constantinople de 41^d, et la différence des méridiens ou des longitudes de $26^d\ 33'\frac{1}{2}$. Cela étant, PB sera de $41^d\ 9'$, et PC de 49^d : l'un et l'autre sont les complémens des latitudes. L'angle BPC, qui est la différence des longitudes, sera $26^d\ 33'\frac{1}{2}$ la première analogie sera donc : *Le cosinus de $26^d\ 33'\frac{1}{2}$ est au sinus total, comme la cotangente de $41^d\ 9'$ est à la cotangente de* PX, qui se trouvera de $38^d\ 1'$. Comme il est moindre que PC, et que d'ailleurs l'angle P est aigu, il faut le retrancher du côté PC; le reste $10^d\ 59'$ sera l'autre segment CX; puis on fera la seconde analogie : *Le cosinus de $38^d\ 1'$ est au cosinus de $10^d\ 59'$, comme le cosinus de $41^d\ 9'$ est au cosinus du côté cherché* BC, qui se trouvera de $20^d\ 14'$. Or, chaque degré d'un grand cercle contient 25 lieues; par conséquent, la distance de Paris à Constantinople est de 506 lieues par le plus court chemin.

61. Si la différence des longitudes entre deux villes étoit de 90 degrés, et que, par conséquent, l'angle BPC fût droit, il faudroit faire une analogie semblable à celle de l'art. 39, en disant : *Le sinus total est au sinus de la latitude d'une de ces villes, comme le sinus de la latitude de l'autre est au sinus du complément de* BC, *distance des deux villes.*

62. Quand les latitudes sont de différens noms, pour lors un des côtés de l'angle P contient un quart de cercle, et de plus la latitude du lieu le plus éloigné du pole P : par exemple, si les deux lieux sont B et F, le triangle sphérique sera BPF, et le côté PF contiendra le quart de cercle PE, plus l'arc EF qui est la latitude du lieu F : mais on trouvera toujours la distance BF par la méthode expliquée dans le problême.

63. Si les deux villes avoient la même longitude, ou, ce qui revient au même, si elles étoient sur le même méridien, alors la distance des deux villes seroit la différence des latitudes : par exemple, si une ville étoit au point B et l'autre au point D, la distance des deux villes seroit BD, différence des latitudes.

64. Quand les deux villes sont situées sur l'équateur, comme au point A et au point E, la différence des longitudes, c'est-à-dire, l'arc de l'équateur AE est la distance cherchée : mais si les deux villes avoient la même latitude, et qu'elles fussent par conséquent sur un même parallèle, alors leur distance ne seroit pas l'arc du parallèle compris entre les deux villes : ce seroit l'arc d'un grand cercle qui passeroit par ces deux villes. La raison en est que le chemin le plus court pour aller d'une ville à une autre qui est sur le même parallèle que la première, n'est pas de suivre l'arc de ce parallèle, mais plutôt l'arc du grand cercle qui passe par les deux villes (Liv. III. art. 41), et la diffé-

tence entre ces deux arcs est d'autant plus grande, que les deux villes sont plus éloignées de l'équateur.

65. Afin donc de connoître dans ce cas la distance des deux villes que je suppose placées aux points D et C, il faut trouver la base DC du triangle isocèle DPC dont on connoît les côtés égaux PD et PC qui sont les complémens des latitudes, et l'angle P qui est la différence des longitudes. Or, pour cela on concevra l'arc PM d'un grand cercle abaissé perpendiculairement sur la base DC, et l'on aura les deux triangles rectangles PMD, PMC, qui sont égaux en tout : on pourra trouver CM, moitié de la base DC par le triangle PMC rectangle en M, en faisant la proportion suivante (5) : *Le sinus total est au sinus du côté* PC, *complément de la latitude, comme le sinus de l'angle* CPM, *qui est la moitié de la différence des longitudes, est au sinus de* CM. Fig. 18.

PROBLÊME X.

66. *Connoissant les latitudes de deux lieux, et leur distance, trouver la différence des longitudes de ces lieux.*

Soient les deux lieux B et C placés sur les méridiens PA et PE qui se coupent au pole P : soit aussi AE l'arc de l'équateur compris entre les méridiens, lequel arc est la différence des longitudes. Les latitudes BA et CE sont supposées connues ; par conséquent l'on aura les deux côtés PB et PC du triangle sphérique BPC, parce que ce sont les complémens des latitudes : d'ailleurs, par l'hypothèse on connoît aussi la distance BC, que l'on réduira en degrés d'un grand cercle, en prenant un degré pour 57070 toises ou environ, et une minute pour 951 (Liv. III. art. 25). Ainsi les trois côtés du triangle sont connus. On trouvera donc l'angle P par la méthode du premier problême. Or, la mesure de cet angle est l'arc AE, puisque l'angle P est au pole, et que cet arc est une partie de l'équateur. Ainsi on connoîtra la différence des longitudes, qui est la même chose que l'arc AE.

Voici une Table de la différence des longitudes entre les principales villes du monde et Paris, avec leur latitude : elle est tirée du livre de la *Connoissance des Tems*, imprimé tous les ans par les Astronomes de Paris. On a marqué par un astérique *, les longitudes ou les latitudes qui ont été déterminées par observation. Les lettres S et M qui sont dans la dernière colonne, signifient que les latitudes sont septentrionales ou méridionales : quand il n'y a point de lettre vis-à-vis d'une ville dans cette colonne, il faut y sous-entendre S. Ces mots abrégés *or.* et *oc.*, signifient l'orient et l'occident par rapport au méridien de Paris.

De L'équation du Tems.

On a vu, dans ce traité, que le Soleil est la mesure nécessaire et naturelle du tems ; on a vu la manière de trouver l'heure au Soleil ; mais on auroit une idée fausse de la manière de régler une horloge, si nous ne disions un mot des inégalités du Soleil.

Le Soleil (ou plutôt la terre), par son mouvement propre vers l'orient fait 61′ 11″ au commencement de janvier, et ne fait que 57′ 11″ au commencement de juillet, cela fait qu'il met plus de tems, et que les heures sont un peu plus longues en hiver.

L'obliquité de l'écliptique occasionne encore une autre différence, parce que le Soleil avançant sur une ligne inclinée plus ou moins par rapport au méridien, il lui faut plus ou moins de tems pour y arriver.

De là résulte qu'une horloge parfaitement réglée et parfaitement uniforme, ne peut s'accorder avec le Soleil que quatre fois l'année : voici ce qu'elle doit marquer quand il est midi au Soleil.

Si l'on veut avoir cette équation du tems pour tous les jours, avec la précision des secondes, il faut recourir au livre de la *Connoissance des Tems*.

Tems

Tems moyen qu'une Horloge doit marquer quand il est midi au Soleil.

Jours.	Janvier.		Février.		Mars.		Avril.	
	H.	*M.*	*H.*	*M.*	*H.*	*M.*	*H.*	*M.*
1	0	4	0	14	0	13	0	4
5	0	6	0	14	0	12	0	3
10	0	8	0	15	0	10	0	1
15	0	10	0	15	0	9	0	0
20	0	11	0	14	0	8	11	59
25	0	13	0	13	0	6	11	58
Jours.	**Mai.**		**Juin.**		**Juillet.**		**Août.**	
	H.	*M.*	*H.*	*M.*	*H.*	*M.*	*H.*	*M.*
1	11	57	11	57	0	3	0	6
5	11	56	11	58	0	4	0	6
10	11	56	11	59	0	5	0	5
15	11	56	0	0	0	6	0	4
20	11	56	0	1	0	6	0	3
25	11	57	0	2	0	6	0	2
Jours.	**Septemb.**		**Octobre.**		**Novemb.**		**Décemb.**	
	H.	*M.*	*H.*	*M.*	*H.*	*M.*	*H.*	*M.*
1	11	59	11	50	11	44	11	49
5	11	59	11	48	11	44	11	51
10	11	57	11	47	11	44	11	53
15	11	55	11	46	11	45	11	56
20	11	53	11	45	11	46	11	58
25	11	52	11	44	11	47	0	1

Table de la différence des Méridiens en heures et degrés, entre l'Observatoire de Paris et les principaux lieux de la Terre, avec leur latitude ou hauteur du pole.

NOMS DES LIEUX.	Différence des Mérid.		LATITUDES ou Hauteurs du pole.
	en Tems.	en Degrés.	
	H. M. S.	D. M. S.	D. M. S.
Abbeville. . .	0 2. 1. oc.	0. 30. 17.	50* 7. 4. S.
Agra, *du Mogol*.	4*57. 36. or.	74. 24. 0.	26* 43. 0.
Aix, *en Provence*.	0 12. 26. or.	3. 6. 32.	43* 31. 48.
Alby. . . .	0* 0. 47. oc.	0. 11. 42.	43* 55. 36.
Alençon. . . .	0 9. 0. oc.	2. 15. 0.	48 25. 0.
Alep, *de Syrie*.	2 19. 20. or.	34. 50. 0.	36* 11. 25.
Alexandrette. . .	2*15. 40. or.	33. 55. 0.	36* 35. 27.
Alexandrie, *Egyp*.	1*51. 21. or.	27. 50. 22.	31* 11. 28.
Alger. . . .	0 0. 29. oc.	0. 7. 15.	36 49. 30.
Amiens. . . .	0* 0. 8. oc.	0. 2. 3.	49* 53. 43.
Amsterdam. . .	0 10. 36. or.	2. 39. 0.	52* 22. 45.
Angers. . . .	0*11. 33. oc.	2. 53. 15.	47 28. 9.
Antibe. . . .	0*19. 9. or	4. 47. 20.	43* 34. 12.
Anvers. . . .	0 8. 15. or.	2. 3. 42.	51 13. 18.
Arles. . . .	0* 9. 10. or.	2. 17. 24.	43* 40. 28.
Arras. . . .	0* 1. 43. or.	0. 25. 41.	50 17. 37.
Avignon. . . .	0* 9. 53. or.	2. 28. 10.	43* 56. 58.
Avranches. . .	0*14. 47. oc.	3. 41. 51.	48 41. 21.
Aurillac. . . .	0* 0. 28. oc.	0. 7. 0.	44* 55. 10.
Barcelonne. . .	0 0. 33. oc.	0. 8. 15.	41* 23. 8.
Basle. . . .	0 21. 1. or.	5. 15. 12.	47 33. 34.
Bayeux. . . .	0*12. 9. nc.	3. 2. 11.	49 16. 34.
Bayonne. . . .	0*15. 15. oc.	3. 48. 41.	43 29. 15.
Beauvais. . . .	0* 1. 1. oc.	0. 15. 19.	49 26. 0.
Berlin. . . .	0 44. 10. or.	11. 2. 30.	52 31. 30.

NOMS DES LIEUX.	Différence des Mérid. en Tems. H. M. S.	Différence des Mérid. en Degrés. D. M. S.	LATITUDES ou hauteurs du Pole. D. M. S.
Besançon.	0 14. 51. *or.*	3. 42. 46.	47 14. 12. S.
Beziers.	0* 3. 30. *or.*	0. 52. 24.	43* 20. 23.
Bologne, *Italie.*	0* 36. 1. *or.*	9. 0. 15.	44 29. 36.
Bordeaux.	0 11. 37. *oc.*	2. 54. 14.	44* 50. 14.
Boulogne, *Picard.*	0* 2. 54. *oc.*	0. 43. 27.	50 43. 33.
Bourges.	0* 0. 15. *or.*	0. 3. 45.	47* 4. 59.
Breslaw, *Silésie.*	0 59. 13. *or.*	14. 48. 15.	51 6. 30.
Brest.	0* 27. 10. *oc.*	6. 47. 30.	48* 22. 42.
Bruxelles.	0 8. 8. *or.*	2. 2. 0.	50 [illegible]
Cadiz.	0 34. 25. *oc.*	8. 36. 15.	36 32. 0.
Caën.	0* 10. 48. *oc.*	2. 41. 53.	49* 11. 12.
le Caire, *Egypte.*	1* 56. 40. *or.*	29. 10. 0.	30* 3. 10.
Calais.	0* 1. 56. *oc.*	0. 28. 59	50* 57. 32.
Cambray.	0* 3. 34. *or.*	0. 53. 32.	50 10. 0.
Candie.	1 31. 52. *or.*	22. 58. 0.	35* 18. 45.
Cap de B. Esper.	1 4. 15. *or.*	16. 3. 45.	33* 55. 15. M.
Cap Vert.	1* 19. 23. *oc.*	19. 50. 45.	14* 43. 45. S.
Carcassonne.	0* 0. 3. *or.*	0. 0. 49.	43 12. 45.
Carthagène, *Am.*	5* 11. 5. *oc.*	77. 46. 15.	10* 26. 35.
Cayenne, *Amer.*	3* 38. 20. *oc.*	54. 35. 0.	4* 56. 0.
Chartres.	0 3. 24. *oc.*	0. 50. 55.	48 27. 0.
Cherbourg.	0 15. 49. *oc.*	3. 57. 18.	49* 38. 31.
Clermont, *Auver.*	0 3. 0. *or.*	0. 45. 2.	45 42. 0.
Cologne.	0 18. 20. *or.*	4. 35. 0.	50 55. 20.
la Conception *Am.*	5* 0. 0. *oc.*	75. 0. 0.	36* 42. 53. M.
Constantinople.	1* 46. 20. *or.*	26. 35. 0.	41 1. 27. S.
Copenhague.	0* 41. 2. *or.*	10. 15. 30.	55 41. 4.
Coutances.	0 15. 7. *oc.*	3. 46. 35.	49 2. 54.
Cracovi.	1 10. 23. *or.*	17. 35. 45.	50 3. 52.
Danzig.	1 5. 8. *or.*	16. 17. 0.	54* 21. 5.

NOMS DES LIEUX.	Différence des Mérid. en Tems. H.	M.	S.		en Degrés. D.	M.	S.	Latitudes ou Hauteurs du Pole. D.	M.	S.	
Dieppe.	0*	5.	2.	*oc.*	1.	15.	31.	49*	55.	34.	S.
Dijon.	0	10.	47.	*or.*	2.	41.	50.	47	19.	25.	
Dunkerque.	0*	0.	10.	*or.*	0.	2.	23.	51*	2.	11.	
Edimbourg.	0	22.	52.	*oc.*	5.	30.	30.	55	58.	0.	
Embrun.	0	16.	24.	*or.*	4.	5.	54.	44.	34.	7.	
Ferrare.	0*	37.	5.	*or.*	9.	16.	10.	44*	49.	56.	
la Flèche.	0	9.	52.	*oc.*	2.	28.	0.	47*	42.	0.	
Florence.	0*	34.	54.	*or.*	8.	43.	30.	43	46.	30.	
Francfort *en Mein.*	0	25.	3.	*or.*	6.	15.	45.	50	7.	40.	
Gand.	0	5.	33.	*or.*	1.	23.	20.	51*	3.	15.	
Gènes.	0*	26.	32.	*or.*	6.	36.	37.	44*	25.	0.	
Genève.	0	15.	14.	*or.*	3.	48.	30.	46*	12.	17.	
Goa. *Indes.*	4*	45.	40.	*or.*	71.	25.	0.	15*	31.	0.	
Granville.	0	15.	45.	*oc.*	3.	56.	15.	48	50.	16.	
Grenoble.	0	13.	34.	*or.*	3.	23.	34.	45*	11.	42.	
Greenwich.	0*	9.	21.	*oc.*	2.	20.	15.	51	28.	40.	
Jérusalem.	2	12.	0.	*or.*	33.	0.	0.	31	46.	34.	
Ile de Fer. *Pointe.*	1*	22.	0.	*oc.*	20.	30.	0.	27	45.	0.	
Ispaham. *Perse.*	3	18.	0.	*or.*	49.	30.	0.	32.	24.	34.	
Kebec. *Canada.*	4*	54.	0.	*oc.*	73.	30.	0.	46	47.	30.	
Langres.	0	11.	59.	*or.*	2.	59.	50.	47*	51.	59.	
Léipsik.	0	40.	2.	*or.*	10.	0.	30.	51*	19.	14.	
Liége.	0	12.	46.	*or.*	3.	11.	27.	50.	39.	22.	
Lille. *Flandres.*	0	2.	57.	*or.*	0.	44.	16.	50	37.	50.	
Lima. *Pérou*	5*	16.	38.	*oc.*	79.	9.	30.	12*	1.	15.	M.
Lisbonne.	0	45.	47.	*oc.*	11.	26.	40.	38*	42.	20.	S.
Lizieux.	0	8.	26.	*oc.*	2.	6.	28.	49	8.	50.	
Londres.	0*	9.	43.	*oc.*	2.	25.	47.	51*	30.	49.	
Lyon.	0*	9.	57.	*or.*	2.	29.	9.	45	45.	52.	
Macao. *Chine.*	7	25.	0.	*or.*	111.	15.	0.	22	12.	44.	

NOMS DES LIEUX.	Différence des Mérid. en Tems. H. M. S.	en Degrés. D. M. S.	LATITUDES ou Hauteurs du Pole. D. M. S.
Madrid. . . .	0* 24. 8. oc.	6. 2. 0.	40* 25. 18. S.
Malaca. *Indes.* .	6* 39. 0. or.	99. 45. 0.	2 12. 0.
Saint-Malo. . .	0* 17. 26. oc.	4. 21. 26.	48* 39. 3.
Malte. . . .	0* 48. 42. or.	12. 10. 30.	35*. 53. 41.
Manille. *Indes.* .	7 54. 8. or.	118. 32. 0.	14 . 36. 8.
le Mans. . .	0 8. 33. oc.	2. 18. 11.	48 0. 35.
Marseille. . .	0* 12. 14. or.	3. 3. 30.	43* 17. 43.
la Martinique. .	4 13. 56. oc.	63. 29. 0.	14 35. 55.
Mayence. . .	0. 24. 0. or.	6. 0. 0.	49 54. 0.
Mexico. *Amér.* .	6.* 49. 43. oc.	102. 25. 45.	19* 25. 50.
Milan.	0 27. 25. or.	6. 51. 15.	45 28. 5.
Modène. . . .	0.* 35. 30. or.	8. 52. 30.	44 34. 0.
Montpellier. . .	0* 6. 10. or.	1. 32. 25.	43*. 36. 29.
Moscow. . .	2 20. 51. or.	35. 12. 44.	55* 45. 45.
Munich. . . .	0 36. 56. or.	9. 14. 0.	48 7. 37.
Nancy. . . .	0 15. 21. or.	3. 50. 16.	48 41. 55.
Nantes. . . .	0* 15. 32. oc.	3. 52. 59.	47*. 13. 6.
Naples. . . .	0. 47. 26. or.	11. 51. 30.	40*. 50. 15.
Narbonne. . .	0.* 2. 40. or.	0. 39. 59.	43* 10. 58.
Nouvelle Orléans.	6* 9. 15. oc.	92. 18. 45.	29 57. 45.
Nuremberg. . .	0* 34. 56. or.	8. 44. 0.	49 26. 55.
Olinde. *Brésil.* .	2.* 29. 42. oc.	37. 25. 30.	8 13. 0. M.
Orléans. . . .	0 1. 42. oc.	0. 25. 32.	47* 54. 10. S.
Paris *à l'Observ.* .	0 0. 0. *	0. 0. 0.	48* 50. 15.
Pau *en Béarn.* .	0 9. 56. oc.	2. 29. 0.	43* 15. 0.
Perpignan. . .	0* 2. 14. or.	0. 33. 35.	42* 41. 53.
Pékin. *Chine.* .	7.* 30. 30. or.	114. 7. 30.	39* 54. 10.
S. Pétersbourg. .	1.* 51. 56. or.	27. 59. 0.	59 56. 23.
Pic des Açores. .	2. 3. 11. oc.	30. 37. 45.	38 27. 0.
Pic de Ténériffe. .	1. 16. 0. oc.	19. 0. 0.	28 17. 0.

NOMS des Lieux.	Différence des Mérid. en Tems. H. M. S.	Différence des Mérid. en Degrés. D. M. S.	Latitudes ou Hauteurs du Pole. D. M. S.
Poitiers. . . .	0 7. 57. oc.	1. 59. 12.	46 34. 50. S.
Portobello, *Amer.*	5 28. 41. oc.	82. 10. 20.	9 33. 5.
Quanton, *Chine.* .	7* 22. 50. or.	110. 42. 30.	23 8. 10.
Reims. . . .	0 6. 47. or.	1. 41. 48.	49 15. 16.
Rennes. . . .	0 16. 4. oc.	4. 1. 2.	48 6. 50.
Rochelle (la). .	0* 13. 56. oc.	3. 29. 2.	46 10. 15.
Rhodez. . . .	0* 0. 57. or.	0. 14. 17.	44* 20. 59.
Rome *St Pierre.* .	0* 40. 30. or.	10. 7. 30.	41* 53. 54.
Rouen. . . .	0 4. 57. oc.	1. 14. 16.	49* 26. 27.
Salonique. . .	1 23. 12. oc.	20. 48. 0.	40 41. 10.
Sens.	0 3. 49. or.	0. 57. 21.	48 11. 55.
Siam, *Indes.* . .	6* 34. 0. or.	98. 30. 0.	14* 20. 40.
Smyrne. . . .	1* 39. 6. or.	24. 46. 33.	38* 28. 7.
Stokolm. . . .	1 2. 55. or.	15. 43. 45.	59* 20. 30.
Strasbourg. . .	0 21. 38. or.	5. 24. 36.	48* 34. 56.
Surate. . . .	4 40. 0. or.	70. 0. 0.	21* 10. 0.
Toul.	0* 14. 13. or.	3. 33. 18.	48 40. 37.
Toulon. . . .	0* 14. 22. or.	3. 35. 26.	43 7. 16.
Toulouse. . . .	0 3. 35. oc.	0. 53. 39.	43* 35. 46.
Tours. . . .	0* 6. 34. oc.	1. 38. 28.	47* 23. 46.
Tripoli, *Barbar.*	0* 44. 4. or.	11. 1. 7.	32* 53. 40.
Troyes. . . .	0 6. 58. or.	1. 44. 34.	48 18. 5.
Turin. . . .	0 21. 20. or.	5. 20. 0.	45* 4. 14.
Valparais, *Chili.*	4* 58. 15. oc.	74. 33. 45.	33* 0. 30. M.
Varsovie. . . .	1 14. 42. or.	18. 40. 30.	52* 14. 30. S.
Venise. . . .	0 40. 3. or.	10. 0. 45.	45 25. 35.
Versailles. . .	0* 0. 52. oc.	0. 12. 53.	48* 48. 22.
Vienne, *Autrich.*	0 56. 12. or.	14. 3. 0.	48* 12. 36.
Upsal.	1* 1. 15. or.	15. 18. 45.	59* 51. 50.
Uranibourg. . .	0* 41. 31. or.	10. 22. 44.	55 54. 38.

TRAITÉ
DU
CALENDRIER.

ON entend parler de *Cycle solaire*, de *Cycle lunaire*, de *Nombre d'or*, d'*Epactes*, *&c.* : on trouve ces termes dans les almanachs, dans les bréviaires ; cependant il y a peu de personnes qui les comprennent ; on croit même n'être pas en état de les concevoir, parce qu'on s'imagine qu'il faut être fort versé dans l'astronomie pour acquérir ces connoissances. Il est vrai qu'il n'y a que des astronomes très-instruits qui aient pu inventer les différens Cycles : mais il n'est point nécessaire d'être astronome pour en comprendre la nature et l'usage : j'espère même que ceux qui voudront se donner la peine de lire attentivement ce petit Traité, auront peu de chose à desirer.

Le Calendrier n'est qu'une distribution des tems que les hommes ont accommodée à leurs usages. Il y a plusieurs choses qui appartiennent à la connoissance du Calendrier ; les Jours, les Mois, les Années, le Cycle solaire, les Lettres dominicales, le Cycle lunaire, l'Indiction, la Période Victoriene, la Période Juliene, les Epactes. Le calcul de ces différentes parties du Calendrier, représentées par des nombres, est appelé *Comput ecclésiastique*. ART. I.

Des Jours et des Mois.

2. Le jour est ou naturel ou artificiel. Nous appelons jour naturel, le tems que le Soleil emploie pour faire sa

révolution d'orient en occident. Il renferme non seulement le tems pendant lequel le Soleil est sur l'horizon ; mais aussi celui de la nuit qui est le tems où le Soleil est sous l'horizon. Le jour artificiel, suivant nous, est le tems pendant lequel le Soleil demeure sur l'horizon. Selon cette dernière signification, le jour est opposé à la nuit. Quelques-uns changent les noms de ces jours, en appelant le premier *artificiel*, et l'autre *naturel* : en effet, ils sont également naturels l'un et l'autre. Il paroît qu'il seroit mieux d'appeler le second *simple*, au lieu d'artificiel, et le premier *composé*, parcequ'il est effectivement composé du jour simple et de la nuit.

3. Le commencement du jour naturel n'est pas le même par rapport à différens peuples. Les uns ont pris le commencement du jour au lever du Soleil, comme les Assiriens : d'autres le prennent au Soleil couchant, comme on fait en Italie, en Bohéme et ailleurs : plusieurs à minuit, comme en France, en Espagne en Allemagne et dans la plus grande partie de l'Europe : et d'autres enfin à midi, comme font aujourd'hui les Astronomes.

4. Le jour naturel se divise en 24 portions, qu'on appelle heures : nous faisons les 24 heures égales entre elles : il y a eu des peuples qui les faisoient inégales, parce qu'ils donnoient 12 heures au jour artificiel, et autant à la nuit : alors les 12 heures du jour étoient égales entre elles, aussi bien que celles de la nuit: mais les douze heures du jour n'étoient pas égales à celles de la nuit, excepté au tems de l'équinoxe ; car il est évident que celles du jour sont plus longues en été, et plus courtes en hiver. Je ne parle pas des peuples qui sont sur la ligne, c'est-à-dire, sur l'équateur terrestre, parce qu'ils ont un équinoxe perpétuel.

5. Les Juifs et les Romains divisoient le jour artificiel en quatre parties ou quatre heures principales qu'ils nommoient *Prime*, *Tierce*, *Sexte* et *None*. Pour entendre à quel moment commençoit et finissoit chacune de ces heures,

heures, il faut concevoir le jour artificiel partagé en 12 heures égales. Cela posé, la première des quatre, ou prime, commençoit avec la première des douze au lever du Soleil; Tierce commençoit à la fin de la troisième; Sexte à la fin de la sixième ou à midi; None à la fin de la neuvième. D'où il paroît que chacune des quatre en contenoit trois des douze. L'Eglise se sert encore de ces quatre heures principales pour l'office.

6. Le mois est environ la douzième partie de l'année. Il y en a de deux sortes, les mois solaires et les mois lunaires. Les mois solaires dépendent du mouvement du Soleil, et les lunaires ont rapport à celui de la Lune.

7. Chacun sait les noms des douze mois solaires. Romulus, fondateur de Rome, n'avoit composé l'année que de dix mois, savoir, Mars qui étoit le premier; puis les neuf autres suivans, Avril, Mai, Juin, &c. Les deux qui s'appellent présentement Juillet et Août, se nommoient pour lors *Quintile* et *Sextile*, parce que l'un étoit le cinquième, et l'autre le sixième. Ces deux noms furent conservés, même après que Numa Pompilius eut ajouté les deux mois de Janvier et de Février, qu'il plaça au commencement de l'année. Mais dans la suite on donna le nom de Jules-César à Quintile, en le faisant appeler Juillet, et celui d'Auguste fut attribué au mois suivant. Pour ce qui est des quatre derniers mois, Septembre, Octobre, &c. ils ont conservé les noms des rangs qu'ils tenoient dans l'ordre des mois, du tems de Romulus; Septembre a eté ainsi nommé, parce qu'il étoit le septième.

8. Jules-César avoit fait le premier, le troisième, le cinquième, le neuvième et le onzième mois, c'est-à-dire, Janvier, Mars, Mai, Juillet, Septembre, Novembre, chacun de 31 jours, et tous les autres mois en avoient 30, excepté Février qui n'en devoit avoir que 29 dans les années communes, et 30 dans les années bissextiles. Mais les flatteurs d'Auguste ne voulurent pas que le mois qui portoit son nom, c'est-à-dire le mois d'Août, fût inférieur

à celui de Juillet : c'est pourquoi l'on prit un jour au mois de Février, pour le donner au mois d'Août, et l'on dérangea ainsi l'ordre commode que Jules-César avoit établi, en ordonnant que les mois auroient alternativement 30 et 31 jours.

9. Les Romains ne comptoient pas les jours du mois comme nous : ils avoient trois points fixes dans chaque mois, les *Calendes*, les *Nones* et les *Ides*, desquels ils comptoient les autres jours. Les Calendes étoient le premier jour de chaque mois ; les Nones arrivoient le sept dans les mois de Mars, de Mai, de Juillet et d'Octobre, mais elles étoient le 5 des autres mois : les Ides tomboient au 15 dans les mois de Mars, de Mai, de Juillet et d'Octobre : elles arrivoient le 13 dans les autres. Les jours qui précédoient ces trois termes en tiroient leurs dénominations : c'est-à-dire que les jours compris entre les Calendes et les Nones étoient appelés les jours avant les Nones, suivant le rang qu'ils tenoient avant ce jour. Ceux qui étoient entre les Nones et les Ides étoient appelés les jours avant les Ides ; enfin les jours depuis les Ides jusqu'aux Calendes du mois suivant, étoient nommés les jours avant les Calendes de ce mois. Les mois de Mars, de Mai, de Juillet et d'Octobre avoient six jours qui étoient dénommés par les nones. Les autres mois n'en avoient que quatre. Tous les mois avoient huit jours qui tiroient leurs noms des Ides. C'est pour retenir cette disposition que les deux vers suivans ont été composés.

Sex Maius Nonas October, Julius et Mars :
Quatuor at reliqui : habet Idus quilibet octo :

Numa Pompilius avoit donné à ces quatre mois plus de jours de Nones qu'aux autres, parce qu'ils étoient pour lors les seuls qui avoient 31 jours ; et quoique, dans le Calendrier de Jules-César, on eût attribué 31 jours à d'autres mois, on retint cependant la disposition de Numa par rapport aux Nones. On comprendra tout céla par la Table suivante, dans laquelle les jours des trois premiers mois sont nommés à la manière des Romains. Il auroit été inutile de continuer la Table pour les autres mois.

Dies.	JANUARIUS.		FEBRUARIUS.		MARTIUS.	
1	CALENDIS Januarii.		CALENDIS Februar.		CALENDIS Martii.	
2	IV. Nonas.		IV. Nonas.		VI. Nonas.	
3	III. Nonas.		III. Nonas.		V. Nonas.	
4	Pridie Nonas.		Pridie Nonas.		IV. Nonas.	
5	Nonis Januarii.		NONIS Februarii.		III. Nonas.	
6	VIII. Idus.		VIII. Idus.		Pridie Nonas.	
7	VII. Idus.		VII. Idus.		NONIS Martii.	
8	VI. Idus.		VI. Idus.		VIII. Idus.	
9	V. Idus.		V. Idus.		VII. Idus.	
10	IV. Idus.		IV. Idus.		VI. Idus.	
11	III. Idus.		III. Idus.		V. Idus.	
12	Pridie Idus.		Pridie Idus.		IV. Idus.	
13	IDIBUS Januarii.		IDIBUS Februarii.		III. Idus.	
14	XIX. Cal. Februar.		XVI. Cal. Martii.		Pridie Idus.	
15	XVIII. Calendas.		XV. Calendas.		IDIBUS Martii.	
16	XVII. Calendas.		XIV. Calendas.		XVII. Cal. Aprilis.	
17	XVI. Calendas.		XIII. Calendas.		XVI. Calendas.	
18	XV. Calendas.		XII. Calendas.		XV. Calendas.	
19	XIV. Calendas.	Februarii.	XI. Calendas.	Martii.	XIV. Calendas.	Aprilis.
20	XIII. Calendas.		X. Calendas.		XIII. Calendas.	
21	XII. Calendas.		IX. Calendas.		XII. Calendas.	
22	XI. Calendas.		VIII. Calendas.		XI. Calendas.	
23	X. Calendas.		VII. Calendas.		X. Calendas.	
24	IX. Calendas.		VI, Calendas.		IX. Calendas.	
25	VIII. Calendas.		*		VIII. Calendas.	
26	VII. Calendas.		V. Calendas.		VII. Calendas.	
27	VI. Calendas.		IV. Calendas.		VI. Calendas.	
28	V. Calendas.		III. Calendas.		V. Calendas.	
29	IV. Calendas.		Pridie Calendas.		IV. Calendas.	
30	III. Calendas.				III. Calendas.	
31	Pridie Calendas.				Pridie Calendas.	

* Dans les années bissextiles il y avoit deux jours de suite au mois de Février, dont chacun étoit appelé le VI avant les Calendes; le premier répond au 24 du mois, et le second au 25. On disoit donc: *bis sexto Calendas*, en sous-entendant *ante* après *sexto*. C'est de-là que ces années ont été nommées *bissextiles*.

10. Il paroît par cette table, qu'en comptant les jours du mois, par rapport au rang qu'ils occupent avant celui des Nones, ou des Ides, ou des Calendes, on y comprend ce jour: par exemple, le second jour de Janvier est appelé le quatrième avant les Nones, parce que le jour même des Nones y est compris: sans cela, ce ne seroit que le troisième avant les Nones. C'est par la même raison que le dixième jour est nommé le quatrième avant les Ides. De même le vingt-cinquième est appelé le huitième avant les Calendes de Février, parce qu'on compte le jour des Calendes de Février.

11. Il y a deux sortes de mois lunaires: l'un est appelé *périodique*, et l'autre *synodique*. Le mois périodique est le tems que la Lune emploie à parcourir le Zodiaque, c'est-à-dire, à faire son tour dans le ciel d'occident en orient. Sa durée est de 27 jours, 7 heures, 43 minutes.

12. Le mois synodique, qu'on nomme aussi *lunaison*, est le tems que la Lune emploie pour rejoindre le Soleil après l'avoir quitté, ou, ce qui revient au même, c'est le tems qu'il y a depuis une nouvelle Lune jusqu'à la nouvelle Lune suivante. Ce tems est de 29 jours, 12 heures et 44 minutes. On néglige ces minutes dans l'usage civil, au moins pendant un tems, et on suppose qu'il y a 29 jours et demi d'une nouvelle Lune à l'autre. Or, comme il seroit incommode de compter un demi-jour, on fait les mois alternativement de 30 et de 29 jours, donnant ainsi à l'un ce que l'on ôte à l'autre.

13. Les mois synodiques de 30 jours sont nommés *pleins*: et ceux de 29 jours sont appelés *caves*. Au lieu de dire les mois pleins et les mois caves, on dit souvent

les Lunes pleines et les Lunes caves, ou bien lunaisons pleines et lunaisons caves. Il faut observer que toutes les fois que l'on parle des mois de la Lune, sans les spécifier, il faut toujours entendre les mois synodiques.

14. Quand on dit que le mois périodique est de 27 jours, 7 heures, 43 minutes, et le mois synodique de 29 jours, 12 heures, 44 minutes, il s'agit du mouvement *moyen*, et non pas du mouvement *vrai*, soit du Soleil, soit de la Lune. Le mouvement vrai d'un astre est celui qui lui convient ou réellement ou en apparence. Ce mouvement n'est pas toujours le même dans une planète : il est tantôt plus fort, tantôt plus foible. Le mouvement moyen est celui qu'on imagine toujours le même dans une planète, et par lequel elle feroit un certain nombre de révolutions dans le même tems qu'elle les fait effectivement, ou qu'elle paroît les faire par le mouvement vrai. Ce mouvement est égal et uniforme, au lieu que le premier est inégal et variable.

15. Afin de déterminer exactement le tems ou la durée du mouvement moyen, on choisit deux termes fort éloignés l'un de l'autre, par exemple deux nouvelles Lunes, dont la seconde arrive plusieurs années, ou même plusieurs siècles après la première, et l'on partage le tems qu'il y a entre les deux termes, en autant de parties égales qu'il y a eu de lunaisons pendant ce tems; le quotient de cette division marque le tems moyen d'une lunaison ou d'un mois synodique.

16. On choisit deux nouvelles Lunes fort éloignées l'une de l'autre, afin que les inégalités de la durée des lunaisons soient compensées les unes par les autres, et que l'erreur qui peut se trouver dans la détermination des tems auxquels arrivent les nouvelles Lunes qu'on prend pour termes, étant partagée sur un grand nombre de lunaisons, devienne insensible.

DE L'ANNÉE.

17. L'année est astronomique ou civile. L'une et l'autre sont encore ou solaires ou lunaires, c'est-à-dire, qu'elles se règlent ou sur le mouvement du Soleil, ou sur celui de la Lune. L'année astronomique, soit solaire, soit lunaire, est encore appelée *naturelle*, parce que les astronomes se conforment, dans leur calcul, à la nature, c'est-à-dire, aux mouvemens du Soleil ou de la Lune.

18. L'année solaire astronomique est le tems que le Soleil emploie à faire le tour du Zodiaque, d'occident en orient, ou, pour parler plus exactement, c'est le tems qui s'écoule depuis un équinoxe, par exemple, celui du Printems, jusqu'au premier équinoxe semblable : c'est aussi le tems qui est entre un solstice, par exemple, celui d'hiver, et le solstice suivant semblable. Ce tems est de 365 jours 5 heures 49 minutes.

19. L'année lunaire astronomique est composée de douze lunaisons, qui contiennent chacune 29 jours 12 heures et 44 minutes. Ainsi l'année entière est de 354 jours 8 heures et 48 minutes.

20. L'année civile est celle dont les nations se servent pour compter les tems et les âges. Or, tous les peuples ne s'accordent pas entre eux touchant la manière de compter les tems. Les uns règlent leur année sur le mouvement du Soleil, et les autres sur celui de la Lune.

21. Entre ceux qui comptoient les années par le mouvement du Soleil, il y a encore eu beaucoup de diversité jusqu'à Jules-César qui ayant consulté Sosigènes l'un des plus habiles astronomes de son tems, fixa l'année solaire à 365 jours, 6 heures, c'est-à-dire qu'il supposa, en suivant le sentiment des astronomes, que d'un équinoxe à l'équinoxe suivant de même nom, il y avoit 365 jours, 6 heures. Or, comme il seroit impossible de faire commencer une année six, ou douze, ou dix-huit heures après la

fin du jour, on a laissé les six heures de chaque année; au bout de 4 ans elles font 24 heures, c'est-à-dire, un jour entier. Ainsi la quatrième année doit avoir un jour de plus que les précédentes qui sont chacune de 365 jours.

22. Suivant cette manière de compter, le Soleil n'a pas fait sa révolution entière à la fin de la première année civile, il s'en faut 6 heures; à la fin de la seconde il s'en faut 12; à la fin de la troisième 18; et enfin au bout de la quatrième il s'en faudroit 24 heures si on ne la faisoit pas plus longue que les précédentes. Mais comme ces 24 heures font un jour entier, on ajoute un jour à la quatrième année, qui par ce moyen finit dans le tems que le Soleil acheve sa quatrième révolution. Cette quatrième année composée de 366 jours, s'appelle *bissextile* comme nous l'avons expliqué: les trois autres sont nommées *communes.*

23. Selon cet établissement de Jules-César, les années bissextiles de chaque siècle sont la 4e, la 8e, la 12e, la 16e, la 20e, la 24e, la 28e, &c. En général, pour savoir si une telle année d'un siècle sera bissextile, il faut diviser le nombre qui exprime cette année par 4: et si la divison peut se faire sans reste, l'année proposée est bissextile; mais s'il y a un reste elle ne l'est pas. Par exemple, je veux savoir si 1744 sera bissextile; je divise 44 par 4 (il seroit inutile de prendre le nombre entier 1744), et comme je ne trouve point de reste après la division, c'est une marque que cette année sera bissextile. On peut voir par-là que suivant Jules-César, chaque centième année, c'est-à-dire la dernière année de chaque siècle, comme 1700, 1800 devoit être bissextile.

24. Le jour de surplus, que l'on appelle *intercalaire*, qui rend l'année bissextile plus longue que les autres, est ajouté au mois de Février, en sorte que ce mois a 29 jours dans l'année bissextile, et 28 dans les communes. Or, on imagine que ce jour est inséré après le 24 du mois de Février: c'est par cette raison que la Fête de St. Mathias

tombe au 25 dans l'année bissextile, et au 24 dans les autres années.

L'année solaire astronomique ou naturelle est plus courte que ne l'a supposé Jules-César d'environ 11 min. c'est ce qui a causé une erreur dans le calendrier, qu'on a enfin réformé en 1582, par les ordres du Pape Grégoire XIII., comme nous l'expliquerons dans la suite.

25. Ceux qui règlent l'année civile sur le mouvement de la Lune, composent leur année de 12 lunaisons ou mois lunaires. Or, puisque les mois lunaires sont alternativement de 30 et de 29 jours, les douze mois qui composent l'année entière, font 354 jours; et par conséquent l'année lunaire est plus courte que l'année solaire commune de 11 jours. Ces 11 jours font 33 jours en 3 ans. Ainsi trois années solaires contiennent au moins trente-sept lunaisons.

26. Les 44 minutes dont une lunaison surpasse 29 jours et demi, font, après les 12 lunaisons de l'année, 12 fois 44, c'est-à-dire, 528 minutes, ou 8 heures 48 minutes. Or, ces 8 heures 48 minutes de chaque année produisent en 30 ans 264 heures, c'est-à-dire, 11 jours. C'est pourquoi les Turcs qui se servent encore aujourd'hui de l'année lunaire, ajoutent 11 jours en 30 années, en sorte que sur 30 ans il y a 19 années simples, qui n'ont chacune que 354 jours, et 11 intercalaires ou *embolismiques*, qui sont chacune de 355 jours. Ce sont les années 2, 5, 7, 10, 13, 16, 18, 21, 24, 26 et 29 de chaque cycle.

27. Il est évident que cette année des Turcs ne peut pas toujours commencer à la même saison, c'est-à-dire, par exemple, à la même distance du solstice ou de l'équinoxe, car l'année solaire étant composée de 365 jours, et l'année lunaire de 354 (je néglige les heures de part et d'autre); si elles ont commencé toutes les deux le même jour, l'année lunaire finira 11 jours avant l'autre, c'est-à-dire, le 20 décembre: par conséquent, la seconde année

année lunaire commençera au 21 de ce mois, et se terminera au 10 du même mois, parce que cette seconde année est composée de 355 jours; la troisième commencera donc au 11, et finira au 29 de novembre: ainsi de suite; de sorte que le commencement de l'année lunaire parcourra les différentes saisons de l'année solaire, et reviendra enfin au commencement en moins de 34 ans lunaires, qui par conséquent ne font que 33 années solaires. Dans le Calendrier ecclésiastique on ramène le commencement de l'année lunaire vers celui de l'année solaire, toutes les fois qu'il s'en est un peu écarté. Nous dirons, en traitant du cycle lunaire, le moyen dont on se sert pour y réussir.

Cette année des Turcs est appelée *vague*, parce que son commencement est tantôt à une saison, tantôt à une autre. Par la raison contraire notre année solaire est appelée fixe.

Du Cycle solaire.

28. Ce Cycle solaire est une révolution de 28 ans qui renferme toutes les variétés possibles des jours de la semaine par rapport à ceux du mois. Ces variétés consistent en ce que les Dimanches ne tombent pas tous les ans le même quantième du mois. Par exemple, si l'année a commencé par un Lundi, et que par conséquent le 7 de Janvier ait été un Dimanche, l'année suivante ne commencera pas par un Lundi, mais par le Mardi, et le premier Dimanche sera le 6 de Janvier. L'année d'après commencera par un Mercredi, et pour lors le premier Dimanche tombera le 5; ainsi de suite. Cependant il faut remarquer que quand l'année est bissextile, la différence est de deux jours, c'est-à-dire, que si l'année bissextile a commencé par un Lundi, l'année d'après commencera par un Mercredi.

29. Pour entendre la raison de ces variétés, il suffit de faire réflexion que si l'année contenoit exactement un cer-

tain nombre de semaines sans aucun jour de surplus; chaque année commenceroit toujours par le même jour de la semaine, par exemple, par le Lundi. Car comme l'année contiendroit justement un certain nombre de semaines, si elle commençoit par un Lundi, elle finiroit par un Dimanche ; et par conséquent le premier jour de la suivante seroit aussi un Lundi. Ces variétés viennent donc de ce que l'année renferme 52 semaines avec un jour de plus dans les années communes, et deux dans les bissextiles. L'année commune ayant un jour de plus que 52 semaines, il est clair que si elle a commencé par un Lundi, elle finira aussi par un Lundi, et par conséquent la suivante commencera par un Mardi : la troisième commencera par le Mercredi : ensuite la quatrième, que je suppose être bissextile, commencera par un Jeudi; mais elle finira seulement le Vendredi, à cause qu'elle contient deux jours au-delà de 52 semaines : par conséquent le premier jour de la cinquième année sera un Samedi.

30. On peut voir à présent pourquoi les fêtes qui sont immobiles, c'est-à-dire, qui sont fixées à un certain jour du mois, telles que sont toutes les fêtes des Saints, parcourent les différens jours de la semaine en plusieurs années, en allant du Lundi au Mardi, ensuite au Mercredi, puis au Jeudi, &c. Prenons pour exemple la fête de la Circoncision, qui est fixée au premier Janvier. Si elle est arrivée un Lundi, l'année d'après elle doit être le Mardi, ensuite le Mercredi, puisque, comme nous avons dit, après que le premier jour de Janvier a été un Lundi, l'année suivante c'est un Mardi, &c.; quand l'année est bissextile il doit y avoir une différence de deux jours dans les fêtes qui viennent après le 24 Février, et dans celles de l'année suivante qui arrivent depuis le commencement de Janvier jusqu'au 24 Février.

31. Si toutes les années étoient communes, c'est-à-dire, composées seulement de 365 jours, le cycle solaire ne contiendroit que 7 ans, parce que le même jour de la

semaine reviendroit au même quantième du mois après 7 ans. Si, par exemple, une année a commencé par un Lundi, la seconde commenceroit par un Mardi, la troisième par un Mercredi, la quatrième par un Jeudi, ainsi de suite. Par conséquent la huitième commenceroit encore par un Lundi. Mais il arrive une année bissextile de 4 ans en 4 ans. Or, cette année étant composée de 366 jours, produit un jour de différence de plus que les autres années. Par conséquent, il faut sept années bissextiles pour que le jour excédant de chaque année bissextile produise 7 jours ou une semaine. Or, il ne peut y avoir sept années bissextiles que dans l'espace de 28 ans. Ainsi, il faut 28 ans pour que l'excédant de chaque année bissextile sur l'année commune, ramène un jour de la semaine au même jour du mois. Mais d'ailleurs on vient de dire que sans l'année bissextile, le même jour de la semaine reviendroit après sept ans au même jour du mois, et par conséquent aussi après 14, puis après 21, et enfin après 28. Donc les deux causes concourent ensemble pour ramener un jour de la semaine au même quantième du mois à la fin de 28 ans : ainsi le cycle solaire est de 28 années.

32. On pourroit se figurer que l'année bissextile, au lieu d'augmenter le cycle solaire, doit au contraire le diminuer. Car une année commençant le Lundi, la suivante commencera par un Mardi, l'autre par un Mercredi, la quatrième, qui sera bissextile, par un Jeudi, et la cinquième par un Samedi et non par un Vendredi : ainsi la septième commencera par un Lundi. Donc on pourroit dire que le cycle solaire ne doit être que de six ans, puisque l'année recommence par le même jour au bout de six ans.

Pour répondre à cette difficulté, il faut prendre garde que si chaque cycle solaire ne renfermoit que 6 ans, l'année bissextile seroit la quatrième du premier cycle, au lieu qu'elle tomberoit à la seconde et à la sixième du cycle suivant ; par conséquent ces deux cycles ne seroient pas semblables : ce qui est contre la nature et la notion du cycle qui doit renfermer toutes les variétés des jours de la semaine. De plus, le troisième cycle ne commenceroit pas par un Lundi comme les deux précédens : ce qui est encore contraire à l'idée du cycle. Il faut 28 ans pour que tout revienne dans le même ordre.

33. Chaque année après la naissance de Jésus-Christ répond à une année du cycle solaire ; de sorte qu'après avoir compté 28 années de ce cycle, on en recommence un nouveau : par exemple, l'année 1725 étoit la vingt-sixième du cycle solaire alors courant, 1726 étoit donc la vingt-septième de ce cycle, 1727 étoit la vingt-huitième et dernière. Par conséquent l'année 1728 étoit la première d'un nouveau cycle, 1729 la seconde, 1730 la troisième, ainsi de suite. Il faut entendre la même chose du tems qui a précédé la naissance de Jésus-Christ.

Il ne nous reste plus qu'à exposer comment on trouve l'année de ce cycle pour une année proposée, par exemple, pour 1745.

34. Il faut ajouter 9 au nombre qui marque l'année depuis la naissance de J. C., c'est-à-dire, à 1745 ; la somme est 1754. Ensuite on divise cette somme par 28, et le reste marque l'année du cycle. Je divise donc 1754 par 28, le quotient est 62, et le reste est 18. Par conséquent l'année 1745 est la dix-huitième du cycle solaire.

S'il ne restoit rien, ou ce qui est la même chose, si le diviseur 28 étoit contenu exactement dans la somme que l'on a trouvée après avoir ajouté 9, ce seroit une marque que l'année proposée seroit la vingt-huitième ou la dernière du cycle solaire.

35. 1°. On a ajouté 9 au nombre qui exprime les années depuis la naissance de Notre Seigneur, parce que le cycle solaire dans lequel Jésus-Christ est né, a précédé cette naissance de 9 ans, en sorte qu'elle est arrivée à la dixième année du cycle.

36. 2°. En divisant par 28 la somme qui résulte après

l'addition, on voit combien il s'est écoulé de cycles depuis le commencement de l'ère vulgaire : car puisque le quotient marque toujours combien de fois le diviseur est contenu dans la somme qu'on divise, il est clair que le quotient exprime ici combien il y a de cycles passés. Quant au reste de la division, il désigne l'année du dernier cycle dans lequel se trouve l'année proposée.

La réforme du Calendrier par Grégoire XIII, a apporté quelque changement au cycle solaire à cause du retranchement de 3 jours sur 400 ans, comme nous le dirons dans la suite : cependant cela n'empêche pas qu'on ne compte encore à présent les années du cycle solaire de la même manière qu'on les comptoit auparavant.

37. Il y a néanmoins un cycle solaire nouveau proposé par ceux qui ont travaillé à la réforme du Calendrier : il est de 400 ans, après lesquels le Soleil se trouve, depuis la correction du Calendrier, au même point du zodiaque immobile où il étoit au commencement de ce cycle, et de plus, les lettres dominicales dont nous allons parler reviennent dans le même ordre : mais personne n'en fait usage.

Des Lettres dominicales.

38. On s'est servi des sept premières lettres de l'alphabet, que l'on a placées vis-à-vis des jours du mois dans le Calendrier, pour marquer les jours de la semaine. Ces lettres sont disposées en cette manière : A est à côté du premier jour de Janvier, B à côté du second, C à côté du troisième; ainsi de suite jusqu'au G qui est à côté du septième jour. Ensuite on retrouve les mêmes lettres dans le même ordre, savoir, A au huitième jour, B au neuvième, C au dixième, &c. A est encore placé au 15, puis au 22, et enfin au 29 de Janvier. Par conséquent le B est vis-à-vis du 30, le C vis-à-vis du 31. D'où il suit que le D se trouve au premier de Février, au 8, au 15, au 22.

39. Il paroît par-là que le même jour de la semaine

arrive le 1, le 8, le 15, le 22, le 29 du même mois, c'est-à-dire, que si le premier jour d'un mois est un Dimanche, le 8, le 15, le 22, le 29 de ce mois seront aussi un Dimanche. Il faut entendre la même chose des autres jours de la semaine.

40. Ces sept lettres sont appelées *Dominicales*, parce qu'on s'en sert pour marquer tous les Dimanches de l'année. Par exemple, si l'A est la lettre dominicale d'une année, tous les jours des mois vis-à-vis desquels se trouve l'A, seront des Dimanches pendant le cours de l'année : on les verra dans le Calendrier de l'article 81. Il faut dire la même chose des autres lettres qui deviennent successivement dominicales.

41. Remarquez 1°. que dans l'année bissextile il y a toujours deux lettres dominicales, dont l'une sert depuis le commencement de l'année jusqu'à la fête de Saint-Mathias, et l'autre depuis le jour de cette fête inclusivement jusqu'à la fin de l'année.

42. Remarquez 2°. que les lettres ne deviennent pas dominicales d'une année à l'autre, suivant le rang qu'elles tiennent dans l'alphabet, mais dans un ordre renversé, c'est-à-dire, que si la lettre G est dominicale pendant une année, F le deviendra l'année suivante, ensuite E, D, C, B, et enfin A : après cela G reviendra la lettre dominicale. La raison se trouve dans ce que nous avons dit. Car si l'année commence par un Lundi, et que par conséquent le Dimanche arrive le 7 de Janvier, à côté duquel est G, l'année suivante commencera par un Mardi, et le Dimanche tombera au 6; ainsi la lettre F sera dominicale cette seconde année; et par la même raison, E sera la lettre dominicale de la troisième année, en supposant les deux années précédentes chacune de 365 jours. Par cette remarque, on peut, quand on sait la lettre dominicale d'une année, trouver celle des années suivantes.

43. Voici une méthode de trouver la lettre dominicale des années qui suivent 1700. 1°. Il faut compter les an-

nées en commençant par 1701, jusqu'à l'année proposée inclusivement, et ajouter 5 au nombre de ces années, et de plus autant d'unités qu'il y a d'années bissextiles pendant ce tems. 2°. On divisera la somme par 7, et le reste de la division, s'il y en a un, désignera la lettre dominicale, pourvu qu'on compte les lettres dominicales dans un ordre rétrograde, en sorte que G soit la 1ere, F la 2de, E la 3e, D la 4e, C la 5e, B la 6e, A la 7e. S'il n'y a point de reste après la division faite, la lettre dominicale sera A. Par exemple, je veux savoir la lettre dominicale de l'année 1743, 1°. je prends le nombre des années 43 : j'ajoute 5 à ce nombre, et de plus 10, parce qu'il y a eu dix années bissextiles depuis 1701 jusqu'à 1743. 2°. Je divise la somme 58 par 7, le reste est 2 ; d'où je conclus que la lettre dominicale de l'année 1743 est F.

44. La raison pour laquelle on ajoute 5, c'est que la lettre dominicale de l'année 1701 étoit B, et par conséquent avant l'année 1701, il y avoit déjà 5 lettres dominicales qui avoient servi, savoir, G, F, E, D, C. D'ailleurs on ajoute autant d'unités qu'il y a eu d'années bissextiles depuis 1701, parce que chaque année bissextile a deux lettres dominicales, dont l'une sert jusqu'au 24 Février, et l'autre pendant le reste de l'année. Les autres parties de cette méthode suivent de ce que l'on a dit ci-dessus, art. 35 et 36.

45. Si l'on cherchoit la première lettre dominicale de l'année bissextile 1744, il ne faudroit pas ajouter 11 au produit, mais seulement 10 pour les années bissextiles passées. La 2de lettre dominicale d'une année bissextile est celle qui précède la 1re dans l'alphabet, à cause que les lettres deviennent dominicales selon l'ordre retrograde ou renversé : ainsi la 1re lettre dominicale de 1744 étant E, la 2de est D.

46. On pourra trouver dans la Table suivante, les lettres dominicales de toutes les années depuis 1600 jusqu'à 5600. Il y a quatre colonnes de lettres qui sont au-

dessous des années séculaires, c'est-à-dire, des centièmes ou des dernières années des siècles; la première de ces quatre colonnes est sous les centièmes années qui sont les premières après les séculaires bissextiles; la seconde sous les centièmes qui sont les secondes après les bissextiles; la troisième sous les centièmes qui sont les troisièmes après les bissextiles; et enfin la quatrième colonne sous les centièmes années bissextiles. A la gauche des quatre colonnes de lettres, il y en a d'autres qui contiennent la première année des siècles et les années intermédiaires entre la première et la dernière.

47. Voici comment on trouve les lettres dominicales des différentes années par cette Table. 1°. Si on veut trouver la lettre dominicale d'une centième année, on cherchera cette année au-dessus des colonnes des lettres dominicales; la lettre qui est au haut de la colonne placée au-dessous de l'année, sera la lettre dominicale qu'on cherche. Par exemple, la lettre dominicale de 1700 est C, parce qu'elle est au haut de la colonne placée sous 1700. 2°. Si l'on veut avoir la lettre dominicale d'une année intermédiaire, par exemple, de 1745, on cherchera 45 dans les colonnes des années intermédiaires de chaque siècle, et l'on prendra dans la colonne placée sous 1700 la lettre C, qui est vis-à-vis de 45; c'est la lettre dominicale de 1745.

Table

Table des Lettres Dominicales depuis 1600 jusqu'à 5600.

	Années séculaires, ou les dernières des Siècles			1600
	1700, 2100.	1800, 2200.	1900, 2300.	2000, 2400.
	2500, 2900.	2600, 3000.	2700, 3100.	2800, 3200.
	3300, 3700.	3400, 3800.	3500, 3900.	3600, 4000.
	4100, 4500.	4200, 4600.	4300, 4700.	4400, 4800.
	4900, 5300.	5000, 5400.	5100, 5500.	5200, 5600.
Année de chaque Siècle.	C	E	G	BA
1. 29. 57. 85.	B	D	F	G
2. 30. 58. 86.	A	C	E	F
3. 31. 59. 87.	G	B	D	E
4. 32. 60. 88.	FE	AG	CB	DC
5. 33. 61. 89.	D	F	A	B
6. 34. 62. 90.	C	E	G	A
7. 35. 63. 91.	B	D	F	G
8. 36. 64. 92.	AG	CB	ED	FE
9. 37. 65. 93.	F	A	C	D
10. 38. 66. 94.	E	G	B	C
11. 39. 67. 95.	D	F	A	B
12. 40. 68. 96.	CB	ED	GF	AG
13. 41. 69. 97.	A	C	E	F
14. 42. 70. 98.	G	B	D	E
15. 43. 71. 99.	F	A	C	D
16. 44. 72.	ED	GF	BA	CB
17. 45. 73.	C	E	G	A
18. 46. 74.	B	D	F	G
19. 47. 75.	A	C	E	F
20. 48. 76.	GF	BA	DC	ED
21. 49. 77.	E	G	B	C
22. 50. 78.	D	F	A	B
23. 51. 79.	C	E	G	A
24. 52. 80.	BA	DC	FE	GF
25. 53. 81.	G	B	D	E
26. 54. 82.	F	A	C	D
27. 55. 83.	E	G	B	C
28. 56. 84.	DC	FE	AG	BA

Du Cycle lunaire et des Nombres d'or.

48. Le cycle lunaire ancien est une révolution de 19 ans, qui renferme toutes les variétés qui peuvent arriver aux nouvelles Lunes par rapport aux jours du mois. Ces variétés consistent en ce que les nouvelles Lunes ne tombent pas tous les ans le même jour du mois : quelquefois elles arrivent plus tôt, quelquefois plus tard. Cependant Meton, célèbre astronome d'Athènes, environ 439 ans avant l'ère vulgaire, apprit aux Grecs, qu'au bout de 19 ans, les nouvelles Lunes tombent aux mêmes jours auxquels elles arrivoient 19 ans auparavant : et c'est ce qui a déterminé le cycle lunaire de 19 ans. On disoit donc, comme on dit encore à présent, qu'une telle année étoit la première du cycle lunaire, la suivante étoit la seconde, celle d'après étoit la troisième, &c. après quoi l'année qui suivoit la dix-neuvième étoit dite la première du cycle suivant. Or, en dix-neuf ans, il y a 235 lunaisons, savoir 228 à raison de 12 lunaisons par an, et 7 autres à cause des 11 jours dont chaque année solaire surpasse l'année lunaire. Ces sept mois lunaires sont appelés *embolismiques* ou *intercalaires*. On en compose six de 30 jours chacun, et le septième de 29 seulement.

49. C'est par le moyen de ces mois embolismiques que dans le Calendrier ecclésiastique on ramène le commencement de l'année lunaire, vers les premiers jours de Janvier, après qu'il s'en est un peu écarté. Pour cet effet, on attribue 13 mois lunaires à sept années, pendant la durée du cycle lunaire : et ces sept années sont appelées embolismiques, parce qu'elles contiennent toutes un mois embolismique. Les six premières sont chacune de 384 jours, et la dernière n'est que de 383, parce que le dernier mois embolismique n'a que 29 jours. Ces sept années sont la 3e, la 6e, la 9e, la 11e, la 14e, la 17e et la 19e du cycle lunaire. Toutes les autres années lunaires sont ap-

pelées communes, et ne sont composées chacune que de 12 lunaisons qui font 354 jours. Il est aisé de voir que par ce moyen la fin de la troisième année lunaire se rapproche de la fin de l'année solaire. Car la différence entre l'année lunaire commune et la solaire étant de 11 jours, si la troisième année lunaire étoit commune, elle finiroit 33 jours avant l'année solaire. (Je suppose que la première a commencé avec l'année solaire). Mais comme on fait cette troisième année embolismique, elle a 30 jours de plus qu'une année commune; par conséquent, elle ne finit que trois jours avant l'année solaire. Ainsi la quatrième année lunaire ne commencera que trois jours avant la quatrième année solaire. On trouvera que les autres années embolismiques produisent le même effet.

Après la découverte du cycle lunaire de 19 ans, on marquoit à Athènes l'année de ce cycle par des chiffres d'or qui étoient gravés en grand dans un lieu public. C'est pour cette raison que le nombre qui désigne l'année du cycle lunaire, est encore aujourd'hui appelé le nombre d'or; ou plutôt, parce que, dans les Calendriers on écrivoit ces nombres en caractères d'or.

50. Ces nombres servoient à marquer dans le Calendrier les jours de chaque mois auxquels arrivoient les nouvelles Lunes. Ainsi quand on étoit dans la première année du cycle lunaire, le chiffre I marquoit dans le Calendrier tous les jours auxquels arrivoit la nouvelle Lune pendant cette année. De même, à la seconde année, le nombre II marquoit tous les jours auxquels tomboient les nouvelles Lunes de cette année: ainsi de suite. On avoit donc disposé les nombres d'or dans les anciens Calendriers, comme on le verra dans la Table suivante, de manière qu'ils désignassent les nouvelles Lunes de chaque année du cycle lunaire: ce qui étoit très-commode, puisque par ce moyen on pouvoit voir tout d'un coup, à l'aide d'un Calendrier, non seulement les jours des nouvelles

Lunes de l'année dans laquelle on étoit, mais aussi de toutes les autres, soit passées, soit futures.

51. Nous donnons ici le commencement de l'ancien Calendrier de l'Eglise, pour faire voir la manière dont les nombres d'or y étoient disposés. Le nombre d'or III répond au premier de Janvier, parce que, dans le tems qu'on a mis les nombres d'or dans le Calendrier, c'est-à-dire, vers l'an 530, la nouvelle Lune arrivoit le premier de Janvier à la troisième année du cycle lunaire. Il y a onze jours de ce mois à côté desquels il n'y a point de nombre d'or; ce sont ceux auxquels il n'arrivoit point alors de nouvelles Lunes pendant la révolution du cycle lunaire.

CALENDRIER ANCIEN DE L'EGLISE.

JANVIER.			FEVRIER.			MARS.		
Nombres d'or.	J. du M.	L. D.	Nombres d'or.	J. du M.	L. D.	Nombres d'or.	J. du M.	L. D.
III	1	A		1	D	III	1	D
	2	B	XI	2	E		2	E
XI	3	C	XIX	3	F	XI	3	F
	4	D	VIII	4	G		4	G
XIX	5	E		5	A	XIX	5	A
VIII	6	F	XVI	6	B	VIII	6	B
	7	G	V	7	C		7	C
XVI	8	A		8	D	XVI	8	D
V	9	B	XIII	9	E	V	9	E
	10	C	II	10	F		10	F
XIII	11	D		11	G	XIII	11	G
II	12	E	X	12	A	II	12	A
	13	F		13	B		13	B
X	14	G	XVIII	14	C	X	14	C
	15	A	VII	15	D		15	D
XVIII	16	B		16	E	XVIII	16	E
VII	17	C	XV	17	F	VII	17	F
	18	D	IV	18	G		18	G
XV	19	E		19	A	XV	19	A
IV	20	F	XII	20	B	IV	20	B
	21	G	I	21	C		21	C
XII	22	A		22	D	XII	22	D
I	23	B	IX	23	E	I	23	E
	24	C		24	F		24	F
IX	25	D	XVII	25	G	IX	25	G
	26	E	VI	26	A		26	A
XVII	27	F		27	B	XVII	27	B
VI	28	G	XIV	28	C	VI	28	C
	29	A					29	D
XIV	30	B				XIV	30	E
III	31	C				III	31	F

52. On s'est enfin apperçu que la méthode de trouver les nouvelles Lunes par les nombres d'or est sujette à erreur, parce que les nouvelles Lunes ne reviennent pas au même moment après dix-neuf années passées : elles arrivent environ une heure et demie plus tôt, comme il est facile de le voir : car en multipliant 365 jours 6 heures, qui est la durée de l'année civile, par 19, le produit sera 6939 jours 18 heures. Au lieu que si on multiplie la durée moyenne d'une lunaison, qui est 29 jours, 12 ^{h}, 44' 3" par 235, qui est le nombre de lunaisons qui arrivent en 19 ans, on ne trouvera au produit que 6939 jours, 16 heures et environ 32 minutes. Or, cette différence produit une erreur d'un jour après 16 cycles et $8\frac{1}{2}$ ans environ, c'est-à-dire, après $312\frac{1}{2}$ ans, et par conséquent une erreur de deux jours après 625 ans; en sorte que si la Lune a été nouvelle le 10 du mois de Janvier de quelque année, elle sera nouvelle le 8 après 625 ans. C'est ce qui a obligé, pour trouver les nouvelles Lunes, d'employer les Epactes dont nous parlerons en traitant de la réformation du Calendrier faite par l'ordre de Grégoire XIII.

53. Pour trouver le nombre d'or ou le cycle lunaire dans une année proposée, ajoutez 1 à l'année dont il s'agit : ensuite divisez la somme par 19, et le reste de la division sera le nombre d'or de l'année proposée : par exemple, pour trouver le nombre d'or de l'année 1745, il faut d'abord ajouter 1 à 1745, et puis diviser la somme 1746 par 19, le quotient est 91, et le reste 17 est le nombre d'or de l'année 1745.

1°. On ajoute 1 à l'année proposée, parce que l'année de la naissance de J. C. étoit la seconde du cycle lunaire; et par conséquent ce cycle avoit commencé un an avant cette célèbre époque.

2°. Il est clair qu'en divisant la somme par 19, le quotient montrera combien il y a eu de cycles lunaires depuis l'année qui a précédé la venue de notre Seigneur, et que le reste désignera l'année du cycle qui s'écoule.

54. Ceux qui ont travaillé à la réformation du Calendrier, sous Grégoire XIII, ont proposé un nouveau

cycle lunaire qui contient 2500 années Julienes moins huit jours, parce qu'après ces 2500 ans la nouvelle Lune arrivé huit jours plus tôt qu'elle ne faisoit au commencement du cycle, comme il paroît en ce qu'elle avance d'un jour en 312 ans et demi. Quoique les réformateurs du Calendrier n'ayent pas expressément défini l'époque de ce cycle, ils ont néanmoins supposé qu'un de ces cycles avoit fini à l'an 1500 : d'où il suit qu'il a commencé mille ans avant J. C., en sorte que l'année qui a précédé cette époque a été la millième de ce cycle. Mais quand on parle du cycle lunaire, il faut toujours entendre l'ancien : c'est la même chose à l'égard du cycle solaire.

55. Nous allons donner une Table pour trouver les nombres d'or depuis la naissance de J. C. jusqu'à l'an 5600. Quoique cette Table soit contenue en deux pages, on doit la regarder comme n'en occupant qu'une seule, parce que les lignes de la seconde sont la continuation des lignes correspondantes de la première. L'on a mis au haut de la Table trois rangées qui contiennent les dernières ou les centièmes années de chaque siècle. Ces centièmes années sont marquées de suite en allant de la première rangée à la seconde, et de la seconde à la troisième. Au-dessous de ces trois rangées on a placé les nombres d'or en autant de colonnes qu'il y a de centièmes années en chacune des rangées. Enfin on a mis à la gauche des nombres d'or toutes les années des siècles qui sont entre les centièmes. Cela posé, voici comment on trouve par cette Table le nombre d'or d'une année proposée. 1°. Si cette année est une centième, le nombre d'or qui lui appartient est le premier de la colonne qui est sous cette centième année. Ainsi, le nombre d'or de l'année 1700 est 10, parce que ce nombre est le premier de la colonne qui est au-dessous de 1700. 2°. Si l'année dont on cherche le nombre d'or est après une centième, par exemple, 1745, on cherchera 45 entre les années marquées à la gauche des nombres d'or : ensuite on regardera dans la colonne qui est sous 1700 quel est le nombre d'or qui est vis-à-vis de 45 : on trouvera 17 ; c'est le nombre d'or de 1745.

TABLE DES NOMBRES D'OR

Pour toutes les années depuis l'Ere vulgaire jusqu'à l'an 5600.

ANNÉES SÉCULAIRES, c'est-à-dire, les dernières des siècles.							
		0	100	200	300	400	500
		1900	2000	2100	2200	2300	2400
		3800	3900	4000	4100	4200	4300
NOMBRES D'OR.							
		1.	6.	11.	16.	2.	7.
1. 20. 39.	58. 77. 96.	2.	7.	12.	17.	3.	8.
2. 21. 40.	59. 78. 97.	3.	8.	13.	18.	4.	9.
3. 22. 41.	60. 79. 98.	4.	9.	14.	19.	5.	10.
4. 23. 42.	61. 80. 99.	5.	10.	15.	1.	6.	11.
5. 24. 43.	62. 81.	6.	11.	16.	2.	7.	12.
6. 25. 44.	63. 82.	7.	12.	17.	3.	8.	13.
7. 26. 45.	64. 83.	8.	13.	18.	4.	9.	14.
8. 27. 46.	65. 84.	9.	14.	19.	5.	10.	15.
9. 28. 47.	66. 85.	10.	15.	1.	6.	11.	16.
10. 29. 48.	67. 86.	11.	16.	2.	7.	12.	17.
11. 30. 49.	68. 87.	12.	17.	3.	8.	13.	18.
12. 31. 50.	69. 88.	13.	18.	4.	9.	14.	19.
13. 32. 51.	70. 89.	14.	19.	5.	10.	15.	1.
14. 33. 52.	71. 90.	15.	1.	6.	11.	16.	2.
15. 34. 53.	72. 91.	16.	2.	7.	12.	17.	3.
16. 35. 54.	73. 92.	17.	3.	8.	13.	18.	4.
17. 36. 55.	74. 93.	18.	4.	9.	14.	19.	5.
18. 37. 56.	75. 94.	19.	5.	10.	15.	1.	6.
19. 38. 57.	76. 95.	1.	6.	11.	16.	2.	7.

TABLE DES NOMBRES D'OR,

Depuis l'Ere vulgaire jusqu'à 5600.

600	700	800	900	1000	1100	1200	1300	1400	1500	1600	1700	1800
2500	2600	2700	2800	2900	3000	3100	3200	3300	3400	3500	3600	3700
4400	4500	4600	4700	4800	4900	5000	5100	5200	5300	5400	5500	5600
NOMBRES D'OR.												
12.	17.	3.	8.	13.	18.	4.	9.	14.	19.	5.	10.	15.
13.	18.	4.	9.	14.	19.	5.	10.	15.	1.	6.	11.	16.
14.	19.	5.	10.	15.	1.	6.	11.	16.	2.	7.	12.	17.
15.	1.	6.	11.	16.	2.	7.	12.	17.	3.	8.	13.	18.
16.	2.	7.	12.	17.	3.	8.	13.	18.	4.	9.	14.	19.
17.	3.	8.	13.	18.	4.	9.	14.	19.	5.	10.	15.	1.
18.	4.	9.	14.	19.	5.	10.	15.	1.	6.	11.	16.	2.
19.	5.	10.	15.	1.	6.	11.	16.	2.	7.	12.	17.	3.
1.	6.	11.	16.	2.	7.	12.	17.	3.	8.	13.	18.	4.
2.	7.	12.	17.	3.	8.	13.	18.	4.	9.	14.	19.	5.
3.	8.	13.	18.	4.	9.	14.	19.	5.	10.	15.	1.	6.
4.	9.	14.	19.	5.	10.	15.	1.	6.	11.	16.	2.	7.
5.	10.	15.	1.	6.	11.	16.	2.	7.	12.	17.	3.	8.
6.	11.	16.	2.	7.	12.	17.	3.	8.	13.	18.	4.	9.
7.	12.	17.	3.	8.	13.	18.	4.	9.	14.	19.	5.	10.
8.	13.	18.	4.	9.	14.	19.	5.	10.	15.	1.	6.	11.
9.	14.	19.	5.	10.	15.	1.	6.	11.	16.	2.	7.	12.
10.	15.	1.	6.	11.	16.	2.	7.	12.	17.	3.	8.	13.
11.	16.	2.	7.	12.	17.	3.	8.	13.	18.	4.	9.	14.
12.	17.	3.	8.	13.	18.	4.	9.	14.	19.	5.	10.	15.

Les lignes de cette page sont la continuation de celles de la précédente.

De l'Indiction.

56. Les deux cycles dont nous avons parlé, le solaire et le lunaire, ont pour fondement le mouvement du Soleil et celui de la Lune, et par conséquent ils ne dépendent pas de la volonté des hommes. Il y en a un troisième entièrement arbitraire; qu'on appelle *Indiction*, ou *Cycle de l'Indiction romaine*, composé de 15 ans. On suppose qu'il a commencé trois ans avant la naissance de J. C., c'est pourquoi lorsqu'on cherche l'indiction d'une année qui suit cette époque, on ajoute 3 au nombre des années de l'ère chrétienne, et l'on divise la somme par 15, le reste, s'il y en a, marque l'indiction de l'année proposée; mais s'il n'y a point de reste, l'indiction est 15. Si, par exemple, on cherche l'indiction pour l'année 1745, on ajoutera 3 à ce nombre, et l'on divisera la somme 1748 par 15, le quotient sera 116, et le reste 8: ainsi 8 est l'indiction de l'année 1745.

57. Il paroît, par ce qui a été dit ci-dessus, qu'afin d'avoir les trois cycles, le solaire, le lunaire et celui de l'indiction pour une des années de l'ère chrétienne, il faut ajouter quelque chose au nombre des années de l'ère chrétienne, savoir, 9 pour le cycle solaire, 1 pour le cycle lunaire et 3 pour l'indiction, parce que la première année de notre ère étoit la dixième du cycle solaire, la seconde du cycle lunaire, et la quatrième de l'indiction.

Des Périodes Victoriene et Juliene.

58. Si l'on multiplie le cycle solaire 28 par le cycle lunaire 19, on aura le produit 532 que l'on appelle la période *Victoriene*, du nom de *Victorius*, qui la publia l'an 457: elle renfermoit, avant la réforme du Calendrier, toutes les variétés qui peuvent arriver par rapport aux nouvelles et pleines Lunes, comparées avec les lettres

dominicales ; en sorte qu'après 532 ans, les combinaisons des nouvelles ou pleines lunes avec les lettres dominicales revenoient les mêmes. La première de ces périodes commence 457 ans avant la naissance de J. C., la seconde à l'an 76, la troisième à l'an 608 ; &c. Un auteur célèbre appelé Denis *le petit*, fit usage de cette période vers l'an 527, pour déterminer le jour qu'il falloit célébrer la Pâque, et on s'en est toujours servi pour cet effet jusqu'au Pape Grégoire XIII.

59. Il faut remarquer que pendant tout le tems d'une période Victoriene, c'est-à-dire, pendant 532 ans, il ne peut y avoir deux années, dont l'une ait même cycle solaire et même nombre d'or que l'autre : il se peut bien faire que les deux aient même cycle solaire, ou même cycle lunaire : mais la première ne peut avoir tout à-la-fois même cycle solaire, et même cycle lunaire que la seconde. Cela vient de ce que la période Victoriene est le produit des cycles entiers 28 et 19. Nous disons *cycles entiers*, parce que le mot *cycle* se prend non seulement pour la révolution entière, par exemple de 28 ans s'il s'agit du cycle solaire ; mais aussi pour les différentes années de la révolution, comme quand on dit que le cycle solaire de 1745 sera 18. Nous avons pris déjà plusieurs fois le mot de cycle dans ce dernier sens.

60. La période *Juliene* est faite à l'imitation de la Victoriene : c'est le produit des trois cycles 28, 19, 15 : ainsi c'est une révolution de 7980 ans ; car en multipliant ces trois nombres les uns par les autres on trouvera au produit 7980. La première année de l'ère chrétienne étoit la 4714me de cette période ; et par conséquent, pour trouver à quelle année de la période Juliene répond chaque année de l'ère chrétienne, il faut ajouter 4713 à l'année proposée ; par exemple, si on ajoute 4713 à 1745, la somme 6458 sera l'année de la période Juliene qui répond à l'an 1745.

61. L'année de la naissance de Jésus-Christ étant la

4714me de la période Juliene, il faut que l'on suppose qu'elle ait commencé plus de 700 ans avant la création du monde, puisque, selon l'opinion commune des Chronologistes, N. S. J. C. est né environ 4000 ans après la création. Joseph Scaliger, qui est l'inventeur de cette période, a cru qu'elle pouvoit servir à ôter la confusion qui se trouve dans la chronologie; parce qu'on peut rapporter toutes les époques et tous les événemens à quelques années de cette période, et qu'ainsi elle peut servir comme de mesure commune pour tous les siècles depuis le commencement du monde. Le Père Petau s'en est servi dans son grand ouvrage intitulé *Doctrina temporum*.

62. Comme dans une période Victoriene il ne peut y avoir deux années qui aient même cycle solaire et même cycle lunaire, de même dans la période Juliene, c'est-à-dire, dans l'espace de 7980 ans il ne peut se rencontrer deux années, dont l'une ait ensemble même cycle solaire, même cycle lunaire et même indiction que l'autre : c'est pourquoi ces trois cycles étant donnés, on peut trouver l'année de la période Juliene à laquelle ils appartiennent. Nous ne donnerons pas ici cette méthode, parce qu'elle pourroit embarrasser ceux qui n'ont pas quelque habitude avec l'algèbre, et que d'ailleurs on en retireroit peu d'avantage.

De la Réformation du Calendrier en 1582.

63. Il y avoit deux défauts notables dans le Calendrier ancien : le premier étoit que l'année astronomique est plus courte que ne l'avoit supposé Jules-César; car elle n'est que de 365 jours 5 heures et environ quarante-neuf minutes, et non pas 365 jours 6 heures, comme on l'avoit cru : ainsi l'erreur est de 11 minutes. Or, ces 11 minutes font environ 24 heures en 134 ans; en sorte qu'après ces 134 ans, l'équinoxe arrive un jour plus tôt qu'avant ce tems, en faisant l'année de 365 jours 6 heures : c'est pourquoi sous le pontificat de Grégoire XIII, vers l'an 1580, l'équi-

noxe du printems, qui du tems du concile de Nicée tenu en 325, tomboit au 21 de Mars, arrivoit pour lors au 11 de ce mois. Ainsi les 11 minutes de différence avoient produit une erreur de 10 jours entiers.

64. Il fut facile d'ôter cette erreur en retranchant 10 jours de l'année civile; et c'est ce qui se fit à Rome l'an 1582 au mois d'Octobre : car le jour qui suit la Saint-François, c'est-à-dire, le 5 de ce mois fut compté pour le 15 : ainsi on supprima 10 jours de ce mois; et par-là l'équinoxe du printems revint au 21 de Mars, parce que par la suppression de dix jours, on compta le 21 de Mars dix jours plus tôt qu'on n'auroit fait sans cela : de même que l'on compta le 15 d'Octobre dix jours avant qu'on ne l'auroit compté en suivant l'ancien usage.

65. Mais pour empêcher que l'on ne retombât dans le même inconvénient, on résolut de retrancher ce qu'il y avoit de trop dans l'année Juliene, c'est-à-dire, un jour sur 134 ans, et par conséquent trois jours sur 400 ans. On régla donc que sur 400 ans les dernières années des trois premiers siècles ne seroient pas bissextiles, et qu'il n'y auroit que la dernière du quatrième siècle qui le seroit. Par exemple, l'an 1700 n'a pas été bissextile : 1800 ni 1900 ne le seront pas non plus; mais l'an 2000 le sera. Ainsi, comme, selon le calendrier Julien, la dernière de quatre années consécutives est la seule qui soit bissextile, de même aussi, selon le Calendrier Grégorien, sur quatre centièmes années il n'y a que la dernière qui soit bissextile. Par ce moyen, on retranche trois jours en 400 ans; car, selon le Calendrier de Jules-César, la centième, c'est-à-dire, la dernière année de chaque siècle, devoit toujours être bissextile. Voilà comme on a remédié au premier défaut du Calendrier.

66. Il paroît, par ce que nous venons de dire, que l'on compte aujourd'hui onze jours de plus que l'on ne compteroit, sans la correction qui a été faite par les ordres du pape Grégoire XIII, à cause des dix jours que l'on sup-

prima tout d'un coup en 1582, et de celui que l'on a retranché en 1700 : aussi les Russes, qui n'ont pas adopté la réforme du Calendrier, comptent onze jours de moins que nous, en sorte que le jour qui est, par exemple, le 21 du mois, n'est compté chez eux que pour le 10 ; et par conséquent les 11 premiers jours de chaque mois sont comptés chez eux pour les onze derniers du mois précédent. Afin de distinguer ces deux manières différentes de compter les jours des mois, celles que conservent encore les Russes est appelée *vieux style ;* et celle qui est en usage dans le reste de l'Europe, s'appelle *nouveau style.* Les Protestans d'Allemagne ont enfin reçu le nouveau style en 1700, quoiqu'il ait été réglé et prescrit par un pape.

67. Le second défaut du Calendrier ancien, c'est que les nouvelles lunes n'étoient pas indiquées exactement par les nombres d'or qui avoient été placés dans le Calendrier, vers l'an 530 ; mais elles précédoient de quatre jours celui auquel elles étoient marquées : par exemple, la nouvelle lune qui étoit marquée au 5 de Janvier, arrivoit au premier de ce mois. Cela vient de ce que la durée de 235 lunaisons contenues en 19 ans, est un peu plus courte que les 19 années : car il arrive de-là, comme nous l'avons dit, qu'après 625 ans la nouvelle lune tombe deux jours plus tôt qu'auparavant : et si 625 ans font une erreur de deux jours, 125 ans ont dû produire une erreur de 4 jours. Or, il faut compter environ 1250 ans jusqu'au tems de Grégoire XIII ; car quoique les nombres d'or aient été placés dans le Calendrier vers l'an 530, on les a néanmoins disposés comme on auroit fait du tems du concile de Nicée tenu en 325.

68. Il paroîtroit donc qu'il auroit fallu remettre les nombres d'or quatre lignes plus haut, c'est-à-dire, 4 jours plus tôt qu'ils n'étoient, afin qu'ils indiquassent au juste les nouvelles lunes. Mais le retranchement de dix jours dont nous avons parlé, obligeoit au contraire de faire descendre les nombres d'or dix places au-dessous de celles qu'ils oc-

cupoient : par exemple, ceux qui étoient au 5 et au 6 de Janvier, devoient être remis au 15 et au 16 de ce mois. La raison de cela, c'est que les deux jours qui, sans la réforme, auroient été appelés le 5 et le 6 Janvier, sont devenus, par cette réforme, le 15 et le 16 : de même que le jour du mois d'Octobre qui auroit été appelé le 5, fut compté pour le 15. Ainsi, puisque d'un côté il falloit remonter les nombres d'or de quatre jours vers le commencement de chaque mois, et que de l'autre il falloit les faire descendre de dix jours vers la fin, il s'ensuit qu'en faisant une juste compensation ; il falloit les abaisser seulement de six places ; et par conséquent ceux qui répondoient, avant la réforme, au 5 et au 6 de Janvier, devoient être remis au 11 et au 12 : ainsi de tous les autres nombres d'or à proportion.

69. Il n'auroit pas été difficile de remettre les nombres d'or six places au-dessous de celles qu'ils occupoient, afin qu'ils indiquassent exactement les nouvelles lunes : mais le Calendrier auroit encore eu bientôt besoin d'une nouvelle réforme, si l'on n'avoit fait d'autre changement. Car 1°. toutes les fois qu'on auroit retranché un jour dans l'année à la fin du siècle, il auroit fallu abaisser les nombres d'or d'une ligne, comme il paroît par ce que nous venons de dire touchant le retranchement des dix jours. Or, Grégoire XIII ordonnoit qu'on retrancheroit un jour sur chaque centième année, excepté la quatrième. 2°. Il auroit fallu, au contraire, remonter les nombres d'or d'un jour au bout de 312 ans et demi, parce que, après ce nombre d'années, les nouvelles lunes arrivent un jour plus tôt qu'auparavant, comme nous l'avons fait voir.

70. Lorsque la nouvelle lune arrive un jour plus tard qu'auparavant, les astronomes appellent ce retardement *Métemptose* ou *équation solaire* : et au contraire, ils nomment *proemptose* ou *équation lunaire*, l'anticipation de la nouvelle lune, c'est-à-dire, quand elle arrive un jour plus tôt qu'auparavant par l'imperfection du cycle lunaire.

71. Après ce que nous avons dit, on voit que les nombres d'or n'étoient pas propres pour un Calendrier perpétuel : les astronomes en convenoient, mais il falloit une autre méthode. Un savant astronome et médecin de Naples, appelé Aloysius-Lilius (Luigi Lilio) , proposa un moyen de faire un Calendrier perpétuel, qui indiquât les nouvelles lunes pour tous les jours de chaque année, par le moyen des *Epactes*.

Des Epactes.

72. Les épactes sont trente nombres, que l'on écrit en chiffres romains à côté des jours du mois, comme on plaçoit autrefois les nombres d'or. Mais il y a cette différence entre les épactes et les nombres d'or, qu'il y a des épactes vis-à-vis de tous les jours du mois : les nombres d'or, au contraire, ne se trouvoient que vis-à-vis de quelques jours du mois, c'est-à-dire, de ceux où il arrivoit des nouvelles lunes pendant les 19 ans du cycle lunaire. Il n'y avoit, par exemple, dans le mois de Janvier, que 20 jours qui eussent des nombres d'or : c'est même pour ce sujet que ces nombres étoient insuffisans pour marquer les nouvelles lunes; car, à cause de la métemptose et de la proemptose, il n'y a point de jours dans le mois auquel la nouvelle lune ne puisse arriver dans la suite des téms.

73. Les épactes ont été placées à côté des jours du mois dans un ordre rétrograde, en sorte que l'*astérisque* * qui tient lieu de l'épacte XXX, est à côté du premier jour de Janvier; ensuite l'épacte XXIX est placée à côté du second, XXVIII vis-à-vis du troisième jour, ainsi de suite jusqu'à l'épacte I, qui répond au 30 de ce mois. Après cela revient l'astérisque * qui répond au 31, et ensuite XXIX à côté du premier Février, XXVIII à côté du 2, &c.

74. Les 30 épactes ainsi disposées répondent à 30 jours; et par conséquent elles désignent les 30 jours des mois

mois lunaires qui sont pleins; mais parce qu'il y en a six dans l'année qui sont caves, c'est-à-dire, de 29 jours, on a mis ensemble les deux épactes XXV et XXIV, en sorte qu'elles répondent à un même jour dans six différens mois, savoir, au 5 Février, au 5 Avril, au 3 Juin, au 1 Août, au 29 Septembre et au 27 Novembre. Par ce moyen, les trente épactes ne répondent qu'à 29 jours dans ces six mois.

75. On a donné le nom d'épactes à ces 30 nombres, parce que celui qui sert pour chaque année désigne l'épacte de cette année. Or, l'épacte n'est autre chose que le nombre de jours dont la Lune précède le commencement de l'année civile. Par exemple, il y avoit XV d'épacte en 1744, parce que la Lune avoit 15 jours quand cette année commença. C'est donc pour cela que l'épacte de l'année 1744 est XV. Pareillement l'épacte de 1746 étoit VII, parce que la Lune avoit 7 jours quand l'année 1746 commença. On peut dire aussi que l'épacte d'une année désigne le nombre de jours qui restoient au mois de Décembre précédent, après la Lune qui s'est terminée dans ce mois. Cela revient au même que la définition précédente.

76. L'épacte vient de ce que l'année solaire est plus grande que la lunaire, la première étant de 365 jours, et la seconde de 354 seulement. C'est pour cela que l'on dit souvent que l'épacte est l'excès de l'année solaire sur l'année lunaire : mais cette notion de l'épacte pourroit faire croire qu'elle doit toujours être la même, d'autant que l'excès de l'année solaire sur l'année lunaire est toujours onze.

77. L'usage de l'épacte de chaque année consiste donc à indiquer les jours auxquels arrivent les nouvelles Lunes pendant le cours de l'année. Prenons pour exemple VII, qui est l'épacte de 1746 : elle se trouve à côté du 24 Janvier, du 22 Février, du 24 Mars, du 22 Avril, du 24 Mai, &c. Ainsi la nouvelle Lune est indiquée pour tous

ces jours en 1746. Il faut cependant remarquer que le plus souvent la nouvelle Lune arrive un ou deux jours avant celui qui est marqué par l'épacte, quelquefois même trois jours : elle arrive fort rarement le même jour. On l'a fait exprès pour que la pâque des Chrétiens ne concourut pas avec celle des Juifs.

78. L'épacte * qui tient lieu de XXX, répond au premier Janvier, ensuite XXIX au 2 de ce mois, XXVIII au 3, XXVII au 4, ainsi de suite dans un ordre rétrograde. Afin que ces nombres puissent marquer l'épacte, c'est-à-dire, le nombre des jours de la Lune au commencement de l'année pendant laquelle ils indiquent les nouvelles Lunes ; prenons pour exemple l'épacte XXIX : je dis qu'elle doit répondre au 2 Janvier. Quand la dernière lunaison d'une année finit au 2 Décembre, comme il reste encore 29 jours jusqu'à la fin du mois, l'épacte de l'année suivante doit être XXIX. Or, il est nécessaire que cette épacte soit placée au 2 Janvier pour marquer la nouvelle Lune, parce que la lunaison qui est composée de 30 jours ayant commencé le 3 Décembre, il faut qu'elle finisse au premier Janvier : il paroît donc que l'épacte XXIX doit être placée au 2 Janvier, afin de marquer le jour de la nouvelle Lune. Par une raison semblable, l'épacte XXVIII doit répondre au 3 Janvier ; car lorsque la dernière Lune d'une année finit au 3 Décembre, il reste encore 28 jours jusqu'à la fin de ce mois : l'épacte de l'année suivante sera donc XXVIII. Or, il faut qu'elle soit placée au 3 Janvier, parce que la Lune ayant commencé au 4 Décembre, il faut qu'elle finisse au 2 Janvier, et qu'ainsi la suivante commence au 3. On prouvera de même que les autres épactes doivent être disposées dans un ordre rétrograde, afin qu'elles puissent marquer combien la Lune a de jours quand l'année commence.

79. Afin de comprendre pourquoi on a placé * au lieu de XXX au premier Janvier, il faut faire attention que l'épacte d'une année marque le nombre de jours qui res-

toient du mois de Décembre précédent, après la fin de la Lune qui s'est terminée dans ce mois. Or, il peut arriver qu'il y ait une Lune qui se termine au premier Décembre, et une autre au 31. Si l'on a égard à celle qui se termine au premier Décembre, l'épacte de l'année suivante doit être XXX, parce qu'il reste 30 jours après le premier de ce mois jusqu'à la fin. Mais si l'on a égard à la Lune qui se termine au dernier jour du mois, l'épacte de l'année suivante doit être zéro. Ainsi, pour indiquer la nouvelle Lune qui tombe au premier Janvier, il faudroit mettre à ce jour XXX par rapport à la première Lune, et o, par rapport à la dernière : mais au lieu de XXX et de o, on a mis l'astérique * qui peut également signifier 30 et o.

80. Enfin, on trouvera l'épacte 19 placée à côté de l'épacte XX au 31 Décembre ; elle sert seulement lorsque l'épacte XIX concourt avec le nombre d'or XIX. Dans cette année, qui est la dernière des sept embolismiques à cause du nombre d'or XIX, la Lune qui commence au second jour de Décembre où se trouve l'épacte XIX, doit finir au 30 du mois, puisque cette Lune ne contient que 29 jours (art. 49) : par conséquent la nouvelle Lune doit être le 31. Ainsi l'épacte 19 doit aussi se trouver à côté de ce jour. D'ailleurs, comme on suppose que l'épacte XIX concourt avec le nombre d'or 19, pour avoir l'épacte de l'année suivante il faut ajouter 12 à 19, comme nous le dirons dans la suite, et ôter 30 de la somme 31, le reste 1 sera l'épacte de cette année. Or, l'épacte I ne se rencontre pas avant le 30 de Janvier : c'est pourquoi si on n'avoit pas placé 19 au 31 Décembre, il n'y auroit point eu de nouvelle Lune indiquée dans le Calendrier depuis le 2 Décembre jusqu'au 30 Janvier suivant : c'est à quoi il falloit remédier.

81. Au reste, il n'y a pas lieu de craindre qu'il y ait deux nouvelles Lunes indiquées au 31 Décembre, pendant la révolution du cycle lunaire, à cause des deux épactes 19 et XX qui répondent à ce jour, parce que l'é-

pacte XX ne se trouve pas dans la suite des épactes où XIX concourt avec le nombre d'or XIX. Cette suite unique est marquée D dans la Table étendue des épactes dont nous parlerons ci-après. La dernière fois que l'épacte XIX a concouru avec le nombre d'or XIX, a été en 1690 : et cela n'arrivera pas avant 8500 ; mais on a prévu tous les cas, comme on peut le voir plus au long dans le grand traité du Calendrier par le P. Clavius, et dans l'Astronomie de Lalande.

En expliquant la construction de la Table étendue des épactes, nous dirons pourquoi on a placé 25 à côté de XXVI dans les mois où les deux épactes XXV et XXIV répondent au même jour, et à côté de 25 dans les autres.

Voici le Calendrier de Grégoire XIII, qui est présentement en usage dans tous les pays catholiques. Il y a trois colonnes pour chaque mois ; la première contient les Epactes, la seconde les Jours du mois, la troisième les Lettres dominicales.

Janvier.			Février.			Mars.		
Cycle des Epactes.	J. du M.	L. D.	Cycle des Epactes.	J. du M.	L. D.	Cycle des Epactes.	J. du M.	L. D.
*	1	A	XXIX	1	D	*	1	D
XXIX	2	B	XXVIII	2	E	XXIX	2	E
XXVIII	3	C	XXVII	3	F	XXVIII	3	F
XXVII	4	D	25.XXVI	4	G	XXVII	4	G
XXVI	5	E	xxv. xxiv	5	A	XXVI	5	A
25. XXV	6	F	XXIII	6	B	25. XXV	6	B
XXIV	7	G	XXII	7	C	XXIV	7	C
XXIII	8	A	XXI	8	D	XXIII	8	D
XXII	9	B	XX	9	E	XXII	9	E
XXI	10	C	XIX	10	F	XXI	10	F
XX	11	D	XVIII	11	G	XX	11	G
XIX	12	E	XVII	12	A	XIX	12	A
XVIII	13	F	XVI	13	B	XVIII	13	B
XVII	14	G	XV	14	C	XVII	14	C
XVI	15	A	XIV	15	D	XVI	15	D
XV	16	B	XIII	16	E	XV	16	E
XIV	17	C	XII	17	F	XIV	17	F
XIII	18	D	XI	18	G	XIII	18	G
XII	19	E	X	19	A	XII	19	A
XI	20	F	IX	20	B	XI	20	B
X	21	G	VIII	21	C	X	21	C
IX	22	A	VII	22	D	IX	22	D
VIII	23	B	VI	23	E	VIII	23	E
VII	24	C	V	24	F	VII	24	F
VI	25	D	IV	25	G	VI	25	G
V	26	E	III	26	A	V	26	A
IV	27	F	II	27	B	IV	27	B
III	28	G	I	28	C	III	28	C
II	29	A				II	29	D
I	30	B				I	30	E
*	31	C				*	31	F

Avril.			Mai.			Juin.		
Cycle des Epactes.	J. du M.	L. D.	Cycle des Epactes.	J. du M.	L. D.	Cycle des Epactes.	J. du M.	L. D.
XXIX	1	G	XXVIII	1	B	XXVII	1	E
XXVIII	2	A	XXVII	2	C	25. XXVI	2	F
XXVII	3	B	XXVI	3	D	XXV. XXIV	3	G
25. XXVI	4	C	25. XXV	4	E	XXIII	4	A
XXV. XXIV	5	D	XXIV	5	F	XXII	5	B
XXIII	6	E	XXIII	6	G	XXI	6	C
XXII	7	F	XXII	7	A	XX	7	D
XXI	8	G	XXI	8	B	XIX	8	E
XX	9	A	XX	9	C	XVIII	9	F
XIX	10	B	XIX	10	D	XVII	10	G
XVIII	11	C	XVIII	11	E	XVI	11	A
XVII	12	D	XVII	12	F	XV	12	B
XVI	13	E	XVI	13	G	XIV	13	C
XV	14	F	XV	14	A	XIII	14	D
XIV	15	G	XIV	15	B	XII	15	E
XIII	16	A	XIII	19	C	XI	19	F
XII	17	B	XII	17	D	X	17	G
XI	18	C	XI	18	E	IX	18	A
X	19	D	X	19	F	VIII	19	B
IX	20	E	IX	20	G	VII	20	C
VIII	21	F	VIII	21	A	VI	21	D
VII	22	G	VII	22	B	V	22	E
VI	23	A	VI	23	C	IV	23	F
V	24	B	V	24	D	III	24	G
IV	25	C	IV	25	E	II	25	A
III	26	D	III	26	F	I	26	B
II	27	E	II	27	G	*	27	C
I	28	F	I	28	A	XXIX	28	D
*	29	G	*	29	B	XXVIII	29	E
XXIX	30	A	XXIX	30	C	XXVII	30	F
			XXVIII	31	D		31	

JUILLET.			AOUT.			SEPTEMBRE.		
Cycle des Epactes.	J. du M.	L. D.	Cycle des Epactes.	J. du M.	L. D.	Cycle des Epactes.	J. du M.	L. D.
XXVI	1	G	XXV. XXIV	1	C	XXIII	1	F
25. XXV	2	A	XXIII	2	D	XXII	2	G
XXIV	3	B	XXII	3	E	XXI	3	A
XXIII	4	C	XXI	4	F	XX	4	B
XXII	5	D	XX	5	G	XIX	5	C
XXI	6	E	XIX	6	A	XVIII	6	D
XX	7	F	XVIII	7	B	XVII	7	E
XIX	8	G	XVII	8	C	XVI	8	F
XVIII	9	A	XVI	9	D	XV	9	G
XVII	10	B	XV	10	E	XIV	10	A
XVI	11	C	XIV	11	F	XIII	11	B
XV	12	D	XIII	12	G	XII	12	C
XIV	13	E	XII	13	A	XI	13	D
XIII	14	F	XI	14	B	X	14	E
XII	15	G	X	15	C	IX	15	F
XI	16	A	IX	16	D	VIII	16	G
X	17	B	VIII	17	E	VII	17	A
IX	18	C	VII	18	F	VI	18	B
VIII	19	D	VI	19	G	V	19	C
VII	20	E	V	20	A	IV	20	D
VI	21	F	IV	21	B	III	21	E
V	22	G	III	22	C	II	22	F
IV	23	A	II	23	D	I	23	G
III	24	B	I	24	E	*	24	A
II	25	C	*	25	F	XXIX	25	B
I	26	D	XXIX	26	G	XXVIII	26	C
*	27	E	XXVIII	27	A	XXVII	27	D
XXIX	28	F	XXVII	28	B	XXVI	28	E
XXVIII	29	G	XXVI	29	C	XXV. XXIV	29	F
XXVII	30	A	25. XXV	30	D	XXIII	30	G
25. XXVI	31	B	XXIV	31	E			

Octobre.			Novembre.			Décembre.		
Cycle des Epactes.	J. du M.	L. D.	Cycle des Epactes.	J. du M.	L. D.	Cycle des Epactes.	J. du M.	L. D.
XXII	1	A	XXI	1	D	XX	1	F
XXI	2	B	XX	2	E	XIX	2	G
XX	3	C	XIX	3	F	XVIII	3	A
XIX	4	D	XVIII	4	G	XVII	4	B
XVIII	5	E	XVII	5	A	XVI	5	C
XVII	6	F	XVI	6	B	XV	6	D
XVI	7	G	XV	7	C	XIV	7	E
XV	8	A	XIV	8	D	XIII	8	F
XIV	9	B	XIII	9	E	XII	9	G
XIII	10	C	XII	10	F	XI	10	A
XII	11	D	XI	11	G	X	11	B
XI	22	E	X	12	A	IX	12	C
X	13	F	IX	13	B	VIII	13	D
IX	14	G	VIII	14	C	VII	14	E
VIII	15	A	VII	15	D	VI	15	F
VII	16	B	VI	16	E	V	16	G
VI	17	C	V	17	F	IV	17	A
V	18	D	IV	18	G	III	18	B
IV	19	E	III	19	A	II	19	C
III	20	F	II	20	B	I	20	D
II	21	G	I	21	C	*	21	E
I	22	A	*	22	D	XXIX	22	F
*	23	B	XXIX	23	E	XXVIII	23	G
XXIX	24	C	XXVIII	24	F	XXVII	24	A
XXVIII	25	D	XXVII	25	G	XXVI	25	B
XXVII	26	E	25. XXVI	26	A	25. XXV	26	C
XXVI	27	F	XXV. XXIV	27	B	XXIV	27	D
25. XXV	28	G	XXIII	28	C	XXIII	28	E
XXIV	29	A	XXII	29	D	XXII	29	F
XXIII	30	B	XXI	30	E	XXI	30	G
XXII	31	C					31	A

82. Pour avoir l'épacte d'une année, il suffit d'ajouter onze à celle de l'année précédente ; et si la somme n'excède pas 30, ce sera l'épacte cherchée ; mais quand la somme surpasse 30, il faut ôter 30, et le reste est l'épacte de l'année proposée. Par exemple, pour avoir l'épacte de 1745, j'ajoute 11 à celle de 1744 qui est XV, et la somme XXVI est l'épacte cherchée : mais si je voulois avoir l'épacte de 1746, après avoir ajouté 11 à l'épacte de 1745, il faudroit retrancher 30 de la somme 37, et le reste VII seroit l'épacte de 1746. Cette méthode souffre une exception dans un cas, lorsque le nombre d'or est I : car pour lors il faut ajouter 12 à la dernière épacte. Ainsi, comme le nombre d'or de 1748 est I, il faut ajouter 12 à XVIII épacte de 1747, et la somme XXX, ou plûtôt l'astérisque * mis à la place de XXX, est l'épacte de 1748.

83. Voici pourquoi l'on retranche 30, lorsque la somme les surpasse. Les 12 unités que l'on ajoute chaque année à l'épacte de l'année précédente, viennent de ce que l'année solaire est plus grande de 11 jours que l'année lunaire. Or, ces onze jours ajoutés les uns aux autres, forment les 7 mois embolismiques d'un cycle lunaire, qui sont composés de 30 jours. Il faut donc que l'on retranche toujours 30 jours de la somme qui vient, en ajoutant 11 chaque année, au lieu de retrancher alternativement 30 et 29 jours.

84. On remarquera cependant que les 11 jours ajoutés chaque année ne font que 19 fois 11 jours, ou 209 jours pendant le cours du cycle lunaire. Or, ces 209 jours font 7 mois embolismiques, dont les 6 premiers sont de 30 jours, mais le dernier n'est que de 29 jours. Ainsi il semble que sur la fin du cycle lunaire, on ne devroit retrancher que 29 de la somme pour le dernier mois embolismique.

85. Il faut avouer que le dernier retranchement qui n'a été établi que pour garder l'uniformité, produit une erreur, en ce que cela diminue d'une unité le reste de la

soustraction ; mais ce défaut est aussi-tôt réparé, parce qu'au lieu d'ajouter seulement 11 à l'épacte de la dernière année du cycle, on ajoutera 12. Cette addition de 12 au lieu de 11, se doit donc faire dans chaque année qui a 1 pour nombre d'or : c'est ce que l'on a fait en 1710 et en 1729, et ce que l'on fera en 1748, 1767, &c. parce que toutes ces années ont 1 pour nombre d'or.

86. Pour trouver l'épacte d'une année lorsqu'on ne connoît pas celle de l'année précédente, il faut multiplier 11 par le nombre des années qui se sont écoulées depuis 1700, en commençant par 1701, jusques et compris l'année dont on cherche l'épacte, puis on ajoutera 9 au produit, et de plus, autant d'unités que le nombre d'or 1 est revenu de fois depuis 1700 jusqu'à l'année proposée inclusivement. Enfin, on divisera la somme par 30, le reste de la division sera l'épacte que l'on cherche. S'il n'y avoit point de reste après la division, l'épacte de l'année proposée seroit XXX, ou plutôt l'astérisque * qui tient la place de XXX. Par exemple, pour trouver l'épacte de 1745, je multiplie 11 par 45, le produit est 495 : ensuite j'ajoute à ce produit 9, et de plus 2, parce que depuis 1700 il y a eu deux années qui ont eu le nombre d'or 1, savoir, 1710 et 1729 : enfin, je divise la somme 506 par 30, il reste 26 : d'où je conclus que l'épacte de 1745 est XXVI.

87. On multiplie 11 par le nombre des années qui se sont passées après 1700, parce que chaque année on ajoute 11 à l'épacte de l'année précédente : on ajoute 9 au produit, parce que multipliant 11 par 45, dans notre exemple, on suppose que l'épacte de la première année, c'est-à-dire, de 1701 est 11, et que l'épacte des autres années se trouve en ajoutant toujours 11 à l'épacte de l'année précédente ; or l'épacte de 1701 est XX ; ainsi elle a neuf unités de plus que 11 ; et c'est pour cela qu'il faut ajouter 9 au produit de 11 par 45. De plus, on ajoute aussi autant de fois l'unité, qu'il y a eu d'années depuis 1700 qui ont eu pour nombre d'or 1, parce que dans ces années il faut ajouter

12 au lieu de 11 à l'épacte de l'année précédente. Par cette raison, il faudra ajouter 3 au produit pour l'année 1748 et les suivantes, parce que le nombre d'or de 1748 est aussi 1. Pareillement il faudra ajouter quatre au produit pour l'année 1767 et les suivantes : car le nombre d'or 1 revient de 19 en 19 ans. Pour ce qui est de la dernière opération de la méthode, je veux dire la division, il est clair qu'on divise par 30 la somme qui vient après les deux additions dont on vient de parler, parce qu'on retranche 30 quand, après avoir ajouté 11 à l'épacte de la dernière année, la somme surpasse 30.

88. On peut se servir de cette méthode sans aucun autre changement jusqu'à l'année 1900. Mais dans cette année il y aura une métemptose, c'est-à-dire, que la nouvelle Lune tombera un jour plus tard qu'elle ne sera arrivée auparavant; et par-là l'épacte sera moindre d'une unité cette année et les suivantes, qu'elle auroit été sans la métemptose. Mais on trouvera encore plus facilement l'épacte de chaque année pour tous les siècles, soit antérieurs, soit postérieurs, par le moyen de la *Table étendue* des Epactes dont nous allons parler.

89. Voici comment l'on a formé cette Table : on a mis au haut les 19 nombres d'or du cycle lunaire, en commençant par 1, 2, 3. Sous chacun de ces nombres on a placé une colonne de 30 épactes; il y a donc 19 de ces colonnes, et par conséquent la Table contient trente suites ou *séries* horizontales de dix-neuf épactes chacune. L'ordre des épactes contenues dans chaque colonne est en allant de bas en haut, en sorte que la première épacte de chaque colonne est en bas, la seconde au-dessus, ainsi de suite. La première colonne au haut de laquelle est le nombre d'or I, a pour première épacte I : la seconde est II : la troisième III, la quatrième IV, &c. La seconde colonne est formée de la première, en ajoutant onze à chaque épacte de cette première colonne, et en retranchant trente toutes les fois que la somme est plus grande que trente.

On forme de même toutes les autres; il suffit d'avoir la première épacte de chaque colonne pour voir tout d'un coup quelles doivent être les autres de la même colonne, parce qu'elles vont de bas en haut selon la suite des nombres naturels 1, 2, 3, 4, 5, &c. en recommençant à compter I après l'étoile * qui tient la place de XXX. Ainsi on a formé la seconde colonne en ajoutant d'abord onze à I qui est la première épacte de la première colonne, ce qui a donné XII pour la première épacte de la seconde colonne. D'où l'on voit que la seconde épacte est XIII, la troisième XIV, &c. Pareillement si on ajoute onze à la première épacte de la seconde colonne, la somme XXIII sera la première épacte de la troisième colonne; ainsi la seconde épacte sera XXIV, la troisième XXV. Il faut pourtant remarquer que la première colonne au haut de laquelle se trouve le nombre d'or I, a été composée en ajoutant douze au lieu de onze à chaque épacte de la précédente qui est la 19me. Par exemple, on a ajouté douze à XIX, première épacte de la 19me colonne, ensuite on a retranché 30 de la somme 31, et on a pris le reste 1 pour la première épacte de la première colonne.

90. Les trente suites horizontales des épactes sont indiquées par autant de lettres appelées *indices*, qui sont à la gauche des épactes : il y en a dix-neuf en petits caractères, et onze en grands. On a omis quelques-unes des lettres de l'alphabet, afin d'éviter l'équivoque qu'elles auroient pu causer : par exemple, on n'a pas mis le grand I de peur de le confondre avec le petit. Il en est de même de K en grand par rapport de k en petit. On n'a pas non plus employé L en grand, parce qu'on se sert quelquefois de cette lettre pour signifier 50. De même on auroit pu prendre la lettre o pour zéro.

91. On a mis 25 en chiffres arabes au lieu de XXV dans toutes les colonnes dont les nombres d'or surpassent III; mais on a mis XXV dans les autres colonnes. Cette précaution est relative à la disposition des épactes dans le

Calendrier où l'on a placé 25 à côté de XXVI dans les mois qui ont les deux épactes XXV et XXVI au même jour; mais on a mis 25 à côté de XXV dans les autres mois. Cette disposition des épactes a été employée, afin que les nouvelles Lunes ne fussent pas indiquées plusieurs fois au même jour dans le Calendrier, pendant l'espace de dix-neuf ans, qui est le tems d'un cycle lunaire, parce qu'effectivement deux nouvelles Lunes ne peuvent tomber au même jour. Or, par cet artifice qu'on a employé dans la disposition du Calendrier, on évite l'inconvénient dont on vient de parler : car dans les huit suites où les deux épactes vingt-cinq et vingt-quatre se trouvent ensemble, au lieu de XXV on a mis 25, qui, dans le Calendrier, se trouve par tout un jour plus haut que XXIV : ces huit suites sont celles qui ont les lettres indices b, e, k, n, r, B, E, N. Et pour éviter le même inconvénient par rapport à 25 et à XXVI, qui répondent au même jour dans six mois, on a mis XXV au lieu de 25 dans les huit séries qui contiennent les épactes vingt-cinq et vingt-six. Ce sont les séries qui ont pour lettres indices c, f, l, p, s, C, F, P.

92. Puisqu'on a mis 25 au lieu de XXV dans toutes les colonnes dont les nombres d'or surpassent 11, et XXV dans les autres, il s'ensuit que quand les années ont vingt-cinq d'épacte, si elles ont des nombres d'or plus grands que 11, on prend 25 pour marquer les nouvelles Lunes dans le Calendrier; et si les années ont des nombres d'or qui n'excèdent pas 11, on prend XXV; et ces deux épactes sont distinctes, quoiqu'elles soient un même nombre.

On a mis 25 en chiffres arabes, ou en lettres rouges dans les bréviaires, au lieu de XXV en chiffres romains, dans les lignes où les deux épactes vingt-quatre et vingt-cinq se trouvent ensemble, et peuvent revenir dans l'espace de 19 ans. Ce nombre 25 est mis dans le Calendrier à côté de XXVI, parce que, dans ces mêmes lignes d'épactes, les nombres 25 et XXVI ne peuvent pas se trouver ensemble dans les 19 ans, dès-lors que vingt-quatre et vingt-cinq s'y trouvent : cela vient de ce qu'il faut onze places pour que l'épacte augmente d'un, comme le citoyen de Lalande l'a fait voir dans les Mémoires de l'Académie des Sciences pour 1789, où il a expliqué fort en détail ce qui concerne cet artifice du Calendrier des épactes, sur lequel Clavius ne s'étoit point assez expliqué.

93. Les trente suites ou séries d'épactes contenues dans cette Table, tiennent lieu de trente Calendriers qu'il auroit fallu faire avec les nombres d'or, si l'on avoit voulu garder ces nombres pour indiquer les nouvelles Lunes : en sorte qu'on change la suite dont on se servoit auparavant, toutes les fois qu'il auroit fallu changer de Calendrier en retenant les nombres d'or, à cause de l'équation solaire ou de l'équation lunaire. On a fixé ces changemens aux années qui sont les centièmes ou les dernières des siècles, non pas qu'on ait marqué un changement à la fin de chaque siècle : mais toutes les fois qu'il y en a d'indiqué, c'est toujours dans ces années, parce que les règles deviennent plus commodes. Les nombres d'or qui sont au haut de la Table ne servent donc plus à marquer les nouvelles Lunes dans le Calendrier, puisqu'elles sont indiquées par les épactes; mais ils sont destinés dans cette Table à montrer l'épacte en usage dans chaque année. Pour trouver cette épacte par la Table, il faut savoir quelle est la suite en usage dans le siècle qui renferme l'année proposée: c'est ce que l'on connoîtra par une autre Table dont nous parlerons bientôt. Après cela on regardera quelle est l'épacte de cette suite ou cycle, qui est au-dessous du nombre d'or de la même année : c'est l'épacte cherchée. Par exemple, si je veux connoître l'épacte de 1744, je cherche dans la suite C qui est en usage pendant tout ce siècle et le suivant, quelle est l'épacte qui répond au nombre d'or 16, je trouve que c'est XV : d'où je conclus que l'épacte pour cette année est XXV.

La Table qu'on va donner est un peu différente de celle

qui se trouve dans Clavius et dans l'Astronomie de Lalande : nous avons cru que l'ordre en étoit plus naturel, parce que le premier nombre d'or de cette Table est 1, au lieu que le premier nombre d'or de la Table ancienne est 3, relativement à l'époque du concile de Nicée. Au reste, les cycles des épactes sont les mêmes dans l'une et dans l'autre Table, et ils se suivent dans le même ordre, comme il est facile de s'en assurer par la suite des lettres indices qui ne sont point changées.

TABLE DES EPACTES

NOMBRES

EPACTES.

Lettres indices des trente suites ou Cycles des Epactes.

	1	2	3	4	5	6	7	8	9
C	*	xj	xxij	iij	xiv	xxv	vj	xvij	xxviij
B	xxix	x	xxj	ij	xiij	xxiv	v	xvj	xxvij
A	xxviij	ix	xx	j	xij	xxiij	iv	xv	xxvj
u	xxvij	viij	xix	*	xj	xxij	iij	xiv	xxv
t	xxvj	vij	xviij	xxix	x	xxj	ij	xiij	xxiv
ſ	xxv	vj	xvij	xxviij	ix	xx	j	xij	xxiij
r	xxiv	v	xvj	xxvij	viij	xix	*	xj	xxij
q	xxiij	iv	xv	xxvj	vij	xviij	xxix	x	xxj
p	xxij	iij	xiv	xxv	vj	xvij	xxviij	ix	xx
n	xxj	ij	xiij	xxiv	v	xvj	xxvij	viij	xix
m	xx	j	xij	xxiij	iv	xv	xxvj	vij	xviij
l	xix	*	xj	xxij	iij	xiv	xxv	vj	xvij
k	xviij	xxix	x	xxj	ij	xiij	xxiv	v	xvj
i	xvij	xxviij	ix	xx	j	xij	xxiij	iv	xv
h	xvj	xxvij	viij	xix	*	xj	xxij	iij	xiv
g	xv	xxvj	vij	xviij	xxix	x	xxj	ij	xiij
f	xiv	xxv	vj	xvij	xxviij	ix	xx	j	xij
e	xiij	xxiv	v	xvj	xxvij	viij	xix	*	xj
d	xij	xxiij	iv	xv	xxvj	vij	xviij	xxix	x
c	xj	xxij	iij	xiv	xxv	vj	xvij	xxviij	ix
b	x	xxj	ij	xiij	xxiv	v	xvj	xxvij	viij
a	ix	xx	j	xij	xxiij	iv	xv	xxvj	vij
P	viij	xix	*	xj	xxij	iij	xiv	xxv	vj
N	vij	xviij	xxix	x	xxj	ij	xiij	xxiv	v
M	vj	xvij	xxviij	ix	xx	j	xij	xxiij	iv
H	v	xvj	xxvij	viij	xix	*	xj	xxij	iij
G	iv	xv	xxvj	vij	xviij	xxix	x	xxj	ij
F	iij	xiv	xxv	vj	xvij	xxviij	ix	xx	j
E	ij	xiij	xxiv	v	xvj	xxvij	viij	xix	*
D	j	xij	xxiij	iv	xv	xxvj	vij	xviij	xxix

ETENDUE DES NOUVELLES LUNES.

D'OR.

10	11	12	13	14	15	16	17	18	19
EPACTES.									
ix	xx	j	xij	xxiij	iv	xv	xxvj	vij	xviij
viij	xix	*	xj	xxij	iij	xiv	25	vj	xvij
vij	xviij	xxix	x	xxj	ij	xiij	xxiv	v	xvj
vj	xvij	xxviij	ix	xx	j	xij	xxiij	iv	xv
v	xvj	xxvij	viij	xix	*	xj	xxij	iij	xiv
iv	xv	xxvj	vij	xviij	xxix	x	xxj	ij	xiij
iij	xiv	25	vj	xvij	xxviij	ix	xx	j	xij
ij	xiij	xxiv	v	xvj	xxvij	viij	xix	*	xj
j	xij	xxiij	iv	xv	xxvj	vij	xviij	xxix	x
*	xj	xxij	iij	xiv	25	vj	xvij	xxviij	ix
xxix	x	xxj	ij	xiij	xxiv	v	xvj	xxvij	viij
xxviij	ix	xx	j	xij	xxiij	iv	xv	xxvj	vij
xxvij	viij	xix	*	xj	xxij	iij	xiv	25	vj
xxvj	vij	xviij	xxix	x	xxj	ij	xiij	xxiv	v
xxv	vj	xvij	xxviij	ix	xx	j	xij	xxiij	iv
xxiv	v	xvj	xxvij	viij	xix	*	xj	xxij	iij
xxiij	iv	xv	xxvj	vij	xviij	xxix	x	xxj	ij
xxij	iij	xiv	25	vj	xvij	xxviij	ix	xx	j
xxj	ij	xiij	xxiv	v	xvj	xxvij	viij	xix	*
xx	j	xij	xxiij	iv	xv	xxvj	vij	xviij	xxix
xix	*	xj	xxij	iij	xiv	25	vj	xvij	xxviij
xviij	xxix	x	xxj	ij	xiij	xxiv	v	xvj	xxvij
xvij	xxviij	ix	xx	j	xij	xxiij	iv	xv	xxvj
xvj	xxvij	viij	xix	*	xj	xxij	iij	xiv	25
xv	xxvj	vij	xviij	xxix	x	xxj	ij	xiij	xxiv
xiv	xxv	vj	xvij	xxviij	ix	xx	j	xij	xxiij
xiij	xxiv	v	xvj	xxvij	viij	xix	*	xj	xxij
xij	xxiij	iv	xv	xxvj	vij	xviij	xxix	x	xxj
xj	xxij	iij	xiv	25	vj	xvij	xxviij	ix	xx
x	xxj	ij	xiij	xxiv	v	xvj	xxvij	viij	xix

94. Afin de voir aisément quand il faut faire un changement de séries et comment on doit le faire, nous allons donner une autre Table contenue en deux pages, dont chacune renferme huit colonnes séparées en deux corps, qui contiennent chacun quatre colonnes. La première est composée des lettres indices qui sont dans la Table précédente, la seconde contient les années séculaires ou les dernières de chaque siècle, la troisième ne renferme que l'abrégé du mot bissextile placé à côté des centièmes années qui sont effectivement bissextiles, la quatrième contient les signes ☾ ou ☾☾. De plus, on a mis dans cette quatrième, vis-à-vis des années 1800 et 118000 éloignées l'une de l'autre de 10000 ans, le signe double ☾☾ avec une † entre les deux ☾†☾.

95. On veut savoir quelle est la suite ou série des épactes dont il faudra se servir dans un siècle, on regardera quelle est la lettre indice qui répond à la centième année qui précède ce siècle : cette lettre indiquera dans la Table étendue des épactes, quelle sera la suite en usage dans le siècle proposé : par exemple, s'il s'agit du dix-huitième siècle qui court présentement, on regardera la lettre qui répond à 1700, c'est C : on cherchera donc, dans la Table étendue des épactes, la série indiquée par C, savoir *, XI, XXII, III, &c. c'est la série dont on fait usage dans le dix-huitième siècle.

96. Quant à la construction de la Table de l'équation des épactes, il faut se souvenir 1°. que l'équation solaire ou la métemptose qui arrive par la suppression d'un jour, fait tomber la nouvelle Lune un jour plus bas, ou plus vers la fin du mois ; 2°. que l'équation lunaire ou la proemptose est cause que la nouvelle Lune arrive un jour plus tôt. Or l'équation solaire arrive trois fois en 400 ans, et l'équation lunaire de 300 en 300 ans pendant 2400 ans ; mais après ce tems la première équation lunaire du cycle suivant ne se fait qu'au bout de 400 ans, en sorte que l'on ajoute 100 ans après les 2400, pour achever le

cycle lunaire qui contient 2500 ans, parce que la nouvelle Lune n'arrive un jour plus tôt qu'après 312 ans et demi, et non pas précisément après 300 ans. Cela posé, voici la règle que l'on a suivie pour la construction de cette Table: dans les centièmes années qui ne sont pas bissextiles et où il ne se fait pas d'équation lunaire, on prend dans la colonne à gauche de la Table étendue des épactes, une lettre au-dessous de celle qui étoit auparavant en usage. Quand il y a équation lunaire sans équation solaire, on prend une lettre au-dessus, et quand les deux équations arrivent la même année, on ne change pas de lettres. La Table de l'équation des épactes montre quelles sont les centièmes années qui ne sont pas bissextiles : ce sont toutes celles à côté desquelles il n'y a rien dans la troisième colonne : par exemple, 1700, 1800, 1900. Elle montre aussi quelles sont les années de la Table où il y a équation lunaire ; elles sont distinguées des autres par le signe ☾ ou ☾☾ placé vis-à-vis des années, dans la quatrième colonne. Ce signe ☾☾ se trouve après 2500 ans, pour marquer la première des équations lunaires qui se font dans cet espace de tems. Quant au signe † qui revient après 10000 ans, c'est pour marquer que les lettres indices reviennent dans le même ordre après 10000 ans, quoique ce ne soit pas les mêmes. Elles seroient les mêmes seulement après trois cent mille ans, comme on le peut voir dans l'*Astronomie* de Lalande : on trouve cette Table, prolongée jusqu'à cette époque, dans le traité de Clavius.

TABLE DE L'ÉQUATION DES ÉPACTES.

	Ans de N. S.		
N	1		
P	320	Biss.	
P	500	Biss.	
a	800	Biss.	☾
b	1100	Biss.	☾
c	1400	Biss.	☾
Après le retranchement des dix jours.			
D	1582		
D	1600	Biss.	
C	1700		†
C	1800		☾☾
B	1900		
B	2000	Biss.	
B	2100		☾
A	2200		
u	2300		
A	2400	Biss.	☾
u	2500		
t	2600		
t	2700		☾
t	2800	Biss.	
s	2900		
s	3000		☾
r	3100		
r	3200	Biss.	
r	3300		☾
q	3400		
p	3500		

	Ans de N. S.		
q	3600	Biss.	☾
p	3700		
n	3800		
n	3900		☾
n	4000	Biss.	
m	4100		
l	4200		
l	4300		☾☾
l	4400	Biss.	
k	4500		
k	4600		☾
i	4700		
i	4800	Biss.	
i	4900		☾
h	5000		
g	5100		
h	5200	Biss.	☾
g	5300		
f	5400		
f	5500		☾
f	5600	Biss.	
e	5700		
e	5800		☾
d	5900		
d	6000	Biss.	
d	6100		☾
c	6200		
b	6300		
c	6400	Biss.	☾
b	6500		

TABLE DE L'EQUATION DES ÉPACTES.

Ans de N. S.				Ans de N. S.			
a	6600			u	9600	Biss.	☾
P	6700			t	9700		
a	6800	Biss.	☾☾	s	9800		
P	6900			s	9900		☾
N	7000			s	10000	Biss.	
N	7100		☾	r	10100		
N	7200	Biss.		r	10200		☾
M	7300			q	10300		
M	7400		☾	q	10400	Biss.	
H	7500			q	10500		☾
H	7600	Biss.		p	10600		
H	7700		☾	n	10700		
G	7800			p	10800	Biss.	☾
F	7900			n	10900		
G	8000	Biss.	☾	m	11000		
F	8100			m	11100		☾
E	8200			m	11200	Biss.	
E	8300		☾	l	11300		
E	8400	Biss.		l	11400		☾
D	8500			k	11500		
D	8600		☾	k	11600	Biss.	
C	8700			i	11700		†
C	8800	Biss.		i	11800		☾☾
C	8900		☾	h	11900		
B	9000			h	12000	Biss.	
A	9100			h	12100		☾
A	9200	Biss.		g	12200		
A	9300		☾☾	f	12300		
u	9400			g	12400	Biss.	☾
t	9500			f	12500		

97. Après tout ce que nous avons dit, il paroît qu'il n'y aura jamais rien à changer dans la disposition du Calendrier pour les nouvelles Lunes ; car quand même les équations soit solaires, soit lunaires ne seroient pas bien marquées dans la Table de l'équation des épactes pour les siècles à venir, il s'en suivroit seulement qu'il faudroit prendre une autre suite d'épactes que celle qui seroit marquée dans la Table étendue des épactes : mais il n'y auroit point de changement à faire dans le Calendrier, qui par conséquent est perpétuel par sa forme et par sa nature.

DE L'USAGE DU CALENDRIER.

Il y a deux usages du Calendrier qui dépendent des épactes : le premier sert à connoître l'âge de la Lune pour tous les jours de l'année. Le second et le principal est pour trouver quel jour on doit célébrer la fête de Pâques.

98. Afin de connoître l'âge de la Lune par le Calendrier, il faut chercher d'abord quel est l'épacte de l'année dans laquelle arrive le jour proposé : ensuite voir dans le Calendrier le dernier jour vis-à-vis duquel se trouve cette épacte avant celui dont il s'agit. Ce jour auquel répond l'épacte est celui de la nouvelle Lune : il sera facile de trouver l'âge de la Lune pour tous les jours suivans : par exemple, je veux savoir le quantième de la Lune pour le 20 Février 1744, l'épacte de cette année est XV : or, cette épacte se trouve vis-à-vis du 14 Février ; la nouvelle Lune arrive donc ce jour-là : par conséquent le 20 Février 1744 est le 7 de la Lune. Nous avons déja remarqué (art. 77) que le Calendrier n'indique ordinairement les nouvelles Lunes qu'un ou deux jours après qu'elles sont arrivées.

99. Il y a une autre méthode plus commune, indépendante du Calendrier, elle consiste à prendre la somme de trois nombres, savoir, de l'épacte, des jours du mois depuis le premier inclusivement jusques et compris celui pour lequel on cherche l'âge de la Lune, et enfin des mois

depuis celui de Mars exclusivement; car, je suppose qu'il s'agit de quelques uns des mois qui sont après celui de Mars : si ces trois nombres ajoutés ensemble ne surpassent pas 30, ils marquent l'âge de la Lune : mais s'ils sont plus grands que 30, il faut ôter 30, et le reste montrera l'âge de la Lune : par exemple, pour connoître l'âge de la Lune au 15 Août, 1744, je prends l'épacte XV, qui est celle de 1744, puis j'y ajoute 15, qui sont les jours passés depuis le commencement du mois; ensuite j'y ajoute encore 5, qui marque le nombre des mois après Mars jusqu'au mois d'Août inclusivement : la somme est 35; d'où j'ôte 30, et le reste 5 marque l'âge de la Lune au 15 Août 1744.

100. Voici la raison de cette méthode. L'épacte d'une année marque l'âge de la Lune avant le commencement de l'année. Ainsi l'épacte XV montre que la Lune avoit 15 jours au 31 Décembre 1743; et comme les mois de Janvier et de Février pris ensemble sont égaux à la durée de deux lunaisons, il s'ensuit que le dernier jour de Février 1744 étoit encore le 15 de la Lune. Par conséquent, s'il s'agissoit de savoir le quantième de la Lune pour un jour du mois de Mars, par exemple, pour le 5, il suffiroit d'ajouter à l'épacte le nombre des jours passés depuis le commencement du mois. Dans l'exemple proposé il faudroit donc ajouter 5 à 15, et la somme 20 désigneroit l'âge de la Lune. D'où il est facile de voir que si tous les mois lunaires étoient égaux aux mois solaires et civils, il suffiroit d'ajouter ces deux nombres, savoir l'épacte et les jour du mois : mais comme depuis le mois de Mars, les mois solaires excèdent les lunaires d'un jour, c'est pour cela qu'il faut ajouter à ces deux nombres autant d'unités qu'il y a de mois passés depuis le mois de Mars.

101. Pour ce qui est des mois de Janvier et de Mars, on prend seulement la somme de l'épacte et des jours du mois; et quand il s'agit de Février on ajoute 1 à la somme de ces deux nombres. Ainsi, pour savoir l'âge de la Lune

au 20 Février 1744, je prends XV, qui est l'épacte de l'année. Puis j'y ajoute 20 pour les jours du mois, et 1 à cause des 31 jours de Janvier, la somme est 36, d'où ôtant 30, il reste 6, qui est l'âge de la Lune au 20 Février 1744 selon cette méthode, quoique suivant le Calendrier grégorien nous ayions trouvé que ce jour est le 7 de la Lune.

102. On peut perfectionner cette méthode 1°. en ne retranchant de la somme des trois nombres, quand elle monte au moins jusqu'à 30, en ne retranchant, dis-je, que 29 au lieu de 30 pour les mois pairs de la Lune, savoir le 2me, le 4me, le 6me, le 8me, le 10me et le 12me, c'est-à-dire, Février, Avril, Juin, Août, Octobre et Décembre qui ne contiennent chacun que 29 jours. 2°. En prenant plus exactement l'épacte des mois, c'est-à-dire, le 3me nombre que nous avons dit qu'il faut ajouter pour les mois passés après celui de Mars. La voici écrite au-dessus de chacun des mois selon qu'elle leur convient.

0	1	0	1	2	3
Janvier,	Février,	Mars,	Avril,	Mai,	Juin,
4	5	7	7	9	9
Juillet,	Août,	Septemb.	Octobre,	Novembre,	Decemb.

On voit que les épactes de Septembre et de Novembre surpassent celles des mois d'Août et d'Octobre de deux unités. C'est parce que ces deux derniers mois sont chacun de deux jours plus longs que les mois lunaires qui y répondent. Au contraire, les épactes des mois d'Octobre et de Décembre sont les mêmes que celles de Septembre et de Novembre, parce que ces deux derniers mois solaires n'excèdent pas les mois lunaires qui s'y terminent. On se souviendra aisément quelles sont les épactes des mois qui suivent celui de Mars, si on fait attention qu'elles sont égales au nombre de ces mois jusqu'à celui d'Août inclusivement, que celles de Septembre et d'Octobre sont chacune 7, et celles de Novembre et de Décembre sont toutes les deux 9. Quand on parle d'épacte sans spécifier

ni

ni celle de l'année ni celle des mois, il faut entendre celle de l'année.

Selon la première correction, l'âge de la Lune au 15 du mois d'Août 1744 est de 6 jours, parce qu'il ne faut ôter de la somme 35 que 29 au lieu de 30.

103. Le second usage du Calendrier, et le principal, qui a été cause que l'Eglise s'est intéressée à la réforme de l'ancien Calendrier, consiste à faire connoître le jour auquel on doit célébrer la fête de Pâques, d'après l'intention du concile de Nicée, quoiqu'il y ait du doute là dessus. (Astronomie de Lalande art. 1576, édition de 1792). On suppose que le concile de Nicée, qui s'est tenu en 325, vouloit qu'on célébrât la fête de Pâques le premier Dimanche d'après la pleine Lune qui tombe au jour de l'équinoxe du printems, ou après cet équinoxe. Or l'équinoxe du printems étoit alors le 26 du mois de Mars, et d'ailleurs le jour de la pleine Lune est toujours le 14 depuis la nouvelle Lune inclusivement.

104. Il suit de-là, que si la nouvelle Lune tombe au 8 de Mars, la pleine Lune tombera au 21, qui est le jour de l'équinoxe; et par conséquent cette pleine Lune sera paschale, c'est-à-dire, qu'il faudra célébrer Pâques le premier Dimanche qui la suivra. Pareillement, si la nouvelle Lune tomboit quelques jours après le 8 de Mars, la pleine Lune suivante seroit aussi paschale. Si au contraire la nouvelle Lune tomboit au 7 de Mars, ou quelques jours avant, la pleine Lune arriveroit avant l'équinoxe, et par conséquent il faudroit attendre la pleine Lune suivante pour faire la célébration de Pâques. Cela posé, voici comment on trouve le jour de Pâques.

105. Cherchez 1°. l'épacte et la lettre dominicale de l'année proposée. 2°. Voyez ensuite quel est le premier jour, après le 7 Mars, auquel répond l'épacte de l'année dans le Calendrier : ce jour est le premier de la Lune paschale. 3°. Comptez 14 jours depuis celui de la nouvelle Lune inclusivement, le quatorzième sera la pleine Lune

paschale. 4°. Enfin, voyez le premier jour après cette pleine Lune auquel répond la lettre dominicale : ce jour est le dimanche de Pâques.

Je veux, par exemple, savoir quel jour du mois a dû arriver la fête de Pâques l'année 1744 : je cherche d'abord l'épacte, qui est XV : et la lettre dominicale, qui est double cette année, savoir E et D : mais je n'ai besoin que de D, parce que la première n'est que pour les deux premiers mois. 2°. Je regarde dans le Calendrier quel est le premier jour après le 7 Mars auquel répond l'épacte XV, et je vois que c'est le 16 : ainsi ce jour est la nouvelle Lune. 3°. Je compte 14 jours depuis le 16 inclusivement, et je trouve que le quatorzième est le 29 du mois de Mars, la pleine Lune arrive donc le 29 de Mars. 4°. Je cherche à la suite du 29 Mars quel est le premier jour à côté duquel se trouve le D : et je vois que c'est le 5 d'Avril ; c'est par conséquent le Dimanche de Pâques 1744.

106. Quand même le Calendrier ne montreroit pas exactement la nouvelle ni la pleine Lune, on ne laisseroit pas de suivre la méthode que nous venons d'expliquer, parce que le tems de la célébration de Pâques dépend de la nouvelle et de la pleine Lune de l'équinoxe, non pas de la pleine Lune astronomique, mais de celle qui est indiquée par le Calendrier ecclésiastique.

107. Pâques ne peut arriver plus tôt que le 22 Mars, ni plus tard que le 25 Avril ; c'est ce que nous allons faire voir. Selon l'intention du concile de Nicée, afin qu'une pleine Lune soit paschale, il faut qu'elle arrive le jour même de l'équinoxe, c'est-à-dire le 22 de Mars, ou après ce tems. Or, on ne célèbre la Pâque qu'après la pleine Lune paschale : par conséquent on ne peut la célébrer plus tôt que le 22 Mars : c'est ce qui arrive quand la pleine Lune tombe au 22 de Mars, et que ce jour est un Samedi. En second lieu, cette fête peut être reculée jusqu'au 25 Avril : car si la nouvelle Lune tombe au 7 de Mars, la pleine Lune arrivera le 20 de ce mois : elle ne sera donc

pas paschale : ainsi il faudra attendre la nouvelle Lune suivante, qui n'arrivera que le 5 d'Avril ; d'où comptant 14 jours pour la pleine Lune, on trouvera qu'elle doit tomber au 18 de ce mois, qui peut être un Dimanche : il faudra attendre le Dimanche suivant : or, ce Dimanche suivant sera nécessairement le 25 d'Avril.

Il est évident que Pâques ne peut pas être reculé plus loin : car si la nouvelle Lune, au lieu d'arriver le 7 de Mars, étoit tombée au 8, la pleine Lune auroit été paschale, puisqu'elle seroit arrivée le 21 de ce mois.

108. Toutes les autres fêtes mobiles dépendent de celle de Pâques. Si, par exemple, on compte six semaines avant Pâques, c'est-à-dire, 4 jours, non compris celui de Pâques, le quarante - deuxième sera le premier Dimanche de Carême, et le Mercredi d'avant sera le jour des Cendres ; et en remontant toujours vers le commencement de l'année, le Dimanche qui précède le Mercredi des Cendres est celui de la Quinquagésime, le précédent c'est la Sexagésime, et enfin le précédent est la Septuagésime. Ainsi il est facile de voir combien il y a de Dimanches après la fête des Rois jusqu'à la Septuagésime.

109. Si on veut trouver les fêtes depuis Pâques jusqu'à la fin de l'année il faut compter sept semaines ou 49 jours depuis Pâques inclusivement, le cinquantième est la fête de la Pentecôte : le Dimanche d'après, c'est la fête de la Sainte Trinité, et le Jeudi qui suit cette dernière fête, c'est celle du Saint Sacrement. Il est facile après cela de compter combien il y a de Dimanches après la pentecôte jusqu'au premier Dimanche de l'Avant, qui est le quatrième avant Noël.

Nouvelle méthode pour trouver le jour de Pâques et l'âge de la Lune.

110. On publia vers 1740 une autre méthode plus facile que la précédente, pour trouver le jour de Pâques : elle dépend d'un changement fait dans le Calendrier, qui

consiste à mettre les épactes des pleines Lunes à la place de celles des nouvelles : ce changement a été proposé par le P. Méliton, Capucin, ancien professeur et associé de l'Académie de Toulouse, dans un Livre intitulé : *Gregoriana collectio illustrata, ampliata et à conviciis vindicata*, ouvrage imprimé à Toulouse, qui mérita l'approbation de l'Académie des Sciences de Paris : voici le jugement qu'elle en porta : « La compagnie a jugé qu'il » étoit rempli de recherches curieuses, que la substitu- » tution faite par l'auteur, des épactes des pleines Lunes » à celles des nouvelles, au moyen de laquelle le calcul » étoit considérablement abrégé et simplifié, étoit très- » ingénieuse ; et qu'en général tout l'ouvrage marquoit » beaucoup de sagacité et de connoissance de cette ma- » tière dans l'auteur, qui l'avoit traité d'une manière » nette et précise ». Cette substitution des épactes des pleines Lunes à celles des nouvelles, fait trouver la fête de Pâques plus aisément, et d'ailleurs elle fait connoître la bonté et la justesse du Calendrier ecclésiastique qui doit montrer les pleines Lunes plus exactement que les nouvelles, parce que l'Eglise ne s'intéresse qu'au jour de la pleine Lune paschale qui arrive le 21 du mois de Mars, ou quelques jours après. Aussi les réformateurs ont mieux aimé que le Calendrier marquât exactement la pleine Lune, qui est toujours censée le 14 du mois lunaire, que la nouvelle. Il y a tant de variétés dans l'intervalle de la nouvelle à la pleine Lune, qu'il n'est pas possible de déterminer exactement dans le Calendrier l'une et l'autre de ces deux phases d'une manière fixe et constante : car, si les nouvelles Lunes sont bien marquées, les pleines Lunes seront mal indiquées, et réciproquement si celles-ci le sont bien, les premières le seront mal. Il est donc à propos de prendre, pour l'usage du Calendrier, des épactes qui montrent les pleines Lunes, plutot que d'autres qui indiquent les nouvelles, c'est ce qu'a fait le P. Méliton. Le Calendrier qu'il propose est le même que celui de Grégoire XIII avec un léger changement : mais l'usage en est différent.

111. Nous avons dit que la pleine Lune étoit toujours censée le 14 du mois lunaire. Il est cependant vrai qu'elle n'arrive ordinairement que le 16 du mois, en commençant à compter ce mois du moment auquel la Lune répond au même point de l'écliptique que le Soleil, qui est le tems de la nouvelle Lune astronomique. Si donc il s'agit de celle-là, on peut dire que la pleine Lune est le 16 du mois lunaire. Mais le Calendrier marque seulement le tems de la nouvelle Lune civile, qui est le jour auquel on commence à appercevoir la Lune le soir, après qu'elle a quitté le Soleil. Or, cette nouvelle Lune n'arrive qu'environ deux jours après la première : ainsi la pleine Lune est le 14me jour eu égard à cette nouvelle Lune. Voici le Calendrier avec le changement proposé par le P. Meliton.

JANVIER.			FÉVRIER.			MARS.		
Cycle des Epactes.	J. du M.	L. D.	Cycle des Epactes.	J. du M.	L. D.	Cycle des Epactes.	J. du M.	L. D.
*	1	A	XXIX	1	D	*	1	D
XXIX	2	B	XXVIII	2	E	XXIX	2	E
XXVIII	3	C	XXVII	3	F	XXVIII	3	F
XXVII	4	D	XXVI	4	G	XXVII	4	G
XXVI	5	E	XXV	5	A	XXVI	5	A
XXV	6	F	XXIV	6	B	XXV	6	B
XXIV	7	G	XXIII	7	C	XXIV	7	C
XXIII	8	A	XXII	8	D	XXIII	8	D
XXII	9	B	XXI	9	E	XXII	9	E
XXI	10	C	XX	10	F	XXI	10	F
XX	11	D	XIX	11	G	XX	11	G
XIX	12	E	XVIII	12	A	XIX	12	A
XVIII	13	F	XVII	13	B	XVIII	13	B
XVII	14	G	XVI	14	C	XVII	14	C
XVI	15	A	XV	15	D	XVI	15	D
XV	16	B	XIV	16	E	XV	16	E
XIV	17	C	12. XIII	17	F	XIV	17	F
XIII	18	D	XII.XI	18	G	XIII	18	G
XII	19	E	X	19	A	XII	19	A
XI	20	F	IX	20	B	XI	20	B
X	21	G	VIII	21	C	X	21	C
IX	22	A	VII	22	D	IX	22	D
VIII	23	B	VI	23	E	VIII	23	E
VII	24	C	V	24	F	VII	24	F
VI	25	D	IV	25	G	VI	25	G
V	26	E	III	26	A	V	26	A
IV	27	F	II	27	B	IV	27	B
III	28	G	I	28	C	III	28	C
II	29	A				II	29	D
I	30	B				I	30	E
*	31	C				*	31	F

Avril.			Mai.			Juin.		
Cycle des Epactes.	J. du M.	L. D.	Cycle des Epactes.	J. du M.	L. D.	Cycle des Epactes.	J. du M.	L. D.
XXIX	1	G	XXVIII	1	B	XXVII	1	E
XXVIII	2	A	XXVII	2	C	XXVI	2	F
XXVII	3	B	XXVI	3	D	XV	3	G
XXVI	4	C	XXV	4	E	XIV	4	A
XXV	5	D	XXIV	5	F	XXIII	5	B
XIV	6	E	XXIII	6	G	XXII	6	C
XXIII	7	F	XXII	7	A	XXI	7	D
XXII	8	G	XXI	8	B	XX	8	E
XXI	9	A	XX	9	C	XIX	9	F
XX	10	B	XIX	10	D	XVIII	10	G
XIX	11	C	XVIII	11	E	XVII	11	A
XVIII	12	D	XVII	12	F	XVI	12	B
XVII	13	E	XVI	13	G	XV	13	C
XVI	14	F	XV	14	A	XIV	14	D
XV	15	G	XIV	15	B	12. XIII	15	E
XIV	16	A	XIII	16	C	XII. XI	16	F
12. XIII	17	B	XII	17	D	X	17	G
XII. XI	18	C	XI	18	E	IX	18	A
X	19	D	X	19	F	VIII	19	B
IX	20	E	IX	20	G	VII	20	C
VIII	21	F	VIII	21	A	VI	21	D
VII	22	G	VII	22	B	V	22	E
VI	23	A	VI	23	C	IV	23	F
V	24	B	V	24	D	III	24	G
IV	25	C	IV	25	E	II	25	A
III	26	D	III	26	F	I	26	B
II	27	E	II	27	G	*	27	C
I	28	F	I	28	A	XXIX	28	D
*	29	G	*	29	B	XXVIII	29	E
XXIX	30	A	XXIX	30	C	XXVII	30	F
			XXVIII	31	D			

Juillet.			Aout.			Septembre.		
Cycle des Epactes.	J. du M.	L. D.	Cycle des Epactes.	J. du M.	L. D.	Cycle des Epactes.	J. du M.	L. D.
XXVI	1	G	XXV	1	C	XXIII	1	F
XXV	2	A	XXIV	2	D	XXII	2	G
XXIV	3	B	XXIII	3	E	XXI	3	A
XXIII	4	C	XXII	4	F	XX	4	B
XXII	5	D	XXI	5	G	XIX	5	C
XXI	6	E	XX	6	A	XVIII	6	D
XX	7	F	XIX	7	B	XVII	7	E
XIX	8	G	XVIII	8	C	XVI	8	F
XVIII	9	A	XVII	9	D	XV	9	G
XVII	10	B	XVI	10	E	XIV	10	A
XVI	11	C	XV	11	F	XIII	11	B
XV	12	D	XIV	12	G	XII	12	C
XIV	13	E	12. XIII	13	A	XI	13	D
XIII	14	F	XII. XI	14	B	X	14	E
XII	15	G	X	15	C	IX	15	F
XI	16	A	IX	16	D	VIII	16	G
X	17	B	VIII	17	E	VII	17	A
IX	18	C	VII	18	F	VI	18	B
VIII	19	D	VI	19	G	V	19	C
VII	20	E	V	20	A	IV	20	D
VI	21	F	IV	21	B	III	21	E
V	22	G	III	22	C	II	22	F
IV	23	A	II	23	D	I	23	G
III	24	B	I	24	E	*	24	A
II	25	C	*	25	F	XXIX	25	B
I	26	D	XXIX	26	G	XXVIII	26	C
*	27	E	XXVIII	27	A	XXVII	27	D
XXIX	28	F	XXVII	28	B	XXVI	28	E
XXVIII	29	G	XXVI	29	C	XXV	29	F
XXVII	30	A	XXV	30	D	XXIV	30	G
XXVI	31	B	XXIV	31	E			

OCTOBRE.			NOVEMBRE.			DÉCEMBRE.		
Cycle des Epactes.	J. du M.	L. D.	Cycle des Epactes.	J. du M.	L. D.	Cycle des Epactes.	J. du M.	L. D.
XXIII	1	A	XXI	1	D	XXI	1	F
XXII	2	B	XX	2	E	XX	2	G
XXI	3	C	XIX	3	F	XIX	3	A
XX	4	D	XVIII	4	G	XVIII	4	B
XIX	5	E	XVII	5	A	XVII	5	C
XVIII	6	F	XVI	6	B	XVI	6	D
XVII	7	G	XV	7	C	XV	7	E
XVI	8	A	XIV	8	D	XIV	8	F
XV	9	B	XIII	9	E	12. XIII	9	G
XIV	10	C	XII	10	F	XII. XI	10	A
12. XIII	11	D	XI	11	G	X	11	B
XII. XI	12	E	X	12	A	IX	12	C
X	13	F	IX	13	B	VIII	13	D
IX	14	G	VIII	14	C	VII	14	E
VIII	15	A	VII	15	D	VI	15	F
VII	16	B	VI	16	E	V	16	G
VI	17	C	V	17	F	IV	17	A
V	18	D	IV	18	G	III	18	B
IV	19	E	III	19	A	II	19	C
III	20	F	II	20	B	I	20	D
II	21	G	I	21	C	*	21	E
I	22	A	*	22	D	XXIX	22	F
*	23	B	XXIX	23	E	XXVIII	23	G
XXIX	24	C	XXVIII	24	F	XXVII	24	A
XXVIII	25	D	XXVII	25	G	XXVI	25	B
XXVII	26	E	XXVI	26	A	XXV	26	C
XXVI	27	F	XXV	27	B	XXIV	27	D
V	28	G	XXIV	28	C	XXIII	28	E
XXIV	29	A	XXIII	29	D	XXII	29	F
XXIII	30	B	XXII	30	E	XXI	30	G
XXII	31	C				19. XX	31	A

112. On a choisi l'épacte douze plutôt qu'une autre pour la doubler, c'est-à-dire, la réunir avec la précédente et la suivante, parce que sans cela il n'y auroit eu que douze jours au lieu de treize, depuis l'épacte de la nouvelle Lune non comprise, jusqu'à celle de la pleine Lune inclusivement, quand l'épacte XXV se seroit trouvée entre les deux, et la pleine Lune auroit été marquée un jour trop tôt. De même qu'en employant les épactes des nouvelles Lunes on a placé l'épacte doublée XXV au 5 Avril, qui est le dernier terme des nouvelles Lunes paschales; pareillement en se servant des épactes des pleines Lunes, il faut que l'épacte doublée soit placée au 18 Avril qui est le dernier terme des pleines Lunes paschales : ainsi cette épacte doit être douze : car c'est l'épacte douze qui répond à ce jour.

113. Ces épactes servent à trouver les pleines Lunes de même que les autres font trouver les nouvelles Lunes. Par exemple, l'épacte des pleines Lunes pour 1744 étant II, il y aura pleine Lune cette année tous les jours vis-à-vis desquels se trouve l'épacte II, c'est-à-dire, le 29 Janvier, le 27 Février, le 29 mars, &c.

114. Si on veut savoir, sans le secours du Calendrier, à quel jour d'un mois proposé arrivera la pleine Lune, on le trouvera de la manière suivante. Il faut ajouter l'épacte de l'année à celle du mois, et retrancher la somme du nombre 31 ou 30, selon que le mois lunaire sera plein ou cave, le reste marquera le jour de la pleine Lune. Quand on aura trouvé le jour de la pleine Lune, on en retranchera 15, le reste sera le jour de la nouvelle Lune précédente : mais si au jour de la pleine Lune on ajoute 15 ou 14, suivant que le mois lunaire est plein ou cave, la somme sera la nouvelle Lune qui suit la pleine Lune qu'on a trouvée d'abord. Par exemple, si on veut avoir le jour de la pleine Lune d'Octobre de 1744, on ajoutera l'épacte 2 à 7 qui est l'épacte du mois, et on retranchera la somme 9 de 30, parce que le mois lunaire d'Octobre

est un mois cave, le reste 21 sera le jour de la pleine Lune. Si de 21 on ôte 15, le reste 6 sera le jour de la nouvelle Lune précédente : mais si à 21 on ajoute 15 à cause que la lunaison de Novembre est pleine, la somme sera 36, dont il faut ôter les 31 jours d'octobre, le reste 5 marquera la nouvelle Lune pour le 5 de Novembre : elle arrivera cependant le 4, mais cela ne doit pas paroître surprenant à cause de l'irrégularité du mouvement de la Lune.

115. S'il s'agit de la pleine Lune de Septembre 1743, laquelle année a eu XXI pour épacte de la pleine Lune ; on la trouvera de la manière suivante : l'épacte 21 plus celle de Septembre 7 font la somme 28 qu'il faut ôter de 31, parce que le mois lunaire de Septembre est plein, le reste 3 marquera le jour de la pleine Lune. Pour avoir le jour de la nouvelle Lune précédente on ôtera 15 jours, savoir, trois du mois de Septembre, et douze du mois d'Août qui en a 31 le reste 19 marquera le jour de la nouvelle Lune d'Août. Mais si à 3 on ajoute 15, la somme 18 désignera le jour de la nouvelle Lune d'Octobre. La pleine Lune est arrivée le 4 à 2^{h} 44^{m} du matin. Il n'y a pas, à beaucoup près, un jour entier d'erreur.

116. Voici la raison de cette méthode : l'épacte des pleines Lunes d'une année désigne le nombre des jours depuis la pleine Lune du mois de Décembre précédent jusqu'à la fin de ce mois, y compris le jour de la pleine Lune : ainsi l'épacte II de 1744 exprime que vers la fin de 1743 il y avoit deux jours depuis celui de la dernière pleine Lune inclusivement jusqu'à la fin de Décembre. Par conséquent, si tous les mois solaires étoient égaux à ceux de la Lune, la pleine Lune arriveroit deux jours avant le commencement de chaque mois solaire : mais les mois solaires sont plus longs que les lunaires d'environ un jour pour chaque mois : et cet excès du mois solaire recule la pleine Lune d'une quantité de jours égale à la somme des excès des mois solaires qui sont déjà écoulés. Il faut donc ajouter cette somme, qui est l'épacte des

mois, à l'épacte de l'année, afin de connoître de combien de jours la pleine Lune a précédé le commencement de chaque mois. Cela posé, pour trouver la pleine Lune d'un mois, je fais attention qu'il y a un mois lunaire depuis la pleine Lune inclusivement jusqu'à la suivante non comprise, lequel est composé de deux parties, la première est la somme des deux épactes, ou la fin du mois solaire précédent, la seconde est le commencement du mois suivant jusqu'au jour de la pleine Lune cherchée. Or, de ces deux parties, on connoît la première ou la somme des épactes : si donc on retranche cette somme du mois lunaire, le reste, augmenté d'une unité, marquera le jour de la pleine Lune qu'on cherche. Par exemple, pour trouver la pleine Lune d'Octobre 1744, je retranche la somme des épactes 2 et 7 de 29, le reste est 20; ainsi le nombre 21, qui est le reste 20 augmenté d'une unité, donne le jour de la pleine Lune d'Octobre 1744. Au lieu d'augmenter le reste d'une unité on retranche la somme des épactes de 31 pour les mois pleins, et de 30 pour les mois caves. Donc pour trouver la pleine Lune d'un mois il faut retrancher la somme des deux épactes de 31 ou de 30, selon que le mois lunaire est plein ou cave.

117. Quand on a trouvé les jours de la pleine Lune, il en faut ôter 15; le reste marque la nouvelle Lune précédente, parce que le jour de la nouvelle Lune précède de 15 jours celui de la pleine Lune, ou, ce qui revient au même, la pleine Lune est ordinairement le 16 du mois lunaire. Enfin, si au jour de la pleine Lune on ajoute 15 pour les mois pleins, et 14 pour les mois caves, on aura la nouvelle Lune suivante, parce que dans les mois pleins il y a 14 jours entre la pleine Lune et la nouvelle suivante, et 13 dans les mois caves.

118. Afin de trouver l'âge de la Lune sans Calendrier pour quelque jour que ce soit d'un mois solaire, il faut observer ce qui suit : on ajoutera ensemble l'épacte de l'année, celle du mois, et enfin les jours du mois depuis

le commencement jusqu'au jour proposé qui doit y être compris ; la somme marquera les jours depuis la dernière pleine Lune inclusivement : ensuite, si cette première somme ne surpasse pas 15 dans les mois pleins, et 14 dans les mois caves, il faudra l'ajouter à 15, on aura une autre somme qui sera l'âge de la Lune. Mais si la première somme excède le nombre 15 ou 14 il faudra en retrancher le premier ou le second de ces nombres, selon que la lunaison est pleine ou cave, le reste sera l'âge de la Lune. Ainsi pour connoître l'âge de la Lune au 6 Juillet 1744, j'ajoute ensemble l'épacte annuelle 2, celle du mois 4, et les 6 jours du mois ; la somme est 12 : il faut donc, selon le premier cas, ajouter 12 à 15, et la seconde somme 27 sera l'âge de la Lune au 6 Juillet. Pareillement pour savoir l'âge de la Lune au 22 du même mois, j'ajoute ensemble l'épacte annuelle 2, l'épacte du mois 4 et les jours du mois 22, la somme est 28 ; laquelle est plus grande que 15 ; c'est pourquoi, selon le second cas, j'ôte 15 de la somme 28, et le reste 13 marque l'âge de la Lune au 22 Juillet 1744.

Si on cherchoit l'âge de la Lune pour le 12 du mois d'Août 1744, il ne faudroit ôter que 14 de la somme 19 qu'on trouveroit en ajoutant les trois nombres 2, 5 et 12, parce que la Lune qui finit au mois d'Août est cave, et par conséquent n'a que 14 jours depuis la pleine Lune inclusivement jusqu'à la fin.

119. Dans le premier cas de la méthode, c'est-à-dire, quand on ajoute la somme des trois nombres à 15, on trouve l'âge de la Lune qui a commencé avant la pleine Lune du mois solaire précédent, c'est-à-dire, du mois de Juin dans notre exemple : dans le second cas on trouve l'âge de la Lune qui a commencé après cette pleine Lune.

120. La raison de cette méthode est facile à concevoir après ce que nous avons dit dans l'article 116, car puisque la somme de l'épacte annuelle et de celle du mois proposé marque les jours depuis la pleine Lune du mois

solaire précédent, jusqu'à la fin de ce même mois, il est évident que si à ces deux épactes on ajoute les jours du mois proposé jusqu'au jour dont il s'agit, la somme marquera le nombre des jours depuis la dernière pleine Lune jusqu'à ce jour : ainsi, s'il s'agit du 6 du mois de Juillet 1744, en ajoutant ensemble les deux épactes 2, 4 et le nombre 6, la somme 12 exprimera combien il y a de jours depuis la pleine Lune de Juin jusqu'au 6 du mois de Juillet. On conçoit pareillement que si la somme des trois nombres ne passe pas 15 ou 14, comme dans cet exemple, le mois lunaire n'est pas fini. Or, ce mois lunaire a commencé 15 jours avant la pleine Lune : donc, en ajoutant à 15 la somme qui marque le nombre de jours depuis la pleine Lune inclusivement, la nouvelle somme exprimera l'âge de la Lune pour le jour marqué. Que si la somme des deux épactes et des jours du mois jusqu'à celui dont il s'agit, surpasse 15 ou 14, selon que la lunaison est pleine ou cave, le mois lunaire suivant sera commencé après ces 15 ou 14 jours : ainsi pour connoître l'âge de cette Lune commencée, il faudra de la somme des trois nombres ôter les 15 ou 14 jours.

121. On trouve plus facilement le jour de Pâques par les épactes des pleines Lunes que par celles des nouvelles Lunes, en voici la méthode. Il faut avoir d'abord l'épacte de l'année et la lettre dominicale : ensuite on regarde dans le calendrier quel est le jour auquel l'épacte répond entre le 20 de Mars et le 19 Avril, non compris ces deux termes : le premier Dimanche après ce jour auquel répond l'épacte, est la fête de Pâques. Si, par exemple, je veux trouver le jour de Pâques de 1744, dont l'épacte est II, et la seconde lettre dominicale est D, je regarde dans le Calendrier, entre les deux termes marqués, quel est le jour auquel répond l'épacte II, et je vois que c'est au 29 Mars : après quoi je regarde encore quel est le premier jour après le 29 Mars, qui a la lettre dominicale D, et j'apperçois que c'est le 5 Avril, d'où je conclus que

c'est le jour de Pâques. On trouvera par la même méthode que dans l'année 1745, qui aura pour épacte XIII, et pour lettre dominicale C, Pâques arrivera le 18 Avril.

122. On peut aussi trouver le jour de Pâques sans le secours du Calendrier, quand on connoît l'épacte de l'année et la lettre dominicale : en voici la méthode appliquée aux années 1744 et 1745. L'année 1744 à II d'épacte et D pour lettre dominicale : je cherche d'abord la pleine Lune de Mars de cette année, en retranchant de 31 la somme des épactes d'année et de mois (art. 114), Mais comme l'épacte de Mars est zéro, il n'y a que l'épacte annuelle II à retrancher de 31, le reste est 29 : ainsi la pleine Lune est le 29 de Mars : par conséquent Pâques sera le 1er Dimanche après le 29 de ce mois. Or, pour connoître quel sera le 1er Dimanche, il faut observer que D est la lettre dominicale attachée au 22 de Mars, qui est le 1er jour auquel Pâques puisse arriver ; ainsi D se trouve encore au 29, et ensuite au 5 Avril, de sept jours en sept jours. Par conséquent le 5 Avril est le 1er Dimanche après la pleine Lune paschale en 1744 : ainsi c'est le jour de Pâques.

123. Pour ce qui est de l'année 1745, qui avoit pour épacte XIII, et pour lettre dominicale C, je retranche l'épacte 13 de 31 ; le reste est 18 : ainsi la pleine Lune de Mars n'est pas paschale dans cette année, parce qu'elle ne peut arriver plus tôt que le 21 de Mars. La pleine Lune paschale de 1745 est donc celle d'Avril : c'est pourquoi je cherche cette pleine Lune en retranchant de 31 la somme de l'épacte annuelle 13, et de celle d'Avril qui est 1 ; il faut donc ôter 14 de 31 ; et le reste 17 fait connoître que la pleine Lune arrivera le 17 d'Avril. Il ne s'agit plus que de trouver le 1er Dimanche après le 17. Pour cela j'observe que la lettre G répond au 1er d'Avril ; donc le C répond au 4 ; ainsi il répond encore au 11 du mois, ensuite au 18, en ajoutant toujours 7 : par conséquent le 18 est le 1er Dimanche après la pleine Lune paschale. C'est donc la fête de Pâques.

124. On voit bien qu'il faut ôter l'épacte annuelle de 31 et non pas de 30 quand il s'agit de Mars, parce que le mois lunaire de Mars est plein. Il semble d'abord, au contraire, qu'il faut retrancher la somme des deux épactes de 30 et non pas de 31, pour trouver la pleine Lune d'Avril, à cause que le mois lunaire d'Avril est censé cave. Mais il faut remarquer que ce mois ne devient cave par rapport aux épactes, que par la réunion de deux épactes en un même jour; et par conséquent le mois ne doit être regardé comme cave que pour les pleines Lunes marquées par les épactes, qui par la réunion des deux sont rapprochées d'un jour vers le 1er du mois, c'est-à-dire, pour l'épacte douze quand elle est désignée par 12 et placée à côté de XIII, et pour les autres épactes inférieures XI, X, IX, &c. Mais le mois lunaire doit être censé plein pour les pleines Lunes marquées par les épactes qui ne sont pas remontées d'un jour par la réunion des deux : ce sont les épactes supérieures à l'épacte douze, savoir, XXIX, XXVIII, XXVII, &c. et même l'épacte douze quand elle est marquée par XII placé à côté de XI. Par conséquent, pour avoir la pleine Lune d'Avril marquée par ces épactes supérieures à XII et par XII même, il faut ôter de 31 la somme des épactes annuelle et de mois; au lieu qu'il faut ôter cette somme de 30 seulement pour les pleines Lunes marquées par les autres épactes.

125. Il ne reste plus qu'à dire comment on trouve les épactes des pleines Lunes. On peut connoître les épactes des pleines Lunes par celles des nouvelles Lunes : il n'y a qu'à ôter 13 de l'épacte de la nouvelle Lune, le reste sera l'épacte de la pleine Lune. Si on ne peut ôter 13 de l'épacte de la nouvelle Lune, il faut d'abord y ajouter 30, et de la somme ôter 13, le reste sera encore l'épacte de la pleine Lune. Par exemple, l'épacte de la nouvelle Lune de 1745 est XXVI : or, si on ôte 13 de 26, le reste est 13 : ainsi l'épacte de la pleine Lune pour 1745 est XIII; l'épacte de la nouvelle Lune pour 1746 est VII : il faut

y ajouter 30, et de la somme 37 ôter 13, le reste sera 24. Ainsi l'épacte des pleines Lunes pour 1746 est XXIV : cette pratique est fondée sur ce que, dans le Calendrier, la pleine Lune n'est éloignée de la nouvelle que de 13 jours.

126. Quand on a l'épacte de la pleine Lune pour une année, il faut y ajouter onze, afin d'avoir l'épacte de l'année suivante, et ôter 30 toutes les fois que la somme est au-dessus de 30. L'épacte de 1744 est 2. Ainsi en y ajoutant onze, la somme 13 est l'épacte de 1745. Lorsque le nombre d'or est 19, il faut ajouter 12 à l'épacte de cette année pour avoir celle de l'année suivante, comme pour les épactes des nouvelles Lunes.

127. Voici une Table étendue des épactes des pleines Lunes, faite sur les mêmes principes que la Table rapportée ci-dessus pour les épactes des nouvelles Lunes. La suite C de cette Table est la même que celle qui est 13 lignes au-dessous de la suite C de la Table pour les épactes des nouvelles Lunes. Il en est de même des autres suites ou séries.

TABLE DES EPACTES

NOMBRES

Lettres indices des trente suites ou Cycles des Epactes.	I	II	III	IV	V	VI	VII	VIII	IX
	EPACTES.								
C	xvij	xxviij	ix	xx	j	xij	xxiij	iv	xv
B	xvj	xxvij	viij	xix	*	xj	xxij	iij	xiv
A	xv	xxvj	vij	xviij	xxix	x	xxj	ij	xiij
u	xiv	xxv	vj	xvij	xxviij	ix	xx	j	xij
t	xiij	xxiv	v	xvj	xxvij	viij	xix	*	xj
ſ	xij	xxiij	iv	xv	xxvj	vij	xviij	xxix	x
r	xj	xxij	iij	xiv	xxv	vj	xvij	xxviij	ix
q	x	xxj	ij	xiij	xxiv	v	xvj	xxvij	viij
p	ix	xx	j	xij	xxiij	iv	xv	xxvj	vij
n	viij	xix	*	xj	xxij	iij	xiv	xxv	vj
m	vij	xviij	xxix	x	xxj	ij	xiij	xxiv	v
l	vj	xvij	xxviij	ix	xx	j	xij	xxiij	iv
k	v	xvj	xxvij	viij	xix	*	xj	xxij	iij
i	iv	xv	xxvj	vij	xviij	xxix	x	xxj	ij
h	iij	xiv	xxv	vj	xvij	xxviij	ix	xx	j
g	ij	xiij	xxiv	v	xvj	xxvij	viij	xix	*
f	j	xij	xxiij	iv	xv	xxvj	vij	xviij	xxix
e	*	xj	xxij	iij	xiv	xxv	vj	xvij	xxviij
d	xxix	x	xxj	ij	xiij	xxiv	v	xvj	xxvij
c	xxviij	ix	xx	j	xij	xxiij	iv	xv	xxvj
b	xxvij	viij	xix	*	xj	xxij	iij	xiv	xxv
a	xxvj	vij	xviij	xxix	x	xxj	ij	xiij	xxiv
P	xxv	vj	xvij	xxviij	ix	xx	j	xij	xxiij
N	xxiv	v	xvj	xxvij	viij	xix	*	xj	xxij
M	xxiij	iv	xv	xxvj	vij	xviij	xxix	x	xxj
H	xxij	iij	xiv	xxv	vj	xvij	xxviij	ix	xx
G	xxj	ij	xiij	xxiv	v	xvj	xxvij	viij	xix
F	xx	j	xij	xxiij	iv	xv	xxvj	vij	xviij
E	xix	*	xj	xxij	iij	xiv	xxv	vj	xvij
D	xviij	xxix	x	xxj	ij	xiij	xxiv	v	xvj

ETENDUE
DES PLEINES LUNES.

D'OR.

X	XI	XII	XIII	XIV	XV	XVI	XVII	XVIII	XIX
EPACTES.									
xxvj	vij	xviij	xxix	x	xxj	ij	xiij	xxiv	v
xxv	vj	xvij	xxviij	ix	xx	j	12	xxiij	iv
xxiv	v	xvj	xxvij	viij	xix	*	xj	xxij	iij
xxiij	iv	xv	xxvj	vij	xviij	xxix	x	xxj	ij
xxij	iij	xiv	xxv	vj	xvij	xxviij	ix	xx	j
xxj	ij	xiij	xxiv	v	xvj	xxvij	viij	xix	*
xx	j	12	xxiij	iv	xv	xxvj	vij	xviij	xxix
xix	*	xj	xxij	iij	xiv	xxv	vj	xvij	xxviij
xviij	xxix	x	xxj	ij	xiij	xxiv	v	xvj	xxvij
xvij	xxviij	ix	xx	j	12	xxiij	iv	xv	xxvj
xvj	xxvij	viij	xix	*	xj	xxij	iij	xiv	xxv
xv	xxvj	vij	xviij	xxix	x	xxj	ij	xiij	xxiv
xiv	xxv	vj	xvij	xxviij	ix	xx	j	12	xxiij
xiij	xxiv	v	xvj	xxvij	viij	xix	*	xj	xxij
xij	xxiij	iv	xv	xxvj	vij	xviij	xxix	x	xxj
xj	xxij	iij	xiv	xxv	vj	xvij	xxviij	ix	xx
x	xxj	ij	xiij	xxiv	v	xvj	xxvij	viij	xix
ix	xx	j	12	xxiij	iv	xv	xxvj	vij	xviij
viij	xix	*	xj	xxij	iij	xiv	xxv	vj	xvij
vij	xviij	xxix	x	xxj	ij	xiij	xxiv	v	xvj
vj	xvij	xxviij	ix	xx	j	12	xxiij	iv	xv
v	xvj	xxvij	viij	xix	*	xj	xxij	iij	xiv
iv	xv	xxvj	vij	xviij	xxix	x	xxj	ij	xiij
iij	xiv	xxv	vj	xvij	xxviij	ix	xx	j	12
ij	xiij	xxiv	v	xvj	xxvij	viij	xix	*	xj
j	xij	xxiij	iv	xv	xxvj	vij	xviij	xxix	x
*	xj	xxij	iij	xiv	xxv	vj	xvij	xxviij	ix
xxix	x	xxj	ij	xiij	xxiv	v	xvj	xxvij	viij
xxviij	ix	xx	j	12	xxiij	iv	xv	xxvj	vij
xxvij	viij	xix	*	xj	xxij	iij	xiv	xxv	vj

128. On ajoute ici une autre Table pour trouver facilement les épactes des nouvelles et pleines Lunes pour 1000 ans, à commencer à 1700. On a mis au haut de la Table les centièmes années de chaque siècle, et sous chacune de ces années on a placé deux colonnes d'épactes : la première, marquée par *N*, contient les épactes des nouvelles Lunes ; la seconde, marquée *P*, contient celles des pleines Lunes : enfin, on a mis à gauche des épactes toutes les années des siècles qui sont entre les années séculaires. Voici comment on trouve par cette Table les deux épactes d'une année proposée. 1°. Si cette année est une centième, les deux épactes qui lui conviennent sont les premières sous cette année au haut des colonnes. Ainsi l'épacte des nouvelles Lunes de l'année 1700 est IX, et celle des pleines Lunes est XXVI. 2°. Si l'année dont on cherche les épactes est après une centième, par exemple, 1745, on cherchera 45 parmi les années marquées à la gauche des épactes. Ensuite on regardera dans les deux colonnes qui sont sous 1700, quelles sont les épactes qui se trouvent vis-à-vis de 45 ; on verra que c'est XXVI et XIII ; la première est celle des nouvelles Lunes de 1745, et la seconde est celle des pleines Lunes de la même année.

Les centièmes années des siècles qu'on a mises à la marge à gauche, montrent quelles sont les années de chaque siècle qui ont le nombre d'or 1, et dans lesquelles par conséquent on ajoute 12 à chaque épacte de l'année précédente, pour avoir celles de l'année qui a 1 pour nombre d'or. Ainsi 1700, qui répond aux années 10, 29, 48, 67, 86, fait voir que les années 1710, 1729, 1748, 1767, 1786, ont 1 pour nombre d'or, et que ces deux épactes de chacune de ces années viennent de celles de l'année précédente, augmentées de 12. C'est ce que l'on peut reconnoître dans les deux colonnes qui sont sous 1700. On a placé au-dessus des colonnes les lettres indices qui désignent dans la Table étendue des épactes les séries convenables aux siècles auxquels répondent les colonnes.

CALENDRIER DE LA RÉPUBLIQUE FRANÇAISE.

Addition pour la page 229, par JÉROME LALANDE.

JE n'ai pas mis le nouveau Calendrier, parce que l'on n'y a pas encore donné de règle d'intercalation, quoique je l'aye sollicitée plusieurs fois. Il est presque impossible d'assigner quel jour de l'année Grégoriene commencera l'année de la République, dans des tems éloignés ; on peut voir à ce sujet de savans calculs du C. Delambre, dans la *Connoissance des tems* de l'année VII (1799), pages 319 et suivantes. Il explique comment on peut démêler dans quelles circonstances la période des années sextiles doit être de 29 ou de 33 ans, mais il n'a pas encore donné l'application de ses calculs à un grand nombre d'années.

Je vais donc seulement rapporter la correspondance des deux Calendriers pour l'année VII, du 22 septembre 1798, au 22 septembre 1799 ; mais on observera qu'il y a un jour de plus à la date ancienne, lorsque l'année républicaine commencera le 23 comme en 1799, 1800, 1801, 1802 et 1804, &c. et deux jours quand ce sera le 24, comme en 1803, si l'on n'établit pas une règle générale d'ici à ce tems-là.

De même quand l'année ancienne sera bissextile comme 1804, 1808, 1812, &c. après le 28 février il y aura 29, et tous les jours suivans devront être diminués d'une unité dans la colonne du Calendrier Grégorien.

Dans un petit voyage que je fis dans l'automne de 1793, j'avois laissé au député Romme un Calendrier régulier, avec une forme constante d'intercalation ; mais il dérangea tout par l'article III du décret du 4 frimaire an 2, (24 novembre 1793) où il est dit : *Chaque année commence à minuit avec le jour où tombe l'équinoxe vrai ;* ce décret fût rendu en mon absence.

Il est vrai que le pénultième jour de l'année 3, (21 septembre 1795), je fus mandé au comité d'instruction pour rédiger un nouveau décret ; mais les Calendriers étoient imprimés, et j'aurois mis dans le public une confusion pire que l'inconvénient dont je viens de parler. J'aimai mieux attendre ; mais voici ce qu'on peut donner quand à présent.

Commencement des Années républicaines.

AN	Sept.		AN	Sep.		AN	Sep.	
2	22.	1793	10	23.	1801	18	23.	1809
3 s	22.	1794	11 s	23.	1802	19	23.	1810
4	23.	1795	12	24.	1803	20 s	23.	1811
5	22.	1796 B	13	23.	1804 B	21	23.	1812 B
6	22.	1797	14	23.	1805	22	23.	1813
7 s	22.	1798	15 s	23.	1806	23	23.	1814
8	23.	1799	16	24.	1807	24 s	23.	1815
9	23.	1800	17	23.	1808 B	25	23.	1816 B

Correspondance du nouveau Calendrier avec l'ancien dans l'année VII.

VENDEMIAIRE.			BRUMAIRE			FRIMAIRE.			NIVOSE.		
1	22	SEPTEMBRE 1798.	1	22	OCTOBRE.	1	21	NOVEMBRE.	1	21	DÉCEMBRE.
2	23		2	23		2	22		2	22	
3	24		3	24		3	23		3	23	
4	25		4	25		4	24		4	24	
5	26		5	26		5	25		5	25	
6	27		6	27		6	26		6	26	
7	28		7	28		7	27		7	27	
8	29		8	29		8	28		8	28	
9	30		9	30		9	29		9	29	
10	1	OCTOBRE.	10	31		10	30		10	30	
11	2		11	1	NOVEMBRE.	11	1	DÉCEMBRE.	11	31	
12	3		12	2		12	2		12	1	JANVIER 1799.
13	4		13	3		13	3		13	2	
14	5		14	4		14	4		14	3	
15	6		15	5		15	5		15	4	
16	7		16	6		16	6		16	5	
17	8		17	7		17	7		17	6	
18	9		18	8		18	8		18	7	
19	10		19	9		19	9		19	8	
20	11		20	10		20	10		20	9	
21	12		21	11		21	11		21	10	
22	13		22	12		22	12		22	11	
23	14		23	13		23	13		23	12	
24	15		24	14		24	14		24	13	
25	16		25	15		25	15		25	14	
26	17		26	16		26	16		26	15	
27	18		27	17		27	17		27	16	
28	19		28	18		28	18		28	17	
29	20		29	19		29	19		29	18	
30	21		30	20		30	20		30	19	

TABLE DES ÉPACTES DES NOUVELLES ET PLEINES LUNES

pour toutes les années depuis 1700 jusqu'à 2700.

	ANNÉES de chaque siècle.		C	C	B	B	B	A	u	A	u	t
			1700 Nov. Pl.	1800 N. P.	1900 N. P	2000 N. P.	2100 N. P.	2200 N. P.	2300 N. P.	2400 N. P.	2500 N. P.	2600 N. P.
			ix. xxvj	iv. xvj	xxix. xvj	xxiv. xj	xix. vj	xiij. *	viij. xxv	iv. xxj	xxviij. xv	xxij. ix
	1. 20. 39.	58. 77. 96.	xx. vij	xv. ij	x. xxvij	v. xxij	* xvij	xxiv. xj	xix. vj	xxv. ij	ix. xxvj	iij. xx
	2. 21. 40.	59. 78. 97.	j. xviij	xxvj. xiij	xxj. viij	xvj. iij	xj. xxviij	v. xxij	* xvij	xxvj. xiij	xx. vij	xiv. j
2600	3. 22. 41.	60. 79. 98.	xij. xxix	vij. xxiv	ij. xix	xxvij. xiv	xxij. ix	xvj. iij	xj. xxviij	vij. xxiv	j. xviij	xxvj. xiij
2200	4. 23. 42.	61. 80. 99.	xxiij. x	xviij. v	xiij. *	viij. xxv	iij. xx	xxviij. xv	xxij. ix	xviij v	xij. xxix	vij. xxiv
1800	5. 24. 43.	62. 81.	iv. xxj	* xvij	xxiv. xj	xix. vj	xiv. j	ix. xxvj	iij. xx	xxix. xvj	xxiij. x	xviij. v
	6. 25. 44.	63. 82.	xxv. ij	xj. xxviij	v. xxij	* xvij	25. 12	xx. vij	xiv j	x. xxvij	iv. xxj	xxix. xvj
	7. 26. 45.	64. 83.	xxvj. xiij	xxij. ix	xvj. iij	xj. xxviij	vj. xxiij	j. xviij	xxv. xij	xxj. viij	xv. ij	x. xxvij
2500	8. 27. 46.	65. 84.	vij. xxiv	iij. xx	xxvij. xiv	xxij. ix	xvij. iv	xij xxix	vj. xxiij	ij. xix	xxvij. xiv	xxj. viij
2100	9. 28. 47.	66. 85.	xviij. v	xiv. j	viij. xxv	iij. xx	xxix. xvj	xxiij. x	xvij. iv	xiij. *	viij. xxv	ij. xix
1700	10. 29. 48.	67. 86.	* xvij	xxv. xij	xix. vj	xiv. j	x. xxvij	iv. xxj	xxviij. xv	xxiv. xj	xix. vj	xiij. *
	11. 30. 49.	68. 87.	xj. xxviij	vj. xxiij	* xvij	25. 12	xxj. viij	xv. ij	ix xxvj	v. xxij	* xvij	xxiv. xj
	12. 31. 50.	69. 88.	xxij. ix	xvij. iv	xj. xxviij	vj. xxiij	ij. xix	xxvj. xiij	xx. vij	xvj. iij	xj. xxviij	v. xxij
2400	13. 32. 51.	70. 89.	iij. xx	xxviij. xv	xxij. ix	xvij. iv	xiij. *	vij. xxiv	j. xviij	xxviij. xv	xxij. ix	xvj. iij
2000	14. 33. 52.	71. 90.	xiv. j	ix. xxvj	iij. xx	xxix. xvj	xxiv. xj	xviij. v	xij. xxix	ix. xxvj	iij. xx	xxvij. xiv
	15. 34. 53.	72. 91.	xxv. xij	xx. vij	xiv. j	x. xxvij	v. xxij	xxix. xvj	xxiij. x	xx vij	xiv. j	viij. xxv
	16 35. 54.	73. 92.	vj. xxiij	j. xviij	25. 12	xxj. viij	xvj. iij	x. xxvij	iv. xxj	j. xviij	xxv. xij	xix. vj
	17. 36. 55.	74. 93.	xxvij. iv	xij. xxix	vj. xxiij	ij. xix	xxvij. xiv	xxj. viij	xv. ij	xij. xxix	vj. xxiij	* xvij
2300	18. 37. 56.	75. 94.	xxviij. xv	xxiij. x	xvij. iv	xiij. *	viij. xxv	ij. xix	xxvij. xiv	xxiij. x	xvij. iv	xj. xxviij
1900	19. 38. 57.	76. 95.	ix. xxvj	iv. xxj	xxix. xvj	xxiv. xj	xix. vj	xiij. *	viij. xxv	iv. xxj	xxviij. xv	xxij. ix

Correspondance du nouveau Calendrier avec l'ancien dans l'année VII.

PLUVIOSE.			VENTOSE.			GERMINAL.			FLORÉAL.		
1	20	JANVIER 1799.	1	19	FEVRIER.	1	21	MARS.	1	20	AVRIL.
2	21		2	20		2	22		2	21	
3	22		3	21		3	23		3	22	
4	23		4	22		4	24		4	23	
5	24		5	23		5	25		5	24	
6	25		6	24		6	26		6	25	
7	26		7	25		7	27		7	26	
8	27		8	26		8	28		8	27	
9	28		9	27		9	29		9	28	
10	29		10	28		10	30		10	29	
11	30		11	1	MARS.	11	31		11	30	
12	31		12	2		12	1	AVRIL.	12	1	MAI.
13	1	FEVRIER.	13	3		13	2		13	2	
14	2		14	4		14	3		14	3	
15	3		15	5		15	4		15	4	
16	4		16	6		16	5		16	5	
17	5		17	7		17	6		17	6	
18	6		18	8		18	7		18	7	
19	7		19	9		19	8		19	8	
20	8		20	10		20	9		20	9	
21	9		21	11		21	10		21	10	
22	10		22	12		22	11		22	11	
23	11		23	13		23	12		23	12	
24	12		24	14		24	13		24	13	
25	13		25	15		25	14		25	14	
26	14		26	16		26	15		26	15	
27	15		27	17		27	16		27	16	
28	16		28	18		28	17		28	17	
29	17		29	19		29	18		29	18	
30	18		30	20		30	19		30	19	

Correspondance du nouveau Calendrier avec l'ancien dans l'année VII.

Prairial.		Messidor.		Thermidor.		Fructidor.	
1	20 Mai 1799.	1	19 Juin.	1	19 Juillet.	1	18 Aout.
2	21	2	20	2	20	2	19
3	22	3	21	3	21	3	20
4	23	4	22	4	22	4	21
5	24	5	23	5	23	5	22
6	25	6	24	6	24	6	23
7	26	7	25	7	25	7	24
8	27	8	26	8	26	8	25
9	28	9	27	9	27	9	26
10	29	10	28	10	28	10	27
11	30	11	29	11	29	11	28
12	31	12	30	12	30	12	29
13	1 Juin.	13	1 Juillet.	13	31	13	30
14	2	14	2	14	1 Aout.	14	31
15	3	15	3	15	2	15	1 Septembre.
16	4	16	4	16	3	16	2
17	5	17	5	17	4	17	3
18	6	18	6	18	5	18	4
19	7	19	7	19	6	19	5
20	8	20	8	20	7	20	6
21	9	21	9	21	8	21	7
22	10	22	10	22	9	22	8
23	11	23	11	23	10	23	9
24	12	24	12	24	11	24	10
25	13	25	13	25	12	25	11
26	14	26	14	26	13	26	12
27	15	27	15	27	14	27	13
28	16	28	16	28	15	28	14
29	17	29	17	29	16	29	15
30	18	30	18	30	17	30	16
						Jours complémentaires.	
						1	17
						2	18
						3	19
						4	20
						5	21
						6	22

TABLE
DES MATIERES
Contenues dans ce Volume.

NOTIONS PRÉLIMINAIRES.

LIVRE PREMIER.

LIVRE SECOND.

LIVRE

LIVRE TROISIÈME.

DIFFÉRENS PROBLÊMES DE LA SPHÈRE résolus par la Trigonométrie rectiligne.

LIVRE QUATRIÈME.

CONTENANT PLUSIEURS PROBLÊMES de la Trigonométrie Sphérique.

TRAITÉ DU CALENDRIER.

Fin de la Table des Matières.

Planche 1.

Meridien
pole Sept.
haut. du pole
Nord
polaire
artique
du Cancer
Horizon
antarctique
polaire
pole meridional.
Fig. 1
Z
I
H
C
R
N
Fig. 2
A
B
D
E
F
C
Fig. 3
F
G
A
D
B
O
P
C
E
H
Fig. 4
Z
P
A
I
G
H
R
S
KE
D
T
p
N

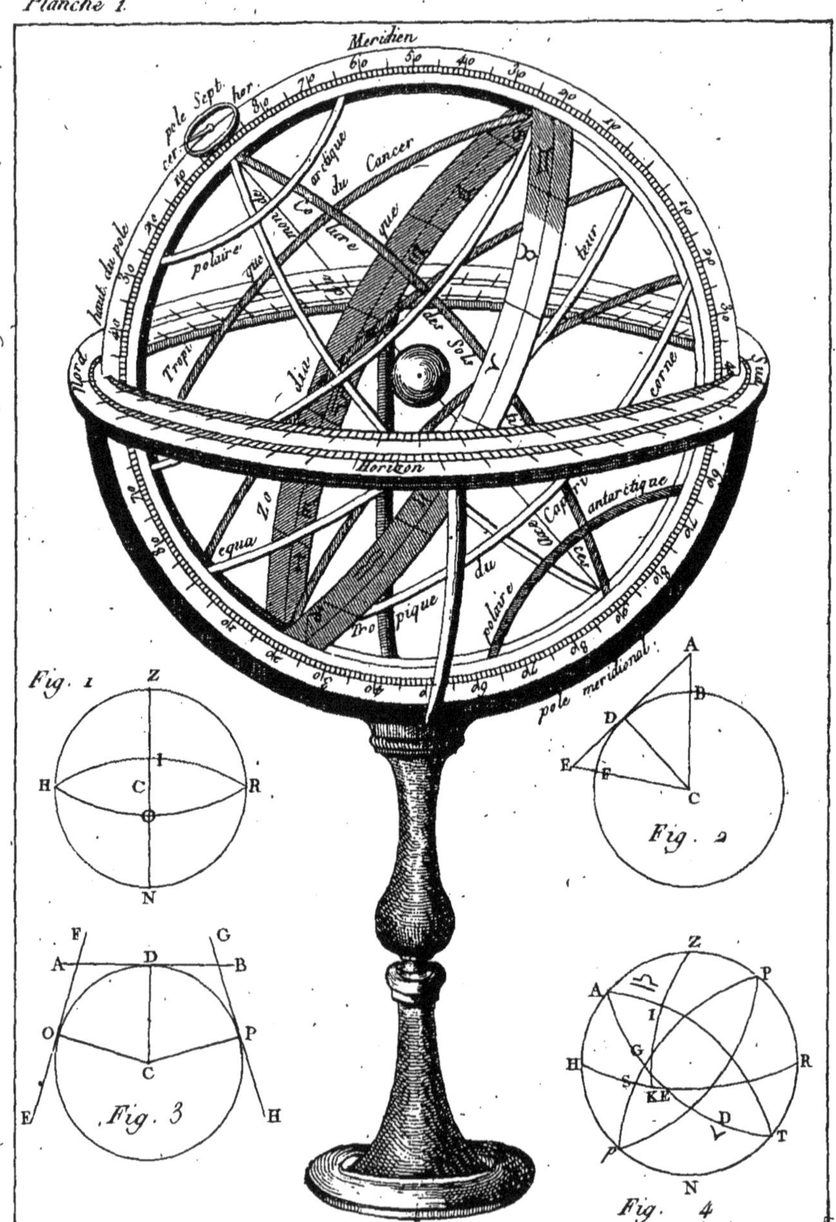

Pl. 2

Fig. 5
Fig. 6
Fig. 7
Fig. 8
Fig. 9
Fig. 10
Fig. 11
Fig. 12
Fig. 13
Fig. 14
Fig. 15
Fig. 16
Fig. 17
Fig. 18

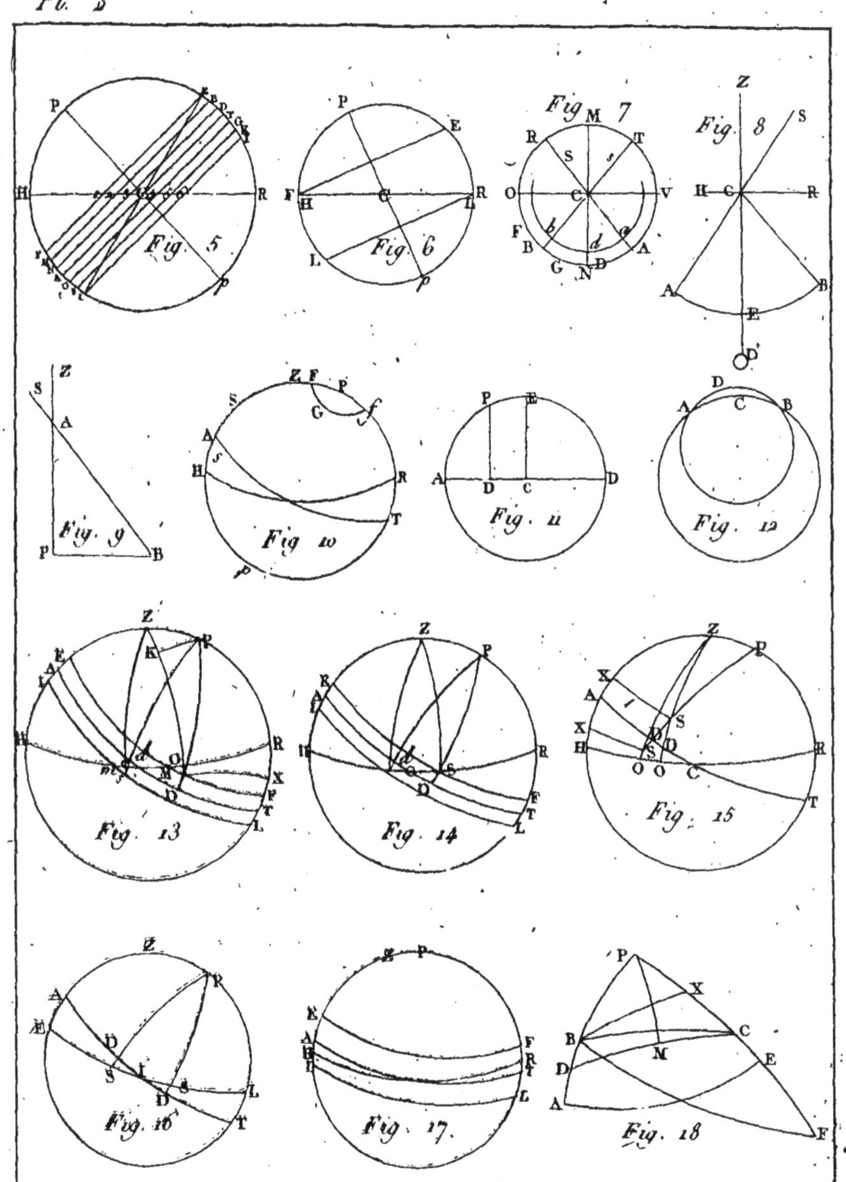

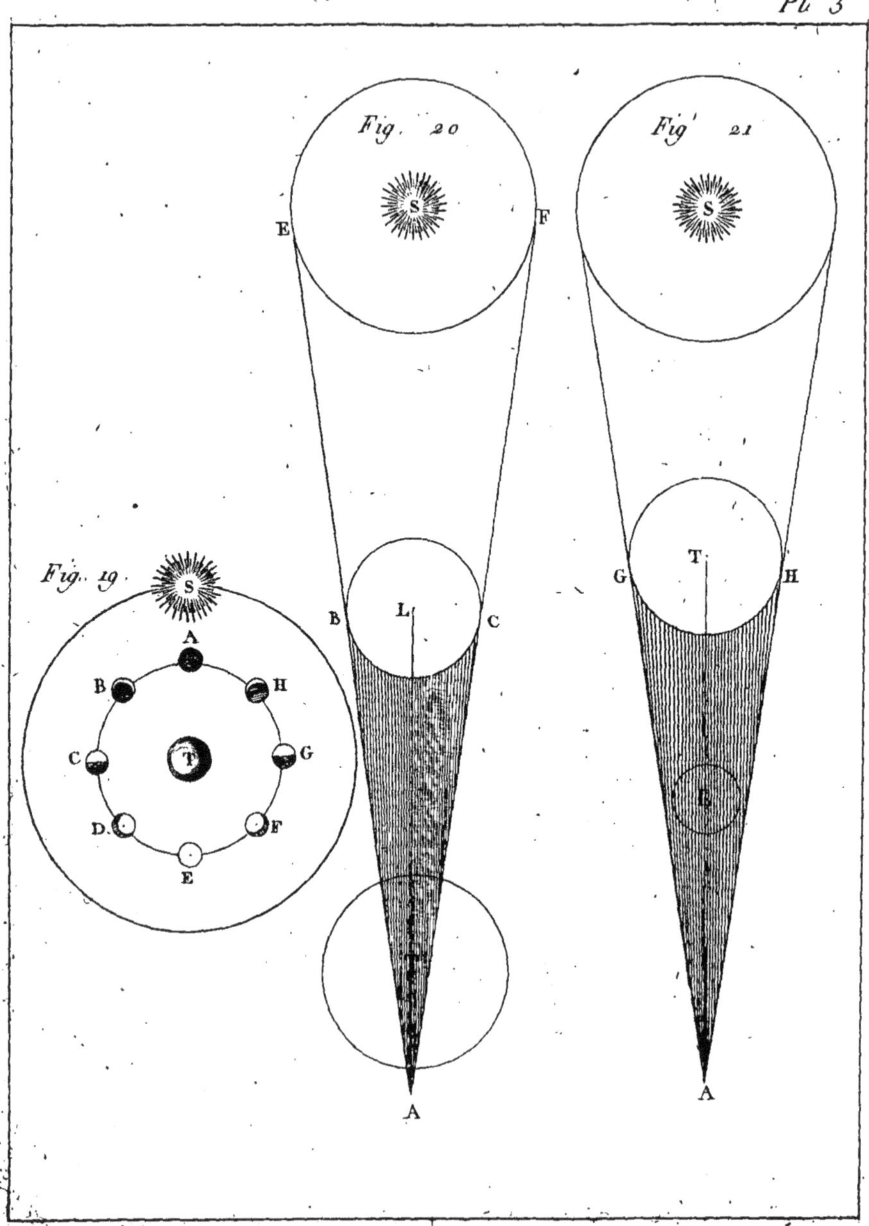
Fig. 19.
S
A
B
H
C
T
G
D.
F
E
Fig. 20
S
E
F
B
L
C
A
Fig. 21
S
G
T
H
L
A

www.ingramcontent.com/pod-product-compliance
Ingram Content Group UK Ltd.
Pitfield, Milton Keynes, MK11 3LW, UK
UKHW020115200726
13856UKWH00002B/563

9 782013 403580